개정증보판

# 조직신학입문

이신건 지음

한국신학연구소

(개정증보판)
# 조직신학입문

1992년 7월 15일 / 초판 1쇄
2007년 2월 23일 / 개정증보판 1쇄
2010년 2월 16일 / 개정증보판 2쇄

저 자 / 이신건
펴낸이 / 김성재
펴낸곳 / 한국신학연구소

등록 / 1973년 6월 28일 제5-25호
주소 / 110-030 서울시 종로구 청운동 115-1
전화 / 02)738-3265  팩스 / 02)738-0167
E-mail / ktsi@chollian.net
홈페이지 / http://ktsi.or.kr

이 책의 저작권은 한국신학연구소가 소유합니다.
저작권법에 따라 보호를 받는 저작물이므로
무단 전제와 무단 복제를 금합니다.

값 10,000원

ISBN 978-89-487-0318-4 93230

파본은 교환해 드립니다.

# 조직신학입문
(개정증보판)

머리글

날이 갈수록 지식과 정보는 폭발적으로 늘어가고, 생활 형태도 다양해지고 있다. 그리하여 이제 개인이 습득할 수 있는 지식의 양도 제한되고, 개인이 행동할 수 있는 영역도 좁아져 간다. 이로 말미암아 현대인은 점차로 왜소해지고 고독해진다. 현대사회의 특징이 되고 있는 다원적인 생활 형태는 점차로 삶의 의미와 목표, 개인의 주체성을 약하게 만들고, 공동체와 역사에 대한 종합적인 시각을 흐리게 만든다.

이것은 또한 오늘날의 교회와 신학이 처해 있는 상황이기도 하다. 전통의 급속한 해체와 소화하기 벅찬 새로운 정보와 생활 스타일의 유입 앞에서 현대인은 방황하고 있으며, 교회와 신학도 이와 같은 흐름을 타면서 전통과 현대, 과거와 미래를 중재해야 할 무거운 책임감을 지고 있다. 그러나 어떤 사람들은 고루한 전통적인 주장만을 반복하고 있으며, 어떤 사람들은 무조건 새로운 것을 추구한다.

오늘날의 신학도 이와 비슷한 양상에 빠져 있다. 어떤 신학은 그저 과거의 형식에만 안주해 있고, 또 어떤 신학은 그 형식을 파괴하는 일에만 관심을 갖는다. 여기서 가장 큰 희생을 치르는 자는 젊은이들이다. 특히 젊은 신학생들과 교회의 청년들은 전통과 현대 사이에서 갈팡질팡하는 동안 자극적이고 감각적인 것에 노출되기 쉬워진다.

이러한 현실에서 신학을 강의하고 청년을 지도하고 있는 필자는 그들의 고민을 함께 나누고 솔직하게 대화하면서 전통과 현대를 섭렵할 수 있는 통로를 열어 줄 기회를 엿보고 있었다. 때마침 『크리스천 저널』의 부탁으로 『성숙한 신앙을 위한 지상강좌』라는 제목 아래 '조직신학'을 연재할 기회를 얻게 되었다. 애초에는 24회로 생각하고 기획하였지만, 사정에 의해 18회로 중단되었다. 그러므로 본인은 제한된 지면 때문에 무리하게 요약했던 부분과 자료 보충이 약했던 부분을 보완하여, 다시 24회로 마무리하여 이렇게 내어놓게 되었다.

한국의 신학계는 아직도 적절한 '조직신학입문'을 내어놓지 못한 듯하다. 번역된 외국 서적들은 여전히 딱딱하고 이질적으로 여겨지며, 너무 두꺼운 저서들은 안내와 입문의 역할을 할 수 없다. 이 책도 대부분 외국 서적들을 짜깁기한 수준에 머물러 있지만, 전통과 현대의 중요한 신학문제들을 쉽게 요약하고 솔직한 결론을 내리려고 고심하였다.

그러므로 이 책은 개방적이고 대화하는 마음가짐 속에서 집필되었다. 특별한 체계를 미리 짜놓은 다음에 그 속에 글과 독자들을 집어넣을 생각은 전혀 하지 않았다. 다만 본인이 학습하고 지도를 받은 신학자들의 글이 많이 소개되는 것은 어쩔 수 없는 노릇이다. 만약 '인식을 유도하는 관심'이 있다고 한다면, 그것은 특히 오늘날 시급히 요구되는 지적인 솔직성, 개방성, 연대성, 역사성에 대한 관심일 것이다.

모쪼록 이 작은 책이 청년들과 젊은 신학생들, 나아가 성숙하기를 원하는 평신도들에게 조직신학의 유용한 길잡이가 되기를 바란다. 이 책이 발간될 수 있도록 계기를 마련해 주신 『크리스챤 저널』의 직원들과 출판을 맡아서 수고해 주신 『한국신학연구소』의 소장님과 직원들에게 심심한 감사를 드린다.

1992년 5월 22일
마포 고개마루에서
이 신 건

개정증보판에 부치는 글

『조직신학입문』이라는 작은 책이 "수줍게" 얼굴을 세상에 내민 지도 어언 14년이 되었다. "수줍다"라는 말은 두 가지 의미를 지닌다. 입문서는 대개 관련 분야에서 일가견(一家見)을 갖는 대가(大家)들이 후진들을 위해 봉사하는 차원에서 집필되는 경우가 많다. 왜냐하면 오직 그런 분들만이 복잡하고 다양한 이론들을 정확히 파악하고 일목요연하게 정리할 수 있는 능력을 갖기 때문이다. 그러므로 중년의 신학자가 입문서를 쓴다는 것은 하룻강아지의 행동처럼 보인다. 그리고 주위를 둘러보면, 대가들이 쓴 입문서와 번역서들도 적지 않다. 그러므로 부족한 이 책을 펴내야 하는 필자는 수줍음을 느끼지 않을 수 없다.

"수줍다"라는 말은 또한 책의 부피를 염두에 두고 한 말이다. 조직신학은 실로 한 권으로는 요약할 수 없을 정도로 장구한 역사와 방대한 부피를 자랑한다. 그러므로 오늘날도 대가들은 여러 권의 책들을 내어놓고 있다. 그와 달리 이 책은 매우 작다. 그렇지만 두꺼운 책들은 장점과 함께 단점도 분명히 지닌다. 두꺼운 책을 구입하고 읽을 수 있는 사람들은 날로 줄어든다. 더욱이 요즘 사람들은 영상을 선호하는 편이며, 가급적 가벼운 부피의 책을 원한다. 이런 현상과 맞물려 현대인의 독서력도 날로 줄어드는 현상을 보인다. 이러한 상황에서 작은 책은 장점을 지닌다. 비록 처음부터 미리 구상한 것은 아니지만, 작은 책도 중요한 역할을 할 수 있다고 생각된다.

세상에 처음 얼굴을 내민 지가 오래되었지만, 이 책을 네 번이나 찍었다는 것은 신기할 따름이다. "네 번이 별 것이냐?"라고 묻는 사람이 있을 것이지만, 홍보와 판매에 별로 신경을 쓰지 않았다는 사실을 고려할 때, 그리고 신학생의 구매력과 서적의 매력이 날로 떨어지는 상황에서 이 정도라도 사랑을 받을 수 있었던 것은 하나님의 은혜와 독자들의 관심 때문이다.

하지만 종종 어색하고 잘못된 표현을 볼 때마다 수정하지 않은 채 지켜보는 것이 늘 마음의 부담이 되었다. 그리고 세월이 흐르면서 내용도 조금 보완해야 할 필요성도 생겨났다. 그렇지만 전체적인 구조와 내용은 가급적 그대로 살리려고 하였다. 비록 성의껏 보완하였지만, 아직도 미흡하기 그지없다. 건강과 여건이 허락하는 한, 앞으로도 계속 보완해 나갈 것이다. 독자의 아낌없는 편달과 지도를 부탁한다. 마지막으로 부족한 이 책을 출판하기 위해 수고하신 모든 분들과 이 책을 사랑해 주시는 모든 분들에게 깊은 감사를 드리고, 사랑스러운 아내와 늠름한 두 아들에게 이 책을 선물로 주고 싶다.

2006년 12월
부천 성주산 아래서
이 신 건

## 조직신학입문
### (개정증보판)
## CONTENTS

004 머리글
006 개정증보판에 부치는 글

011 제1장 조직신학이란 무엇인가?
017 제2장 신앙이란 무엇인가?
027 제3장 신앙과 지식과 이데올로기
037 제4장 신앙과 희망과 사랑
045 제5장 하나님은 누구신가?
057 제6장 삼위일체란 무엇인가?
067 제7장 무신론을 어떻게 보아야 하는가?
083 제8장 창조란 무엇인가?
093 제9장 인간이란 무엇인가?
105 제10장 악은 어디서 오는가?
115 제11장 은총이란 무엇인가?

| | |
|---|---|
| 125 | 제12장 창조와 해방과 구원 |
| 133 | 제13장 칭의와 성화와 영화 |
| 141 | 제14장 예수는 누구인가? |
| 153 | 제15장 예수의 선포와 활동 |
| 163 | 제16장 예수의 죽음과 부활과 승천 |
| 175 | 제17장 성령은 누구인가? |
| 185 | 제18장 성령의 활동과 은사 |
| 195 | 제19장 성례전이란 무엇인가? |
| 203 | 제20장 누가 교회인가? |
| 215 | 제21장 교회는 어떤 질서를 갖는가? |
| 225 | 제22장 세상 안에 있는 교회의 임무 |
| 233 | 제23장 종말신앙의 근거와 준거 |
| 241 | 제24장 역사의 종말과 완성 |
| 249 | 제25장 개인의 종말과 완성 |

# 제1장

# 조직신학이란 무엇인가?

>>>>>>>>

### 1. 조직신학의 의미

　조직신학(Systematic Theology)은 다양한 신학 이론들을 하나의 체계로 통일하려는 목적을 수행하는 기독교 신학의 한 분과에 속한다. 누가, 언제부터 '조직신학'이라는 용어를 사용하기 시작하였는지는 분명하지 않다. 다만 이 용어는 근세에 들어와 특히 개신교 신학자들이 즐겨 사용하기 시작한 용어임은 분명하다. 이 용어가 사용되기 전에 사람들은 일반적으로 '교의학'(Dogmatic)이라는 용어를 사용하였다. '교의'(Dogma)라는 용어는 헬라어 도케인($\delta o\kappa\epsilon\acute{\iota}\nu$)이라는 말에서 유래한다. 이 말은 '믿다', '생각하다', '보이다', '옳게 여겨지다', '결정하다'라는 뜻을 지닌다. 바로 이로부

터 두 가지 의미가 생겨났다. 하나는 철학적인 원리 혹은 법칙이고, 다른 하나는 법적인 결정이다.[1]

개신교 신학이 '교의학'이라는 용어보다 '조직신학'이라는 용어를 선호하는 이유는 무엇인가? 전통적으로 '교의학'은 교회의 이론, 즉 교리를 연구하는 학문이었다. 하지만 역사비판적인 성서연구를 통해 그동안 절대시되어 오던 교리가 도전을 받게 됨으로써 교리를 성서의 빛 안에서 재검토해야 할 필요성이 생겨났다. 그리고 신학이 점점 더 세분화하면서, 교의학은 교회의 교리만이 아니라 다른 분야의 연구 업적들도 체계적으로 통합해야 할 필요성을 느끼게 되었다. 그리하여 전통적인 '교의학'이라는 용어는 '조직신학'이라는 용어에 서서히 자리를 물려주게 되었다.

'교의학'이라는 용어가 '조직신학'이라는 용어로 대체된 또 다른 이유는 '교의학'이라는 용어가 지니는 절대적이고 권위적인 특징에 있다. 특히 교리의 이론적인 요소를 강조하는 동방교회에 비해 교리의 법적인 요소를 더 강조하는 서방교회는 교리 재판을 통해 인간의 양심과 자유로운 학문 연구를 종종 억압해 왔다. 왜냐하면 교회의 '교리'는 인간이 동의하거나 거부할 수 있는 견해가 아니라 법적으로 강요되는 결정 혹은 명령으로 이해되었기 때문이다. 그러나 현대에 이르러 사람들은 교리의 절대성에 회의를 갖게 되었으며, 전통적인 교리를 시대의 언어와 사고 속에서 새롭게 표현할 수 있다고 생각한다. 따라서 '교의학'이라는 엄격한 용어는 점점 더 기피의 대상이 되었다.[2]

하지만 '교의학'이라는 용어가 사용된 것도 신학을 점점 더 세분화하려던 17세기 후반부터였다. 그 이전의 사람들은 그냥 '신학'(doctrina) 혹은 '거룩한 교리'(Sacra doctrina)라는 용어를 사용

---

1) A. Ganoczy, *Einführung in die Dogmatik*(Darmstadt, 1983), 17.
2) 김균진, 『기독교 조직신학』(연세대학교 출판부, 1984), 75 이하.

하였다. 그 이전의 '교의학'은 성서 주석과 윤리, 설교와 교리문답에 주안점을 둔 실용적인 신학과 결합되어 있었다.

## 2. 교의학의 기원

교의학은 어떻게 생겨났는가? 교의학의 첫 번째 기원은 거짓 교훈과의 투쟁이다. 시간이 흐르면서 복음이 변질되거나 약화되거나 혼합되는 위험이 생겨나기 시작하였다. 성서 구절이 낯선 내용을 담는 그릇으로 오용되고, 전혀 다른 체계가 교회의 설교 안으로 스며들기 시작하였다. 교회는 단지 성서의 구절에 호소하는 것만으로 이런 위험에 대처하기 어려웠다. 더욱이 거짓 교훈과 사이비 교훈도 그 나름대로 교리 개념과 체계를 갖고 있었다. 그러므로 잘못된 체계를 공격하고 복음을 방어하기 위해 교회도 분명한 체계를 세울 필요를 느끼게 되었다.

교의학의 두 번째 기원은 세례 교육이다. 가장 단순한 믿음도 이론적인 요소를 포함하고 있다. 가장 단순하고 비신학적인 예수의 발언도 신학적인 내용으로 가득하다. 더욱이 기독교 복음은 마음만이 아니라 인간의 사고도 형성하기를 원한다. 더욱이 헬라 문화의 풍부한 개념들은 기독교 복음을 설명하기에 매우 유용하였다. 그리하여 세례 교육은 점점 더 신학적인 교육으로 변해갔다. 특히 교육 수준이 높은 사람들에게 세례 교육은 교리에 대한 연구로 확장될 수밖에 없었다.

교의학의 세 번째 기원은 성서 주석이다. 믿음이 깊어지고 교회가 활력이 넘칠수록 성서를 더 깊이 이해하고 성서 교훈의 숨겨진 맥락을 깊이 연구하려는 욕구가 커지기 마련이다. 그리고 신자들은 순간적인 모호한 내용보다는 정확하고 영속적인 내용을 알기를 원하며, 성서에 나오는 단어와 구절을 총체적으로 이해하기를 원한다.

위와 같은 교의학의 세 가지 기원은 종교개혁 시기에 발표된 대표적인 저서들의 제목에서도 분명히 드러난다. 쯔빙글리(Zwingli)의 'Commentarius de vere et falsa reIigione'(참 종교와 거짓 종교에 관한 해설)은 거짓 교훈과의 투쟁으로부터 생겨났고, 깔뱅(Cavin)의 'Institutio christianae religionis'(기독교 강요)는 세례 교육(교리 문답)으로부터 생겨났으며, 멜랑히톤의 'Loci theologici'(신학대전)은 성서 독자들을 위한 일종의 사전이었다.[3]

## 3. 신학(교리)의 역사

모든 인식은 역사적이다. 하나님의 계시에 대한 인식도 역시 역사적이다. 그러므로 기독교의 역사는 대단히 복잡하고 세분화된 교리 발전의 과정을 보여준다. 교회는 성서와 전통을 이해하고 전달하였을 뿐만 아니라, 다양한 상황 안에서 새롭게 번역하고 새롭게 해석하였다. 비단 교리의 역사만이 그런 것이 아니다. 이미 성서 안에도 우리는 전승 자료들이 다양하게 발전하여 왔다는 사실을 보게 된다.[4]

그렇다면 새로운 교리도 계속 생겨날 수 있는가? 이런 질문에 대해 가톨릭교회는 분명히 "그렇다"고 대답한다. 실로 16세기 후부터 가톨릭교회는 새로운 교리를 만들었다, '마리아 무흠수수태'의 교리와 '교황무오'의 교리(19세기), '마리아 승천'의 교리(20세기)가 바로 그것이다. 하지만 동방 정교회는 니케아 공의회(787년)의 결정을 최종적인 교리로 보고 있다. 그리고 개신교도 공식적으로는 가톨릭 전통 위에 새로운 교리를 추가하지는 않았다. 하지만 개신

---

3) E. Brunner, *Dogmatik* I(Zürich, 1972), 17 이하.
4) A. Ganoczy, 같은 책, 57.

교 신학자들은 새로운 결속력을 갖는 교리적인 진술 혹은 교리적인 고백을 시대마다 새롭게 만들려고 시도하였다.[5]

신학의 역사 전체를 개괄하면, 교회는 새롭게 변화된 정신적 모형(Paradigm) 속에서 새로운 형태의 신학을 계속 만들어 왔다고 할 수 있다.[6] 한스 큉(H. Küng)의 분석에 따르면, 자연과학과 비슷하게 기독교 신학에서도 낡은 이해 모델이나 모형은 새로운 것으로 대체되어 왔다. 큉에 의하면, 기독교 신학은 지금까지 거대한 다섯 가지 패러다임, 즉 원시 그리스도교 묵시문학 패러다임, 고대교회 헬레니즘 패러다임, 중세 로마 가톨릭 패러다임, 종교개혁 개신교 패러다임, 근대 계몽주의 패러다임을 거치면서 독특하게 변화하고 발전해 왔다.

원시 그리스도교 묵시문학 패러다임은 종말을 기다리며 앞을 향해 시간적인 구원 도식 안에서 사고한다. 그와 달리 고대교회 헬레니즘 패러다임은 우주적, 공간적인 도식 안에서 위로부터 아래로 사고한다. 새로운 패러다임은 바울에 의해 주도되었고, 오리게네스(Origenes)에 의해 완성되었다. 이러한 전환의 결과는 특히 니케아 공의회에서 뚜렷이 드러났다.

중세 로마 가톨릭 패러다임은 라틴적인 특징을 지니고 있으며, 삼위일체론과 로마 교황 이념의 발전에서 뚜렷이 드러난다. 새로운 패러다임은 신앙과 이성을 조화시키고 신플라톤주의의 신관과 성서의 신관을 함께 사유했던 아우구스티누스(St. Augustinus)에 의해

---

5) B. Lohse, 『기독교 교리사』(구영철 옮김, 컨콜디아사, 1988), 35 이하.
6) 토마스 쿤(T. Kuhn)에 의하면, 패러다임이란 특정 사회 구성원들이 공유하는 신념, 가치 행동 방식들의 총체적인 위상을 의미한다. 미국의 물리학자와 과학사가인 그에 의하면, 자연과학의 발전은 새로운 가설과 이론의 검증을 통해 생겨나지 않으며, 단순한 오류의 입증을 통해서도 생겨나지 않는다. 새로운 가설과 이론은 지금까지 사용된 설명 모델이나 모형이 매우 복잡하고 지루한 과정을 거쳐 새로운 것으로 대체됨으로써 생겨난다. T. Kuhn, 『과학혁명의 구조』(김영자 역, 동아출판사, 1992)를 참조하라.

창시되었으며, 이성과 자연과 철학과 인간을 재평가한 아퀴나스(T. Aquinas)에 의해 크게 종합되었다.

종교개혁 개신교 패러다임의 출발점은 복음으로 되돌아가려는 정신이었다. 물리학적, 생리학적인 범주와 정태적인 질서, 아리스토텔레스(Aristoteles)의 논리학을 선호한 토마스와는 달리 루터(M. Luther)는 인격적인 범주와 역사적인 역동성, 변증법적인 사고방식과 역설적인 표현을 선호하였다. 루터는 신학 전체를 성서와 그리스도 중심적으로 새롭게 설계하였다.

근대 계몽주의 패러다임은 이성과 진보를 지향한다. 새로운 패러다임은 교회 혹은 교황, 성서보다는 인간의 이성에 최고의 권위를 부여한다. 이 패러다임은 슐라이어마허(Schleiermacher)를 통해 구체적인 모습을 드러내었으며, 바르트(K. Barth)로부터 심각한 도전을 받았다. 이성과 진보와 국가를 중심 가치로 삼았던 근대 계몽주의 패러다임은 오늘에 이르러서는 새로운 패러다임, 즉 후자본주의적이고 후사회주의적인 생태-시장경제 패러다임에 의해 서서히 대체되어 가고 있다.[7]

---

7) H. Küng, 『그리스도교, 본질과 역사』(이종한 역, 분도출판사, 2002)를 참조하라.

# 제2장

# 신앙이란 무엇인가?

>>>>>>>>

오늘날 우리는 엄청난 변화와 가능성의 세계 속에 살고 있다. 현대인은 과거의 인류가 몇 백 년, 아니 몇 세기 동안 걸쳐 이룩하였던 업적들과는 감히 비교할 수 없을 만큼 놀라운 업적들을 짧은 기간 동안 눈부시게 성취하고 있다. 눈을 뜨자마자 새로운 이론과 상품이 주목을 끌기 시작하며, 해가 거듭할수록 학문과 기술은 비약적으로 발전하고 있다. 그리하여 현대인은 한편으로는 평생동안 학습해야 하는 부담을 떠안게 되었지만, 다른 한편으로는 눈부신 정보 산업의 발전으로 말미암아 자신이 원하는 정보와 지식을 어디서나 손쉽게 습득할 수 있는 가능성을 소유하게 되었다. 그리하여 현대인은 과거의 세대가 감히 꿈꿀 수도 없었던 멋진 미래를 설계할 수 있게 되었다.

하지만 기술 문명의 눈부신 발전과 더불어 현대 문명의 한계성도 점점 더 분명히 드러나고 있다. 무한한 성장이란 '한 여름 밤의 꿈'에 불과하다는 사실을 현대인은 점점 더 실감하고 있다. 에너지 자원은 점점 더 고갈되어 가며, 환경은 급속도로 파괴되고 오염되어 간다. 한편으로는 과학기술의 눈부신 발전 때문에 인간은 만물 중에서 가장 뛰어난 존재가 되었지만, 다른 한편으로는 무한한 욕망과 환경 파괴를 통제하는 힘은 날로 약해지는 듯하다. 어디 그뿐인가? 인간 생존의 필수적인 요소인 삶의 의미와 역사의 목표마저 점점 더 희미해져 가거나, 아예 실종되기조차 한다.

그렇지만 사람은 결코 빵으로만 살 수 없다. 그렇기 때문에 현대인은 새로운 가치를 추구하거나 오랜 전통으로 되돌아가려고 한다. 그리함으로써 현대인은 인생의 의미와 역사의 목표를 새롭게 붙잡으려고 애쓰며, 진실하게 믿고 헌신할 수 있는 대상을 찾으려고 발버둥을 친다. 그렇지만 우리는 무엇을 믿을 수 있으며, 믿음의 대상을 어떻게 발견할 수 있는가? 삶의 확고한 토대와 신뢰의 근거, 희망의 목표를 어디서 발견할 수 있는가? 하지만 이러한 질문에 올바른 대답을 내리기 이전에 먼저 우리는 신앙의 본질을 정확하게 알 필요가 있다.

신앙이란 무엇인가? 신앙은 특별한 인간들이 추구하는 기이한 행위가 아니라, 모든 인간들이 지니는 삶의 근본적인 태도라고 할 수 있다. 사람은 어떤 것을 의심하거나 믿지 않을 수는 있다. 하지만 인간은 궁극적으로 아무것도 의지하지 않고서 살아갈 수는 없다. 루터(M. Luther)의 말대로 인간은 누구나 제각기 자신의 하나님에게 마음을 걸고 있다. 만약 인간이 자신의 마음을 전적으로 걸고 있는 존재를 우리가 하나님이라고 부를 수 있다면, 모든 인간들이 어떤 궁극적인 힘 혹은 볼 수 없는 하나님에게 뒷덜미가 잡혀 있다고 할 수 있다.[1] 왜냐하면 신앙은 삶의 행위로서 삶 속에 깊이 뿌리를 내리고 있기 때문이다. 틸리히(P. Tillich)의 말대로 인간의 궁극적인 관심(Ultimate Concern) 속에는 절대자에 관한 관심이 표현되어 있다.[2] 그러므로 인간은 어떤 종류의 절대자를 선택하고 버릴 수는 있을지언정, 절대자 그 자체로부터는 결코 도피할 순 없다. 인간의 이러한 상황을 시편 기자는 다음과 같이 잘 표현하고 있다.

> 내가 주의 영을 피해서 어디로 가며,
> 주의 얼굴을 피해서 어디로 도망치겠습니까?
> 내가 하늘로 올라가더라도 주께서는 거기에 계시고
> 스올(음부)에다 자리를 펴더라도 주님은 거기에도 계십니다.
> 내가 저 동녘 너머로 날아가거나,
> 바다 끝 서쪽으로 가서 거기에 머무를지라도,
> 거기에서도 주의 손이 나를 인도하여 주시고
> 주의 오른 손이 나를 힘 있게 붙들어 주십니다(시편 139, 7-10).

---

1) 루터에 의하면, 모든 인간은 하나님의 힘 안에 놓여 있거나 사탄의 힘 안에 놓여 있다. 중립 지역이란 존재하지 않는다. 인간의 의지는 마치 말과 같아서 하나님이 그 위에 올라타시면 하나님이 원하시는 곳으로 가고, 사탄이 그 위에 올라타면 사탄이 원하는 곳으로 간다. 루터는 자신의 논문 '노예의지론'(De servo arbitrio)에서 에라스무스(Erasmus)의 이론에 맞서 그렇게 주장하였다. 인간의 자유로운 의지는 오직 전능하신 하나님의 활동에서 비롯한다. P. Althaus, *Die Theologie Martin Luthers*(Gerd Mohn, 1983), 99 이하, 144 이하.
2) 틸리히에 의하면, 종교란 인간 정신생활의 하나의 특별한 기능이 아니라 정신생활의 심층의 차원(The dimension of depth)이다. 종교란 단지 인간의 도덕적인 기능이나 인식 기능 혹은 심미적인 기능이나 감정과 같은 곳에서 처소를 찾을 필요가 없다. 종교는 인간 정신생활의 모든 기능의 심층에 존재한다. 종교는 이 모든 기능의 깊이의 차원이다. 심층(깊이)이란 인간의 정신생활에서 궁극적인 것, 무한한 것, 무조건적인 것을 가리키는 은유(隱喩)다. 종교는 바로 궁극적인 관심이다. P. Tillich, 『Theology of Culture, 문화의 신학』(김경수 역, 대한기독교서회, 1974), 9 이하. 그러므로 인간이 궁극적인 관심에 사로잡히는 것은 자유 의지에 따른 결단이 아니다. 결단은 우리 자신에게서 나오는 것이 아니다. 인간의 총체적인 반응인 자유는 절대적인 것이 아니라, 운명의 당기는 힘에 파묻혀 있다. P. Tillich, 『Ultimate concern, 궁극적 관심』(이계준 역, 대한기독교서회, 1971), 20 이하.

신앙은 아무 것도 알지 못하기 때문에 맹목적으로 운을 거는 투기가 아니며, 삶의 벼랑에 매달려 지친 끝에 어디로 떨어질지도 모른 채 무조건 협곡에 몸을 던지는 모험 행위도 아니다.[3] 신앙은 삶 자체에 든든히 뿌리를 내리고 있는 인간의 신뢰적인 행위이다. 그렇기 때문에 신앙은 인간이 단순히 동의하거나 부정할 수 있는 지식의 내용만은 아니다. 더욱이 신앙은 무지를 핑계로 내세울 수 있는 허황한 구호도 아니다.

물론 신앙은 인간이 의지하는 것 혹은 자신의 삶을 든든히 받쳐 주는 것이 무엇인지를 알고 싶어 한다. 그런 의미에서 신앙도 지식을 포함한다. 그래서 신앙은 이해를 추구한다. 그렇지만 신앙은 일차적으로 지식이라기보다는 궁극적인 신뢰로서 전인적인 행위이다. 그러므로 신앙은 분명히 신뢰의 대상과 관련을 맺고 있다. 이 대상을 부르는 방식은 문화와 사람에 따라 매우 다양하지만, 비인격적으로는 대개 법(法), 도(道), 진리(眞理) 등이라고 부르고, 인격적으로는 대개 천제(天帝), 하나님 혹은 하느님 등이라고 불린다.

그렇다면 기독교가 말하는 신앙이란 무엇인가? 구약성서에서 신앙은 하나님의 신실하심에 대한 인간의 끈질긴 신뢰, 하나님의 행동에 대한 인간의 올바른 응답을 의미한다. 특히 기독교 신앙에 큰 비중을 지니는 신앙의 행위란 참으로 암담해 보이는 상황에도 불구하고 하나님의 말씀(약속)을 실망하지 않고 굳게 붙드는 인간의 신실한 신뢰의 행위라고 할 수 있다.[4] 그렇기 때문에 신앙은 항상 신실함과 밀접히 관련되어 있다.

---

3) 키에르케고르(S. Kierkegaard)는 신앙을 '허공을 향한 도약'(Sprung ins Leere)이라고 정의하였다. 신앙은 객관적 불확실성을 굳게 붙잡는 것이다. 이로써 그는 신앙이 모험적이고 결단적인 성격을 지니는 실존적 행위임을 강조하였다.

4) 구약성서에서 신앙을 나타내기 위해 사용된 어휘(אמן)의 뿌리는 '견고하다', '안전하다', '신뢰할 만하다'와 같은 의미를 갖는다. 바로 이로부터 신앙은 신실, 지속, 끈기, 확신, 신뢰라는 의미를 지니게 되었다. THW zum A. T. Bd 1, 178 이하.

비록 더디더라도 그 때를 기다려라.
반드시 오고야 만다.
늦어지지 않을 것이다.
마음이 한껏 부푼 교만한 자를 보아라.
그는 정직하지 못하다.
그러나 의인은 믿음으로 산다(합 2:3-4).

신약성서에서 신앙은 자주 예수의 병자 치료와 용서에 대한 인간의 신뢰와 관련되어 있다. 여기서 신앙은 고난으로부터 인간을 구원하는 예수의 사명과 능력에 대한 온전한 신뢰로 나타난다. 그러나 예수는 단지 인간의 고난을 해결한 것으로 그치지 않고, 그를 자신의 구원 행위의 증인으로 만들기를 원하였다. 예수를 통해 드러난 신앙의 본질은 하나님이 열어 놓으신 가능성을 향해 전적으로 마음을 여는 태도라고 할 수 있다. 신앙은 만족스러운 현실에 만족하거나, 만족스럽지 못한 현실에 체념하지 않는다. 신앙은 다만 주어진 상황에 적응하는 것을 넘어서, 이를 극복하기를 원한다. 그렇지만 바울과 요한에게서는 신뢰와 함께 신앙의 내용에 대한 인식 혹은 동의도 중요한 비중을 차지한다.[5] 기독교적인 신앙 이해를 요약하자면, 대체로 다음과 같다고 할 수 있다.

1) 신앙은 어떤 사실보다는 인격적인 존재와 관련되어 있다.[6] 그

---

5) '안다' 라는 어휘가 마태복음에서는 8번 사용되고, 누가복음과 사도행전에서는 18번 사용된다. 하지만 요한복음에서는 31번 사용되고, 바울이 쓴 글(골로새서, 에베소서 포함)에서는 무려 53번이나 사용된다.
6) 인격적인 하나님을 그 누구보다도 강하게 강조한 자는 부버(M. Buber)라고 할 수 있다. 그에 의하면, 사람이 자기 외의 존재와 관계를 맺을 수 있는 태도는 '나와 그것' 과 '나와 너' 로 나뉜다. '나와 그것' 의 관계는 주체와 객체의 관계, 지배와 사용의 관계, 일부분에만 관심을 갖는 관계, 일방적인 관계이다. 이와 달리 '나와 너' 의 관계는 주체와 주체의 관계, 상호적인 관계, 존재 전체에 관심을 갖는 관계, 지배와 사용보다는 관계 그 자체를 위한 관계이다. 그런데 '하나님' 을 부르는

러므로 신앙은 인격적인 신뢰의 행위라고 말할 수 있다. 신앙은 단순히 객관적인 지식과 정보에 대한 지적인 긍정만은 아니다. 더욱이 신앙은 개인의 잠재력이나 가능성에 대한 무한한 확신이 아니며, 개인의 한계성을 초월하려는 욕망이나 더 높은 소원의 표출 행위가 아니다. 물론 심리학자들과 유물론자들은 종종 기독교 신앙이 일종의 환상이나 소원의 투사(投射)라고 공격하곤 하였다.[7] 한편으로 이런 현상이 기독교 선교에 부정적인 영향을 준 것은 사실이지만, 다른 한편으로는 기독교의 정체성을 올바로 확립하는 계기를 마련해 주기도 하였다. 비록 기독교 신앙은 심리 현상과 전혀 무관하지는 않지만, 단지 심리적인 현상으로만 해석될 수는 없다. 기독교 신앙은 무엇보다도 역사 안으로 개입해 들어온 인격적인 존재로부터 출발한다.

2) 만약 신앙이 인격적인 존재와 관련되어 있다면, 신앙은 또한 그가 역사적으로 행한 일과도 관련되어 있다. 하나님은 오직 행동하심으로써만 존재하신다. 기독교의 하나님은 헬라 철학이 말하는 것처럼 세계의 제1원리로서 세계의 배후에 머물러 있는 형이상학적인 최고신이 아니라, 역사 안에서 새로운 역사를 창조하시는 분이시다. 기독교의 하나님은 자신의 백성이 가는 길을 인도하시고 그와 동행하시는 분(M. Buber)이시다.[8] 바로 그렇기 때문에 이스라

---

사람은 하나의 '너'를 생각한다. 하나님은 개인의 존재와 그 깊음의 원천으로서 매일의 구체적인 삶 속에서 '영원한 너'로 만날 수 있다. M. Buber, 『나와 너』(김천배 역, 대한기독교서회, 1958), 75 이하.

오트(H. Ott)도 "인간을 인격존재로 조성하여, 다른 상대자를 지각하고 상대자의 관심사에 깊이 관심을 갖는 상대자로 만드신 분이 인격적인 상대자를 지각하고 염려해 줄 수 없겠는가?"고 말한다. H. Ott, 『살아 계신 하나님』(김광식 역, 대한기독교서회, 1973), 69 이하.

7) 이에 관해서는 제6장을 참조하라.
8) M. Buber, *Der Glaube der Propheten*(1950), 56 이하, 66.

엘 백성은 하나님을 생각할 때마다 그분이 행하신 과거의 행동을 회상하는 가운데서 그분이 장차 행하실 미래의 행위를 기대하였다. 이스라엘 백성은 역사를 생각할 때마다 동시에 하나님을 생각하였고, 하나님을 생각할 때마다 역사를 생각하였다.[9] 신약성서에서도 신앙은 특히 예수 그리스도 안에서 가까이 온 하나님의 나라와 그 미래, 예수의 운명과 그의 미래, 그리고 그와 더불어 일어날 미래의 사건을 바라보고 있다.

3) 만약 신앙이 하나님의 역사적, 인격적인 행동과 관련되어 있다고 한다면, 신앙은 항상 결단과 사건으로서 존재한다. 다시 말하면, 신앙은 그 어떤 상태나 소유물로서 존재하지 않는다. 그러므로 신앙은 우리가 호주머니에 넣고 다닐 수 있는 유리알이 아니라, 우리가 항상 뛰어드는 액체와 같다(Musil).[10] 그러므로 신앙의 확실성은 있지만, 신앙의 안정성과 지속성은 보장될 수 없다.[11] 신앙은 한 시간이라도 묵은 것이 될 수 없다. 신앙은 자신이 딛고 서 있는 토대 위에서 매 순간마다 새로운 돌을 쌓아 올려야 하는 꾸준한 행동과 같다. 즉, 신앙은 매 순간의 결단과 매일의 헌신이다.

그렇지만 신앙은 아래로 자꾸 굴러 떨어지는 무거운 돌멩이를 산꼭대기 위에 올려놓으려는 그리스 신화 속의 인물 시지프스의 행동처럼 무모한 행동은 아니다. 더욱이 신앙은 망망한 바다 위에서 아무런 가망도 없이 초조하게 구조를 기다리는 불안한 조각배처럼

---

9) 구약성서가 말하는 하나님은 그분의 백성의 역사와 함께 연대하시는 분이시고, 그래서 역사적인 변화와 우연에 자신을 종속시키시는 분이시다. C. Westermann, *Theologie des Alten Testaments in Grundzügen*(Göttingen, 1978), 7 이하.
10) R. Musil, *Der Mann ohne Eigenschaften*(1970), 755.
11) 루터에 의하면, 확신과 의심은 일평생 동안 서로 갈등하기 때문에 내세에 이르러서야 비로소 의심은 끝나고, 확신이 완전히 지배할 수 있다. 그러므로 신앙은 항상 모험이며, 신앙인은 불가능한 일과 싸우는 용사이다. 그런 의미에서 신앙의 확실성(Certitudo)은 안정성(Securitas)과 구분된다. P. Althaus, 같은 책, 61.

무의미한 발버둥도 아니다. 사람이 신앙을 통해 붙잡으려는 것은 허공이 아니라, 자신을 이미 떠받치고 있는 든든한 토대이다. 그런 점에서 신앙은 일차적으로 선물(Gabe)이라고 할 수 있다. 그렇지만 신앙은 자신을 떠받치고 있는 그 토대를 스스로 든든히 붙잡으려는 점에서 또한 사람의 임무(Aufgabe)이기도 하다.

4) 신앙은 정지해 있는 사물과 관련되어 있지 않고, 살아 계신 하나님과 그분의 행동에 초점을 맞춘다. 신앙은 움직이는 하나님의 역사적, 인격적인 행동을 뒤따르는 행위이다. 그렇기 때문에 신앙은 항상 시간적인 과정이다. 엄밀히 말하자면, 신앙은 항상 미래에 대한 희망으로 나타난다. 신앙은 나그네의 신앙이고, 기독교인의 실존은 도상(途上)의 실존이다. 신앙은 언제나 앞서 가시는 분의 약속과 미래를 뒤따른다. 그러므로 신앙은 희망적인 구조를 지닌다. 히브리서 기자의 말대로 믿음은 우리가 바라는 것들을 보증해 주고, 우리가 볼 수 없는 것들을 미리 확증해 준다(히 11:27). 그러므로 성서에서 신앙은 자주 희망, 기원과 함께, 그리고 그와 같은 뜻으로 쓰이고 있다.[12]

5) 신앙은 우리가 매 순간마다 의지해야 할 버팀목을 매 순간마다 새롭게 붙잡는 행위이기 때문에 신뢰의 행동만이 아니라 신뢰의 내용도 지닌다. 다시 말하면, 신앙은 인정과 지식과 지혜와 고백과 같은 성격도 분명히 지닌다. 신앙은 허공을 향해 몸을 던지는 행위가 아니라, 대상을 향해 자신을 맡기는 인격적인 행위이다. 그렇기

---

12) 이에 관해서는 제3장과 제4장을 참조하라. 오트는 말한다: "신앙은 하나의 길이다. 하나님을 인식하는 것은 하나의 길이다. 그리고 이 길로 가는 것은 우리 앞에 놓여 있는 것을 향해 마음을 여는 것이요, 미래를 향해 개방하는 것이다.······ 그분은 '역사의 하나님'이시고 항상 새로이, 그리고 항상 새로운 방식으로 만나고자 하시기 때문이다." H. Ott, 같은 책, 78 이하.

때문에 신앙은 자신이 의지하는 대상을 분명히 알기를 원한다. 기독교 신앙은 자신에게 말을 걸어오신 하나님을 신뢰하는 행위이다. 그렇기 때문에 신앙은 하나님의 말씀을 알고, 깨달을 수 있기를 원한다. 하나님의 말씀에 붙들린 신앙은 하나님의 말씀을 붙들기를 원한다. 실로 신앙이 확고해질수록 지식도 더욱 확고해진다. 그뿐만 아니라 신앙의 대상인 하나님은 자신을 신앙하는 사람에게 분명한 동의와 고백을 요구하신다. 그런 의미에서 신앙은 신뢰하는 지식이고, 지혜로운 확신이다. 그러므로 신앙은 항상 의식적이고 고백적이어야 하며, 그래서 다른 신앙과도 대화할 수 있어야 한다. 그런 의미에서 신앙은 신학을 필요로 한다. 신앙은 기도만이 아니라 깨달음도 요구한다. 맹목적인 신앙이 아니라 깨닫는 신앙이야말로 비로소 성숙한 신앙인을 만든다.

# 제3장

# 신앙과 지식과 이데올로기

>>>>>>>>

## 1. 신앙과 지식

앞장에서 우리는 신앙이 맹목적인 모험이나 현실을 도피하기 위한 환상이 아니라는 사실을 강조하였다. 신앙은 교회의 가르침이나 전통을 무조건 받아들이는 객관적이고 타율적인 행위가 아니다. 더욱이 신앙은 다른 사람들이 이해할 수 없는 이상한 주문(呪文)을 외우거나 신비스러운 황홀경을 체험하는 주관적인 행위도 아니다. 물론 신앙은 결단적인 성격을 지니며, 그러므로 신앙은 분명히 주관적 확신과도 결부되어 있다. 그럼에도 불구하고 신앙은 지식으로는 설명할 수 없는 이론의 공백을 메우는 작업가설이 아니며, 지식이 절망한 자리에서 지식을 대신하는 사이비 지식도 아니다. 잘 믿는 것은 무조건 믿는 것, 덮어놓고 믿는 것, 쉽게 믿는 것과 아무런 상관이 없다.

비록 신앙은 지식의 결론으로부터 생겨나는 것은 아니지만, 그 자체 안에 항상 지식을 포함하고 있다. 갓난아기가 자신에게 젖을 물려주는 여인이 자신의 엄마임을 증명하고 난 다음에 비로소 그녀의 품에 안기는 것은 아니다. 하지만 엄마를 신뢰해 갈수록 엄마에 대한 아기의 지식도 점점 더 깊어간다. 그래서 그는 엄마를 믿기 때문에 알고, 알기 때문에 믿는다. 그리하여 신뢰와 지식이 순환 과정을 거치는 동안 신앙은 더 풍요한 이해에 도달한다. 또한 신앙은 자신이 믿는 것을 이해하기를 원할 뿐만 아니라, 남들에게 자신을 해명하고 고백하도록 요구를 받는다. 그래서 베드로는 다음과 같이 말하였다. "여러분이 가진 희망(신앙)에 대하여 설명을 요구하는 사람에게는 언제나 누구에게나 답변할 수 있도록 준비해 두시오"(벧전 3:15).

물론 신앙과 지식은 완전히 일치하지 않는다. 그러므로 "나는 하나님이 계심을 안다."라고 말하지 않고, "나는 하나님을 믿는다."라고 말한다. 그럼에도 불구하고 우리는 신앙과 지식을 완전히 분리할 수는 없다. 다시 말하면, 나는 알지도 못하는 하나님을 끝까지 믿을 수는 없다. 그래서 깔뱅(J. Calvin)은 신앙을 '고상한 지식'이라고 불렀으며,[1] 바르트(K. Barth)는 신앙을 '오관을 소유한 채 정상적으로 받아들이는 지식'이라고 정의하였다.[2] 이러한 점을 알지

---

[1] 깔뱅은 말한다: "우리가 믿음을 '지식'이라고 부르는 것은 보통 우리가 인간의 감각적인 지각으로 아는 사물들에 관해서 말하는 지식이나 이해와는 다르다. 믿음은 감각을 훨씬 초월한 것이기 때문에, 믿음에 도달하려면, 사람의 마음은 그 자체를 추월해야 한다. 마음은 믿음에 도달한 때라도 그 느끼는 것을 이해하지 못한다. 그러나 이해하지 못하는 것을 믿을 때, 그 신념이 확실하기 때문에 어떤 인간적인 것을 자체의 능력으로 지각한 때보다 더 많은 것을 이해한다." J. Calvin, 『기독교 강요 中』(김종흡 외 3인 공역, 생명의 말씀사, 1988), 36-37.

[2] 바르트에 의하면, 신앙은 인정(Anerkennen), 인식(Erkennen) 및 고백(Bekennen)

못한다면, 신앙과 지식 사이에 잘못된 갈등이 생겨나고, 신앙에 대한 오해가 발생한다. 그러므로 여기서 지식과 잘못된 관계를 맺는 잘못된 신앙 이해 중에서 두 가지만을 지적하기로 하자.[3]

1) 실증주의자(實證主義者)는 오직 경험적으로 파악할 수 있는 것만을 진리라고 말하고, 신앙을 일종의 착각 혹은 거짓이라고 비난한다. 이것은 지나치게 일방적인 견해일 수밖에 없다. 왜냐하면 경험적으로 증명되는 것만이 진리라는 명제도 경험적으로 증명될 수 없기 때문이다. 그렇지만 만약 신앙이 이와 같은 견해와 대결한답시고 계시 자료를 객관적으로 실증해 보이려고 애쓴다면(계시실증주의), 결국 신앙도 무너지고 말 것이다. 그렇게 되면, 신앙은 일종의 유사과학(연금술)이 되고 말 것이다.

신앙은 분명히 지식을 포함하지만, 지식으로 완전히 파악되거나 실증될 수 없다. 증명된 신앙은 신앙을 보호하기보다는 오히려 신앙을 파괴한다. 만약 우리가 신앙의 대상인 하나님을 세계의 대상처럼 실험실에서 증명하고 난 다음에 그 증명을 토대로 믿는다면, 하나님은 세상의 한 조각처럼 되어 버리며, 신앙(신학) 대신에 지식

---

으로 표현될 수 있다. 인정은 순종하고 적응하며 굴복하고 종속하는 지식이다. 인식은 그 자체로서 신앙의 근본 행위는 아니지만, 신앙의 근본 행위는 순종하고 적응하는 지식 그 자체 안에서 성립한다. 신앙의 순종은 지식이 없는 순종이 아니며, 통찰이나 이해가 없는 맹목적 순종이 아니다. 신앙은 가설적이거나 문제시되는 지식이 아니라, 아주 근본적으로 매우 격렬하고 엄밀하며 확실한 지식이다. 그러므로 신앙은 지성을 희생시키지 않고, 지성을 추구한다(Fides quaerens intellectum). 그리고 신앙은 고백이다. 지식을 취하는 것은 그 자체가 인식을 주는 것이기도 하며, 인정과 인식은 고백과 일치한다. K. Barth, KD IV/1, 831 이하.

3) 신앙과 이성의 관계에 대한 견해는 역사적으로 네 가지로 나타난다. (1) 신앙과 이성은 다같이 확실한 근거를 갖지만, 서로 아무런 관련성이 없다. (2) 이성은 신앙에 종속된다. (3) 신앙은 이성에 종속된다. (4) 이성과 신앙은 서로 보완한다. 진정한 신앙에는 이성이 따른다. 신앙은 적진에 깊이 침투하는 공수 부대와 같이 이성과 경험이라고 하는 전차부대와 보병이 도달할 때까지 점령지를 지킨다. W. T. Purkiser, 『기독교 신앙의 탐구』(김용련 역, 도서출판 나사렛, 1992), 29-32.

(자연과학)이 들어서게 될 것이다. 하나님은 보편적인 확실성을 가지고 증명할 수 있는 객관적인 존재가 아니다. 하나님은 믿음과 사랑과 소망의 실천 속에서 드러나는 하나의 현실이며, 따라서 신앙생활을 떠나서는 존재하지 않는다. 비록 신앙은 근거가 없는 모험이나 허공으로의 비약은 아니지만, 여전히 자유로운 결단의 성격을 지니고 있다. 더욱이 신앙은 초월적인 은총의 활동과도 무관하지 않다.

2) 합리주의자(合理主義者)는 오직 합리적, 이성적으로 설명할 수 있는 것만을 진리라고 말하고, 신앙을 미신이라고 비판한다. 이것도 매우 협소한 견해라고 할 수 있다. 파스칼(B. Pascal)은 다음과 같이 말했다: "이성의 위대성은 자신의 한계를 아는 데 있다. 이성의 최후의 일보는 이성을 초월하는 것이 무수히 많다는 것을 인정하는 것이다. 만약 그렇지 못하다면, 이성은 빈약한 것이다. 이성을 부인하는 것만큼 이성에 적합한 것은 없다. 심정은 이성이 알지 못하는 그 자신의 도리를 갖고 있다."[4]

그렇지만 만약 신앙이 합리주의와 대결한답시고 비합리적, 역설적인 신앙으로 빠진다면, ―터툴리안(Tertullian)은 "나는 불합리하기 때문에 믿는다."고 말했다고 전해진다.― 결국 신앙도 무너지고 말 것이다. 그렇게 되면, 신앙은 지성을 희생한 공허한 형식적인 신앙이 되고 말 것이다. 그 결과로 신앙은 무턱대고 신비주의와 마구 결합되고, 이성을 무조건 죄악시하며, 회의와 의심을 단순히 악마의 꼬임이라고 비난할 위험에 빠지게 될 것이다. 비록 신앙은 증명된 지식은 아니지만, 일종의 지혜로서 지식을 통과한 신앙이고, 신앙을 통과한 지식이다.[5] 비록 신앙은 이해력을 초월하지만, 신앙은 인식

---

4) B. Pascal, 『팡세』(신상초 역, 을유문화사, 1972), 267 이하.
5) 푈만(H. G. Pöhlmann)은 폰 라트(G. von Rad)의 지혜 이해를 근거로 삼아 이처럼 주장한다. 지혜는 아는 신앙이며, 믿는 지식이다. H. G. Pöhlmann, 『교의

혹은 지식이라고도 불린다(골 2:2-3, 엡 3:18-19).

만약 신앙이 지식을 포함하고 있고 그 자체로서 심오한 지식, 고상한 지식이라고도 불린다면, 신앙은 당연히 그 어떤 체계를 가지려고 노력하게 된다. 이것을 우리는 '신학'이라고 부른다. 그러므로 알든 모르든, 모든 신자들은 모두 신학자인 셈이다. 그러므로 신학은 전문 신학자만의 전유물이 아니라, 모든 신자들의 공통 임무이다. 만약 신자들이 신학을 오로지 신학자에게만 떠맡기고 쉽게 믿으려고만 한다면, 잘못된 신학에 오염되어도 판단할 힘을 잃을 것이고, 매사에 다른 사람에게 의존하려는 미성숙한 신자가 될 것이다. 스스로 독립하지 못하고 매사에 부모의 도움을 받는 젊은이를 성숙한 어른으로 인정하기 어렵듯이, 매사에 다른 사람의 조언을 받아야만 신앙생활을 할 수 있는 신자는 '젖먹이 신자'라고 부를 수밖에 없을 것이다.

신학은 신앙에 관한 학문으로서 모든 신자들에게 부과된 임무이다. 그렇기 때문에 모든 신자들은 전도 훈련이나 기도 훈련 못지않게 신학 훈련도 받아야 한다. 신학은 일차적으로 신앙이 믿는 내용을 설명하려는 노력이다. 그러므로 모든 신자들은 자신이 믿는 신앙을 확실히 깨달으려고 노력해야 하며, 그래서 가끔 전문 신학자의 도움도 받아야 한다.

그런데 신학은 일종의 신앙의 지식이고, 신자들은 세상 속에서 다른 신앙(신념)을 가진 사람들과 더불어 살기 때문에 신학은 항상 당대의 세계관과 관련을 맺어야 한다. 세상 사람은 지구에 살고, 신자는 세계와 동떨어진 별난 세계에 사는 것이 아니다. 그렇기 때문에 신자는 세상 사람에게 자신의 신앙을 설명해야 하며, 그들을 비판하기 위해서도 그들과 대화해야 한다. 이것을 우리는 신학의 '변

---

학』(이신건 역, 한국신학연구소, 1989), 110 이하.

중적인 과제' 혹은 '논쟁적인 과제' 라고 부른다. 이와 같은 과제도 단지 전문 신학자에게만 떠맡겨서는 안 된다.

## 2. 신앙과 이데올로기

이데올로기(Ideologie)란 말은 원래 수십 년 동안 프랑스에서만 통용되었는데, 이 말은 원래 관념(Idea)에 관한 연구를 의미하는 말이었다. 그러다가 마르크스(K. Marx)와 엥겔스(F. Engels) 이후부터 이 말은 주로 허위의식, 모호한 추상관념을 표현하는 말로 사용되었고, 레닌(Lenin) 이후로는 어떤 집단이나 공동체가 가지고 있는 특징적인 관념이나 태도라는 의미를 갖는 말로서 점차 일반적인 어휘가 되었다. 오늘날 이 말은 광범위하게 '신념체계' 혹은 '세계관' 이라고도 불린다.[6] 그렇다면 이데올로기는 어떠한 기능을 수행하는가?

1) 이데올로기는 우주, 역사 속에서 인간이 처한 하나의 자리(입각점)를 설정하려고 한다(정신, 자아, 국가, 정당, 계급 등).
2) 이데올로기는 그 자리로부터 자연과 역사를 해석하고, 거기에 의미를 부여하려고 한다(우주, 지구, 인간, 정신과 물질을 전체적으로 이해함).
3) 이데올로기는 개인이나 공동체로 하여금 의미가 있는 행동을

---

6) J. Plamenatz, 『이데올로기란 무엇인가?』(진덕규 역, 까치, 1986), 31 이하. 만하임은 그의 유명한 저서 '이데올로기와 유토피아' 에서 이데올로기를 부분적인 개념과 전체적인 개념으로 나누어 설명했다. 전자는 상대편의 특정 이념과 표상을 거짓으로 의심할 때에 쓰이는 심리적인 의미를 갖는 것이고, 후자는 어떤 시대, 어떤 역사적, 사회적인 특정 단계의 전체 의식구조의 특성, 상대편의 전체 세계관을 나타낼 때에 쓰이는 정적인 의미를 갖는다. K. Mannheim, 『이데올로기와 유토피아』(황성모 역, 삼성출판사, 1985), 333 이하.

하도록 도와주려고 한다(탁월한 목표와 동기를 제시함).
 4) 이데올로기는 그 목적을 달성하기 위하여 낡은 세계관과 논쟁하려고 한다(낡은 세계관을 능가하려고 함).

 신앙은 결코 특정 이데올로기와 동일시될 수 없다. 그러나 신앙은 항상 특정한 세계관을 포함하거나 특정 이데올로기와 겹쳐 있는 부분을 지닌다. 그리고 신앙은 다른 신념 체계를 향해 자신을 변호하고 남을 설득하려는 과제를 수행한다. 바로 그렇기 때문에 신앙은 항상 이데올로기와 비판적으로 대화해야 한다. 그리고 신앙이 특정한 이데올로기 혹은 특정한 이데올로기의 하수인(下手人)으로 떨어지지 않기 위해서라도, 이데올로기와 부단히 비판적인 대화를 수행해야 한다. 그러므로 이데올로기 문제는 불신자의 문제만이 아니라, 바로 신자 자신의 문제이기도 하다. 즉, 신앙은 이데올로기를 통해 자신을 이해하고 비판할 뿐만 아니라, 우상화된 특정한 이데올로기를 비판하는 과제를 수행해야 한다. 그렇다면 신앙은 어떠한 이데올로기적 기능을 수행하는가?

 1) 신앙은 무지와 호기심의 산물로서 지식의 대체물이 되곤 한다.
 2) 신앙은 공포와 무지, 무능력으로 말미암아 빚어지는 감정을 배출하는 출구로 사용되기도 한다.
 3) 신앙은 어떤 행위나 사건에 공적이거나 신성한 성격을 부여함으로써 공동체나 집단을 결합시키는 일을 한다.
 4) 신앙은 보상과 징벌의 위협을 통해 사회적 규칙을 지키는 동기를 부여해 준다.
 5) 신앙은 인간에게 자기를 이해하고 세계 속에서 자신이 처해 있는 위치를 이해하도록 도와준다.[7]

---

7) J. Plamenatz, 같은 책, 140.

이와 같은 신앙의 이데올로기적인 기능 때문에 신자들은 잠시도 이데올로기와의 비판적인 대화를 포기해서는 안 된다. 만약 신앙이 당대의 이데올로기에 대해 무관심한 태도를 취한다면, 결국 이 세상을 하나님의 지배가 아니라 다른 이데올로기의 지배 아래 방치하게 될 것이며, 그리함으로써 악한 이데올로기가 저지르는 악행을 방조하거나 그와 동조하게 될 것이다. 심지어는 신자도 무의식적으로 이데올로기의 하수인이 되는 위험에 빠질 수 있을 것이다.

물론 이 세상에 절대적인 이데올로기란 없다. 그리고 신앙은 결코 특정한 이데올로기를 치장하는 옷이 되어서는 안 된다. 그러나 신앙이 자신을 설명하고 남을 설득하고 세계를 해석하고 변혁하는 과제를 지니고 있기 때문에 잠정적이나마 최선의 이데올로기, 즉 자유, 정의, 연대성, 인간성, 평화와 같이 기독교적인 가치관과 부합하는 이데올로기를 선택하고, 이와 비판적으로 협조해야 한다.

신앙은 '장망성'(장차 망할 성)을 탈출하는 행위가 아니라, 세상을 책임적으로 형성해 나가는 행위이다. 더욱이 신앙은 세계를 비난하는 행위가 아니라, 세계를 구원하는 행위이다. 바로 그렇기 때문에 신앙은 항상 현실적인 희망으로 나타나고, 항상 사랑과 함께 갈 수밖에 없다. 그러므로 세상에 대한 중립적인 침묵 혹은 방관은 진정한 신앙의 자세가 아니다. 그러한 신앙은 세상을 구원하지 못할 뿐 아니라, 악한 세상 혹은 악마의 손에 자신을 내맡기는 행위가 된다. 교회는 세상의 아편이나 달콤한 설탕이 아니라, 세상의 빛과 소금, 하나님 나라의 누룩이다. 그렇기 때문에 신앙은 항상 이데올로기와 대화해야 하고, 잘못된 이데올로기를 비판하는 임무를 수행하여야 한다.[8]

---

8) 오늘날 정치 이데올로기와 비판적으로 대화하는 신학은 정치신학, 해방신학, 여성신학 등이라고 할 수 있다. 정치신학의 대표자인 몰트만(J. Moltmann)은 교회의 정치 중립성이 불가능하다는 사실을 다음과 같이 역설한다: "정치적으로 무의식인 신학은 있으나 근본적으로 비정치적인 신학은 없다.…… 확실히 두드러진 비

정치적인 신학은 언제나 침묵을 통해 특히 보수적인 정치운동과 더불어 견고한 동맹을 맺는다. 그러므로 비정치적이고 정치를 초월하는 중립 지대로 은둔하는 교회일수록 실로 더욱 더 정치화된 교회다." J. Moltmann, 『정치신학, 정치윤리』(조성노역, 심지, 1985), 48. '정치신학'에 관해 자세히 알기 위해서는 이신건, 『하나님 나라의 지평 위에 있는 신학과 교회』(한국신학연구소, 1998), 102 이하, U. Dannemann, 『칼 바르트의 정치신학』(이신건 옮김, 한국신학연구소, 1991)을 참조하라.
종교사회학에 따르면, 종교는 사회적으로 생산, 정초, 제한, 정향(定向), 구조화된다. 종교는 기존 현실에 대해 보수(통합)적이거나 혁신(변혁)적인 기능을 행사한다. 종교 제도가 사회적 실재를 형성하는 힘들은 종교의 역사, 전통, 교의, 조직, 지위, 사회구성, 평신도 대중, 자원들이다. 일정한 역사적, 사회적이 상황에서 종교체계는 유지, 적응, 개혁으로 나타날 수도 있고, 퇴보, 질식, 쇠퇴, 분할 혹은 분열로 나타날 수도 있다. 이에 관해서는 Otto Maduro, 『사회적 갈등과 종교』(강인철 역, 한국신학연구소, 1988)를 참조하라.

## 제4장

# 신앙과 희망과 사랑

>>>>>>>>

중세기에는 '사랑의 신학'(St. Augustinus)이 우세하였다면, 종교개혁 기간 동안에는 '신앙의 신학'(M. Luther)이 특별히 강조되었다. 하지만 지금은 '희망의 신학'(J. Moltmann)이 크게 부각되고 있다. 이처럼 신앙과 희망과 사랑은 시대마다 제각기 중요한 비중을 획득하였지만, 이 세 가지는 서로 분리될 수 있는 요소들이 아니다. 이것들은 이미 초대교회 시절부터 그리스도인의 근본적 특징을 나타내는 상이한 측면으로서 함께—마치 삼위일체처럼—서로 분리될 수 없도록 긴밀하게 연결되어 있다.

바울은 데살로니가 교인들에게 보낸 편지에서 "여러분의 믿음의 활동과 사랑의 수고와 우리 주 예수 그리스도에 대한 꾸준한 희망을 하나님 우리 아버지 앞에서 끊임없이 기억하고 있습니다."(살전 1:3)라고 말하며, 유명한 '사랑의 찬가'에서도 "믿음과 희망과 사랑, 이 세 가지는 언제까지나 남아 있을 것입니다."(고전 13:7)라고 말한다. 이처럼 신앙과 희망과 사랑, 이 세 가지는 결코 따로 떨어져서 홀로 존재할 수 없다. 그 어떤 것도 다른 것 없이는 존재할 수 없다. 그러므로 여기서 우리는 이것들의 관계에 주목해 보기로 하자.

## 1. 신앙과 희망

신앙은 성서 전체를 통해 특히 희망과 밀접하게 결합되어 있다는 사실을 볼 수 있다. 구약성서에 신앙과 희망이 나란히 등장하는 구절들이 상당히 많다. 그 중에서 몇 가지 예를 들어 보기로 하자. 이사야는 하나님을 정의하기를 "이 분이…… 구원해 주시리라 믿고 기다리던 우리 하나님이시다."(사 25:9)라고 말한다. 예레미야도 하나님을 향해 "이스라엘이 믿고 바라는 이여"(렘 14:8)라고 외친다. 시편 저자들도 "나는…… 믿고 또 믿어, 나의 희망 그 말씀에 있사오니"(시 130:5), "주여 바라느니 당신뿐이요, 어려서부터 믿느니 야훼 당신뿐입니다."(시 71:5)라고 고백한다.

신약성서에서도 신앙과 희망은 서로 교환해서 사용할 수 있을 만큼 하나님과의 관계를 표현하는 특징적인 개념들로 나타난다. 아브라함의 신앙은 눈에 보이는 희망과 대립되는 신앙, 보이지 않는 희망을 바라보는 신앙으로 설명된다(롬 4:18, 히 11:8 이하). 그래서 믿음으로 의롭게 된다는 사실을 강력하게 주장하는 바울은 "우리는 이 희망으로 구원을 받았습니다."(롬 8:24)라고 고백한다. 그는 자주 신앙적인 확신과 희망의 고백을 서로 결합한다. 즉, 바울은 "우리가 그리스도와 함께 죽었으니, 또한 그리스도와 함께 살리라고 믿습니다."(롬 6:8)라고 말하며, "나는 확신합니다.…… 그밖의 어떤 피조물도 우리 주 그리스도 예수를 통하여 나타날 하나님의 사랑에서 떼어놓을 수 없습니다."(롬 8:38)라고 고백한다. 히브리서도 "믿음은 우리가 바라는 것들을 보증해 주고 볼 수 없는 것을 보증해 줍니다."(히 11:1)라고 말한다.

루터는 신앙과 희망의 관계를 다음과 같이 설명한다: "신앙은 지성에 근거하고, 희망은 의지에 근거한다. 신앙은 진리와 관계하고, 희망은 하나님의 자비와 관계한다. 신앙은 순수한 진리를 위해 거짓 교리에 대항하고, 희망은 시련과 그 결과인 조급함, 슬픔, 절망과 싸운다. 신앙은 하나님의 말씀으로 향하고, 희망은 하나님의 일, 즉 약속된 은혜로 향한다. 신앙 속에서 우리는 하나님을 그분의 약속 가운데서 참되다고 인정하고, 희망 속에서 우리는 그 약속을 우리의 것으로 삼는다."[1]

깔뱅도 신앙과 희망을 하나의 동일한 행위의 두 측면으로 이해한다: "신앙은 그 자체 내에서 희망을 일으키며 생산한다. 이 희망을 제거하면, 신앙이 없다는 판단을 받아야 한다.…… 간단하게 말하면, 희망은 하나님이 진실하게 약속하셨다고 믿는 일에 대한 기대이다. 이와 같이 신앙은 하나님을 진실하다고 믿으며, 희망은 하나님의 진실성이 밝히 나타내는 때를 기다린다. 즉, 신앙은 하나님을 우리의 아버지라고 믿으며, 희망은 그분이 우리에게 대해서 항상 아버지가 되시리라고 예상한다. 신앙은 우리가 영생을 받았다고 믿으며, 희망은 영생이 언젠가는 나타나리라고 예상한다. 신앙은 희망의 토대요, 희망은 신앙에 영향을 주며 힘을 준다.…… 희망은 묵묵히 주를 기다리는 동시에 신앙이 너무 서두르다가 곤두박질하여 떨어지지 않도록 제어한다. 희망은 신앙에 힘을 주어, 하나님의 약속을 의심하거나 그 진실성을 의심하지 않도록 한다. 희망은 신앙의 생기를 회복시켜 지치지 않게 한다. 희망은 종점에 도착할 때까

---

[1] M. Luther, Galater, WA, 17, 273.

지 신앙을 지탱해주어 도중에서, 심지어 출발점에서도 힘이 빠지지 않도록 한다. 간단히 말하면, 희망은 끊임없이 신앙을 갱신하고 회복함으로써, 신앙에 견인하는 힘을 주는 것이다."[2]

'희망의 신학'을 대변하는 몰트만도 다음과 같이 말한다: "신앙은 인간을 그리스도에게 매어준다. 희망은 이 신앙으로 하여금 그리스도의 위대한 미래를 향해 자신을 열게 한다. 그러므로 희망은 신앙의 떨어질 수 없는 동반자이다. 만약 이 희망이 없다면, 비록 우리가 신앙에 관해 제 아무리 재치 있고 점잖은 말을 한다고 하더라도, 전혀 신앙을 갖고 있지 않다고 단언해도 좋을 것이다!······ 이와 같이 그리스도인의 생활에서 신앙은 먼저 오지만, 희망은 우월하다. 만약 신앙을 통한 그리스도 인식이 없다면, 희망은 허공에 떠 있는 유토피아적인 희망이 되고 만다. 하지만 만약 희망이 없다면, 신앙은 무너지게 되고 작은 신앙이 되며, 결국에는 죽은 신앙이 되고 만다. 신앙을 통해 인간은 참된 생활의 발자취를 따르게 된다. 하지만 오직 희망만이 그로 하여금 이 발자취 위에 머무르게 한다. 이와 같이 그리스도에 대한 신앙은 희망을 확신으로 만든다. 그리고 희망은 그리스도에 대한 신앙을 넓혀주며, 신앙을 생활 속으로 이끌어 들인다."[3]

---

2) J. Calvin, 『基督敎綱要 中』(김종흡, 신복윤, 이종성, 한철하 공역, 생명의 말씀사, 1986), 75.

3) J. Moltmann, 『희망의 신학』(이신건 옮김, 대한기독교서회, 2002), 27. 몰트만이 주장하는 '희망의 신학'은 바로 그의 '희망의 종말론'에 근거해 있다. 그의 주장에 따르면 "그리스도교는 단지 부록에서만이 아니라 전적으로, 그리고 완전히 종말론이요, 희망이며, 앞을 바라보는 전망(展望)이요, 앞으로 나아가는 행진(行進)이다. 그러므로 그것은 또한 현재의 타개(打開)와 변혁(變革)이기도 하다. 종말론적인 것은 그리스도교에 속해 있는 그 어떤 것이 아니라 전적으로 그리스도교적 신앙의 매체(媒體)요, 그 신앙 안에서 모든 것을 조율(調律)하는 음(音)이며, 세상만물이 녹아드는, 기대된 새로운 날의 여명(黎明)의 색깔이다. 왜냐하면 그리스도교적 신앙은 십자가에 달린 그리스도의 부활로부터 살아가며, 그리스도의 보편적인 미래의 약속을 지향하기 때문이다. 종말론은 메시아 때문에 생겨나는 고난과

## 2. 사랑과 희망

신앙이 희망과 밀접히 결합되어 있는 것처럼 사랑도 희망과 결합되어 있다. 바울은 "사랑은 모든 것을 바란다."(고전 13:7)라고 말하고, 신앙과 마찬가지로 사랑도 하늘에 마련된 축복에 대한 희망에서 나온 것이라고 말한다(골 1:5). 그래서 '종말의 영'(욜 3장, 행 2:17)인 성령이 초대교회의 그리스도인들에게 임하고 '종말의 표징'(행 2;19)인 기적들이 일어났을 때, 그들은 희망에 넘쳐 "함께 지내며 그들의 모든 것을 공동소유로 내어놓고, 재산과 물건을 팔아서 모든 사람에게 필요한 만큼 나누어주었다"(행 2:43-44). 부활의 영 안에서 그 누구도 자신의 소유에 집착할 필요를 느끼지 않는다. 영생의 확신을 발견한 사람은 자신의 재물이 주는 모호한 확실성을 더 이상 필요로 하지 않는다. 자신의 재물은 이를 필요로 하는 사람이 사용하기 위한 것이 된다. 그러므로 그들은 모두 물건을 통용하였으며, 바로 그래서 그들 중에는 가난한 사람이 아무도 없었다. 재물을 소유하였던 사람들은 이를 사도들에게 가져왔으며, 사도들은 이를 각 사람의 필요를 따라 나눠주었다.[4]

이것은 바로 예수가 보여준 모범의 실천이라고 할 수 있다. 예수는 "하나님의 나라가 가까이 다가왔다!"고 선포하면서, 그 증거로서 특히 가난한 자들과 연대하는 모습을 보여 주었다. 왜냐하면 희망은 이기주의를 깨뜨리고 이웃관계 안으로 들어가게 하기 때문이다. 그래서 예수를 영접한 세리 삭개오는 의롭지 못한 방법으로 모은 많은 재물을 이웃을 위해 기꺼이 내어놓았다. 이처럼 희망에 감염된 사람은 사랑의 열매를 맺는다.

---

열정이다. 그러므로 종말론은 애초부터 그리스도교적 교리의 한 부분일 수가 없다. 오히려 모든 그리스도교적 설교, 모든 그리스도교적 실존과 모든 교회의 특징은 종말론적인 방향을 지니고 있다." 같은 책, 22.
4) J. Moltmann, 『생명의 샘』(이신건 옮김, 대한기독교서회, 2000), 138.

## 3. 신앙과 사랑

성서에서 사랑은 주로 신앙과 관련되어 자주 강조된다. 신약성서에서 자주 인용되는 "네 이웃을 네 몸처럼 사랑하라."(렘 19:18)는 계명은 단순히 윤리적인 의무라기보다는 하나님에 대한 신앙의 증거와 그 표현으로 이해된다. 그래서 나그네였던 이스라엘을 구원하시고 자신의 백성으로 삼으시고 그와 계약을 맺으신 하나님은 계약의 신실한 순종으로서, 그리고 하나님 사랑에 대한 인간의 진실한 응답으로서 사랑을 강조하셨다. 그런데 이 사랑은 특히 나그네, 고아, 과부와 같은 사회적 약자들에 대한 사랑으로 나타나야 한다(렘 19:34, 신 10:19, 출 22:18).

그러므로 이스라엘의 예언자들은 올바른 하나님 인식과 하나님 예배는 바로 공의를 행하고 자비를 베푸는 행위와 뗄 수 없다는 사실을 열렬히 강조하였다. 물론 이웃 사랑이 하나님 사랑과 하나님 예배를 완전히 대체할 순 없다. 하지만 하나님을 진심으로 사랑하는 사람은 자연히 이웃을 사랑할 수밖에 없다. 그러므로 예언자들은 이웃을 사랑하지 않는 자들의 예배는 가증스럽고 역겨운 것이라고 신랄하게 비판하였던 것이다.[5]

이러한 정신은 예수에게도 분명히 계승되고 있다. 예수는 "네 마음을 다하고 목숨을 다하고 뜻을 다하여 주님이신 너희 하나님을 사랑하라.…… 네 이웃을 네 몸같이 사랑하라."(마 22:34-40)고 강조하였다. 신앙은 열매를 통해 식별될 수 있다(마 7:1-6). 사랑은 신앙을 세우는 든든한 반석이고(마 7:24-25), 모든 율법과 예언서의 핵심이며(마 22:34-35), 마지막 심판의 표준, 즉 신앙을 식별하는 근거가 된다(마 22:34-35). 이런 맥락에서 바울은 "산을 옮길 만한 온전한 믿음을 가졌다 하더라도, 사랑이 없다면 나는 아무 것

---

5) 특히 사 58:6 이하, 렘 22:16 이하, 암 5:21 이하를 보라.

도 아닙니다."(고전 13:2)라고 말하며, 야고보는 사랑(행함)이 없는 신앙은 죽은 신앙이라고 강조한다(약 2:14 이하).

현대신학에서 특히 '행함이 있는 신앙'을 열렬히 강조한 자는 본회퍼(D. Bonhoeffer)라고 할 수 있다. "오직 신앙하는 자만이 순종한다. 그러나 오직 순종하는 자만이 신앙한다. 신앙은 오로지 순종 가운데서만 존속한다. 신앙이 경건한 자기 기만, 싸구려 은총이 되지 않기 위해서는 순종의 첫 발걸음을 내디뎌야 한다."[6] 그래서 그는 주님을 뒤따르는 '값비싼 은총'의 신앙을 강조하였을 뿐만 아니라, 이를 실천하기 위해 히틀러에 맞서 의연히 싸우다가 젊은 나이로 순교적인 죽음을 맞았다. 우리는 '오로지 믿음 안으로'(Sola fide) 구원을 받지만, 믿음은 불가피하게 사랑의 열매를 맺을 수밖에 없다. 그러므로 홀로의 신앙은 결코 홀로가 아니다(Sola fides nunquam Sola).[7] 신앙과 사랑과 희망은 한 그리스도인의 세 측면 혹은 세 특징으로서 항상 – 종말이 오기 전까지 – 존재할 것이다.

---

6) D. Bonhoeffer, *Nachfolge*(München, 1985), 35-36. 본회퍼에 의하면, 싸구려 은총은 교회의 치명적인 원수이다. 싸구려 은총이란 떨이판매 물건, 내던져진 용서와 위로와 성례전이다. 이것은 교리, 원리, 체계로서의 은총, 일반 진리로서의 사죄, 그리스도인의 신 이념으로서의 하나님 사랑을 의미한다. 싸구려 은총은 죄인이 아니라 죄를 의롭다고 칭하는 것이다. 은총만이 홀로 모든 것을 행하기 때문에 모든 것은 낡은 그대로 머물러 있을 수 있다. 싸구려 은총은 회개가 없는 사죄설교, 교회 교육이 없는 세례, 개인적인 참회가 없는 죄 방면, 뒤따름이 없는 은총, 십자가가 없는 은총, 살아 계시고 인간이 되신 예수 그리스도가 없는 은총이다. 이에 반해 값비싼 은총이란 예수 그리스도를 뒤따르는 것, 뒤따름을 촉구하는 것, 사람에게 생명을 바치는 것, 죄를 나무라고 죄인을 의롭게 만드는 것이다. 같은 책, 13 이하.

7) 이것은 루터교회 안에서 일어난 교리 논쟁을 해결하기 위해 채택되고 공포된 '협정신조'(1658년 6월 25일)에서 표명된 표현이다.

# 제5장

# 하나님은 누구신가?

>>>>>>>>

니체(F. Nietzsche)는 "하나님은 죽었다. 우리가 그를 죽였다!"고 외쳤다.[1] 물론 그가 죽인 것은 가부장적이고 권위적인 하나님의 모습일 뿐이지, 하나님의 존재 그 자체라고 할 수는 없다. 잘못된 하나님의 모습은 마땅히 죽어야 하

---

1) 니체(1844-1990년)는 일찍이 쇼펜하우어(A. Schopenhauer)에 심취하여, 그로부터 큰 영향을 받았다. 생의 환희와 염세, 긍정과 부정을 예술적인 형이상학으로 쌓아 올린 처녀작 「비극의 탄생」을 기점으로 「반시대적 고찰」, 「인간적인, 너무나 인간적인」 등을 통해 과거의 이상을 모두 우상이라고 치부하고, 새로운 가치 전환을 시도하였다. 「짜라투스트라는 이렇게 말했다」는 니체가 40세를 전후하여 집필한 작품으로서 영원회귀의 사상을 기반으로 한 초인(超人)의 이상을 그린 철학적인 서사시(敍事詩)이다. 여기서 그는 하나님의 죽음을 말하였고, 영원 회귀를 통해 삶의 긍정하였으며, 모든 고뇌와 죽음을 초극한 초인(超人)의 이상을 주장하였다.

고, 이제는 우리가 그것을 죽여야 한다. 그러나 니체의 말대로 현대인은 마치 하나님이 죽은 듯이, 하나님이 없어도 전혀 상관이 없는 듯이 살고 있다. 더욱이 현대인에게는 하나님만이 아니라 하나님이라는 단어조차도 완전히 죽은 것처럼 보인다. '성숙한 성인이 된 현대인'(D. Bonhoeffer)은 하나님이라는 작업가설을 더 이상 필요로 하지 않는 듯이 보인다.[2] 현대인은 자신과 세계를 스스로 계획하고, 하나님 대신에 온갖 보험에 자신을 의탁하려고 애쓴다.

그렇다면 이젠 정녕 인간이 하나님처럼 되었는가? 전혀 그렇지 않다! 인간이 하나님을 죽인 결과로 참으로 죽게 된 것은 하나님이라기보다는 오히려 자기 자신이라고 할 수 있다. 그러므로 이제 우리는 니체와 달리 "인간은 죽었다. 우리가 그를 죽였다!"고 외쳐야 한다. 의식 세계와 현실 세계에서 하나님을 추방하고 죽인 현대인에게 주어진 것은 불안, 가치와 목표와 의미의 상실이다. 그리고 하나님을 부정한 토양 위에서는 허무주의, 즉 살상과 전쟁, 착취와 파괴의 독초가 우후죽순처럼 자라나서 세계를 뒤덮고 있다. 그래서 현대인은 다시금 이름도 없고 알지도 못하는 '고도'(Godot)를 기다린다.[3] 왜냐하면 현대인의 전능(全能) 뒤에는 무능(無能)이 숨겨져 있고, 그의 전지(全知) 뒤에는 무지(無知)가 가려져 있기 때문이다.[4]

---

[2] 본회퍼는 감옥에서 보낸 편지에서 현대인을 칸트(I. Kant)의 표현에 따라서 '성숙한 인간', '성인이 된 인간'이라고 불렀다. 그가 감옥에서 경험한 사람들은 대개 초월의 감각이나 하나님의 존재를 느끼지 않는 무종교의 사람들이었다. 그들은 자율 속에 있는 자들로서 하나님이나 심지어는 우상조차도 예배하지 않는 허무주의적인 사람들이었다. 박봉랑, 『기독교의 비종교화』(범문사, 1980), 407 이하.

[3] 사무엘 베게트(S. B. Beckett, 1906-1989년)가 쓴 「고도를 기다리며」는 전쟁으로 인해 황폐해진 유럽의 불안과 동요를 근거로 인간 존재의 무의미성을 주제로 다룬 부조리 연극이다. 여기서 한 주인공 남자는 미지의 고도(Godot)를 무한정 기다리는데, 고도가 과연 누구인지는 아무도 모른다. 여기서 고도는 아마도 하나님일지 모르지만, 그 하나님은 특별히 인간의 삶에 관여하지 않고 단지 침묵하고 있을 따름이다. 사무엘 베케트, 『고도를 기다리며』(오증자 옮김, 민음사, 2002).

인간은 결코 하나님으로부터 도망갈 수 없다. 왜냐하면 하나님은 현실에 대한 철저하고 필연적인 질문과 관련되어 있기 때문이다. 자기의식, 세계의식이 인간의 본질에 속해 있는 것과 꼭 마찬가지로, 신의식(神意識)은 구조적으로 인간의 본질에 속해 있다. 세계의식과 자기의식과 신의식은 구조적으로 분리할 수 없도록 통일체를 이루고 있다.[5] 바로 그렇기 때문에 하나님이라는 단어를 부르지 않는 현대인도 결국 운명, 우연, 의미, 질서, 양심, 희망, 인정과 성공과 같은 다른 갈망을 통해 '알지 못하는 하나님'(행 17:23)을 찾고 있다.[6]

그렇다면 우리는 보이지 않는 하나님을 어떻게 인식할 수 있으며, 하나님이 존재하신다는 사실을 어떻게 증명할 수 있겠는가? 지금까지 하나님의 존재를 증명하려는 수많은 시도들이 있었지만, 모든 시도들은 대체로 다음과 같은 세 가지 형태로 요약될 수 있다.

## 1. 세계로부터 하나님을 증명하려는 시도 (우주론적, 목적론적 증명)

세계로부터 하나님을 증명하려는 시도는 헬라 철학에서 유래하지만, 그중에서도 가장 고전적이고 유명한 것으로는 아퀴나스 (Thomas von Aquinas)의 '다섯 가지의 방법'이 있다. 이것은 이성(理性)의 자연적인 능력을 통한 하나님 증명의 시도라고 할 수

---

4) 오트(H. Ott)는 말한다: "우리 시대의 해방된 인간이 아무리 권위적인 아버지 하나님을 죽였을지라도, 그러한 이유 때문에 그 자신이 누구이며 무엇인지를 조금이라도 더 잘 알지는 못한다. 그의 능력은 단지 그의 무력의 뒷면일 뿐이고, 그의 전지(全知)는 그의 무지의 뒷면일 뿐이다." H. Ott, 『하나님에 대한 우리 시대의 질문』(김광식 역, 대한 기독교출판사, 1981), 105.
5) M. Scheler, 『철학적 인간학』(신상호 역, 정음사, 1975), 121.
6) H. G. Pöhlmann, 『교의학』(이신건 역, 한국신학연구소, 1989), 140 이하.

있다. 아퀴나스는 모든 운동의 최초의 원인, 모든 결과(작용, 효능)의 최초의 원인, 모든 존재의 필연적인 근거, 모든 단계의 최상의 경지, 세계의 질서(아름다움, 합목적성)를 부여한 자를 하나님이라고 부른다.[7] 이러한 입장은 최근까지도 로마 가톨릭교회의 공식적인 견해로서 천명된 적이 있었다. 예를 들면, 제1차 바티칸 공의회(1870년)는 "이와 같이 거룩한 어머니 교회는 모든 것의 시초요 나중인 하나님이 인간의 자연적 이성의 빛과 피조물에 의하여 확실히 인식될 수 있다고 가르친다."고 천명하였다.

이러한 시도는 칸트(I. Kant)에 의해 부당한 것으로 반박되었다. 왜냐하면 이것은 인간의 경험에서 출발하여 인간의 경험을 넘어서는 곳에 도달하려고 하기 때문에 모순(역설)에 빠지기 때문이다.[8] 그리고 설령 토마스의 방법대로 하나님이 증명될 수 있다고 하더라도, 그가 이해한 하나님은 결국 일종의 세계의 한 부분이 될 따름이다. 이와 같은 하나님은 기껏해야 세계라고 하는 기계 장치 속의 발동기와 같은 존재가 될 따름이다. 인과관계(因果關係)를 통해 세계와 필연적으로 연결되어 있는 하나님은 세계를 창조하거나 섭리할 수 있는 자유로운 하나님이 아닐 것이며, 그래서 기도와 예배의 대

---

7) T. Aquinas, *Summa Theologiae II*(London, 1963), 13 이하. 아퀴나스가 하나님의 존재를 증명하기 위해 의존한 것은 '존재의 유비'(Analogia entis)이다. 그에 의하면, 하나님은 피조물과 함께 정적이고 계속적이며 논리적으로 통찰할 수 있는 일련의 속성을 공유하고 있다. 양자가 모두 양자를 포괄하는 '존재'에 참여하고 있으나, 그 상이한 양식은 원인과 결과의 차이에서 비롯한다. 하나님과 피조물 사이에는 상이한 밀도 가운데서도 비슷함(Analogia)이 존재한다. 이런 의미에서 피조물은 그의 작용원인인 하나님에게 의존하면서, 하나님의 완전성을 나누어 갖고 (또는 반영하고) 있다. F. C. Copleston, 『토마스 아퀴나스』(강성위 역, 대조사, 1968), 163 이하.
8) 칸트에 의하면, 이성은 신, 자유, 영혼과 같은 일반적인 형이상학적 관념을 증명할 수도 없고, 부정할 수도 없다. 칸트는 우주론적, 목적론적 신증명이 결국 존재론적 신증명에 귀착하며, 제일 원인 혹은 궁극적 목적이 정말로 완전하고 최상의 것임을 증명하고 있음을 밝혔다. S. P. Lamprecht, 『서양철학사』(김태길 외 2인 역, 을유문화사, 1977), 532.

상이 될 수도 없을 것이다.[9] 그리고 이 세계가 신적인 질서로 이루어져 있다는 생각은 불합리한 악, 무의미한 고난에 의해 도전을 받을 수밖에 없다. 하나님에 의해 조화롭게 질서가 잡힌 세계상은 비현실적 환상이다.[10]

오늘날에는 판넨베르크(W. Pannenberg)가 세계의 현실을 보편역사로 이해하면서, 하나님을 모든 현실의 근원, 통일성, 전체성에 대한 질문의 대상으로 삼음으로써 새로운 방법으로 세계로부터 하나님을 논증하려고 한다. 즉, 그에 의하면, 하나님은 세계사의 지평 안에서 현실의 전체로서 잠정적이나마 현재적으로 경험된다.[11] 그러나 역사는 아직 완결되지 않았기 때문에 아직까지 우리는 역사적 현실을 전체로 파악할 수 없으며, 그래서 역사적인 현실로부터 하나님을 증명할 수 없다.[12]

---

9) H. G. Pöhlmann, 같은 책, 139 이하.
10) 특히 아우슈비츠(Auschwitz)와 히로시마에서 경험한 심각한 고난은 조화와 질서, 아름다움의 하나님을 부정하게 만들었다. 오직 십자가에 달리신 그리스도 앞에서 이해되는 하나님만이 현실적인 하나님이다. J. Moltmann, 신존재 증명과 반대논증 in: J. Moltmann, 『정치신학』(전경연 역, 복음주의신학총서 제12권, 1989), 133 이하.
11) 판넨베르크에 의하면, 하나님은 세계 안의 우연성의 근원이기도 한데, 역사 안에 존재하는 사건들의 상관관계는 역사를 초월하는 하나님의 통일성 안에 근거해 있다. 오직 하나님 사고(思考)만이 역사적 사건들의 독특성을 보존하면서 이와 동시에 역사의 통일성을 생각할 수 있게 만든다. W. Pannenberg, *Grundfragen systematischer Theologie*(Göttingen, 1971), 73 이하.
12) 몰트만은 이러한 하나님 증명의 해석학적 원칙이 과거를 현재와 결부시키는 보편역사의 상관관계에 근거하고 있음을 밝히고, 세계와 그 속에 있는 인간의 현실은 아직 완결되지 않았으므로 '전체'로서 파악할 수 없다고 말한다. 오히려 그 전체성은 역사적으로 문제시되고 있다. 그러므로 하나님은 세계의 현실로부터 증명될 수 없다. 보편사적으로 질문되는 현실의 전체성과 통일성은 종말의 어느 때에 현실을 전체로서 완성하게 될 세계사의 단순한 진행 과정으로부터 생겨나지 않는다. 오히려 현실의 전체성과 통일성은 현존하는 모든 현실과 달리 새로운 현실이 될 것이다. 여기서 만물은 새로워질 것이며, 전체적인 것이 될 것이다. 오직 하나님이 모든 것 안에서 모든 것이 되실 때에 세계는 하나님의 신성을 증명할 수 있을 것이다. J. Moltmann, 『희망의 신학』, 300 이하.

## 2. 실존으로부터 하나님을 증명하려는 시도 (실존적 증명)

실존으로부터 하나님을 증명하려는 고전적인 형태는 아우구스티누스(A. Augustinus)에게서 찾을 수 있다. 하나님 앞에서 그 자신이 곧 질문과 수수께끼의 땅이 되었다. 즉, 그는 "나의 하나님, 당신 앞에서 나는 누구입니까?"라고 물었다. 이것은 무엇을 의미하는가? 인간은 세계의 한 부분 이상이기 때문에 진정한 자기 인식은 하나님 인식 가운데서 일어나고, 진정한 하나님 인식도 자기 인식 가운데서 일어날 수밖에 없다는 사실을 의미한다. 그래서 아우구스티누스는 "당신은 우리로 하여금 당신을 찾도록 만드셨나이다. 당신 안에서 안식을 찾을 때까지 내 마음은 진정한 평화를 누릴 수 없었나이다."라고 고백한다.[13] 불트만(R. Bultmann)에 의하면, 하나님에 관하여 우리는 객관적인 것이라곤 아무 것도 모른다. 우리가 세상에 있는 사물에 대하여 답을 알 수 있듯이 하나님에 관하여 말하려면, 인간의 실존에 관하여 말하지 않을 수 없다.[14]

라너(K. Rahner)는 그의 '초월적 인간학'의 입장에서 다음과 같이 주장한다. 인간은 자신의 정신적 실존 속에서 자신의 현존재

---

13) St. Augustinus, 『고백록』(님기림, 최민순 역, 성바오로 출판사, 1993).
14) 불트만에 의하면, 하나님은 유한하고 결단에 의해 좌우되는 현실적인 삶의 문제와 함께 질문되는 대상이다. 따라서 하나님의 존재라는 명제는 일반적인 이론적 진리나 객관적인 진리로 이해될 것이 아니라, 우리의 실존 자체의 표현으로만 이해될 수 있다. 하나님은 오직 인간이 자기의 실존을 파악할 때만 파악될 수 있다. 하나님은 오직 인간이 자신을 자기의 기능성으로서 선택할 때에만 파악될 수 있다. 불트만은 하이데거(M. Heidegger)의 존재에 대한 실존적 분석에 의존하여, 신약성서의 인간관을 해석하였다. 하이데거에 의하면, 역사 안에 있는 인간의 특징은 불안이다. 인간은 과거와 미래 사이의 영원한 긴장 속에 존재하고 있다. 즉, 사람은 보이는 일시적인 세계에 속박되어 불안의 종이 되든지, 보이지 않는 실재에 마음을 열든지 결단해야 한다. 신앙은 미래를 향한 개방이다. R. Bultmann, 『성서의 실존론적 해석』(유동식, 허혁 역, 대한기독교서회, 1969), 28 이하, 38 이하.

의 근거인 거룩한 신비를 향하도록 되어 있다. 이 신비는 근원적인 것이요 가장 자명한 것이지만, 그렇기 때문에 또한 아주 숨겨져 있다. 우리는 그것을 하나님이라고 부른다.[15] 오트(H. Ott)도 현대인은 불안, 즐거움, 윤리적 의무, 책임성, 죽음 등의 근본경험, 한계경험 속에서 하나님을 경험하고 있다고 말한다.[16]

그러나 아우구스티누스가 말한 '마음의 불안'은 기독교의 하나님을 이해하기 위한 일반적, 인간적인 전제가 아니라 유랑하는 하나님의 백성의 표징이고, 모든 인간들을 위한 기독교적 사명의 목표이다. 오직 성서의 하나님 이해로부터 비로소 인간의 실존은 하나님 질문에 의해 움직인다.[17] 그리고 인간의 불안은 하나님을 찾게 만들지만, 때로는 성서가 말하는 진정한 하나님을 향해 움직이기보다는 환상(Feuerbach), 자신의 반사 모습(Marxs), 억압 세력의 반사 모습(Engels)을 투사할 수도 있다.

---

15) 라너에 의하면, 인간은 유한한 질문의 지평의 가능성을 설정하고 또 이를 넘어감으로써 자신을 무한한 지평의 존재로 입증한다. 인간은 자신의 유한성을 철저히 경험함으로써 이 유한성을 넘어서고, 자신을 초월의 존재, 정신(Geist)으로 입증한다. 인간은 항상 그의 일상적 행위 속에서 무한성에 노출되어 있고, 무한성에 의해 침투된다. 그래서 인간은 자신을 무한한 가능성으로서 경험한다. 그런데 라너는 이처럼 인간을 끊임없이 사로잡으면서 자신을 벗어나게 하는 절대적인 신비를 하나님이라고 부른다. 그러므로 하나님 인식은 순전히 자신 안에 근거해 있는 인식이나 신비한 인격적인 내면성의 과정이 아니며, 더욱이 인격적인 하나님의 자기계시의 성격을 갖는 것도 아니다. 하나님 인식은 초월적, 경험적인 특징을 지닌다. K. Rahner, *Grundkurs des Glaubens*(Herder, 1984), 42 이하, 61 이하.

16) 오트는 라너의 견해를 수용하여 불안, 즐거움, 윤리적 의무, 죽음의 경험 외에도 책임성을 예로 들어 설명한다: "책임성은 인간의 근본경험이다. 그런데 '책임적 존재'란 항상 '누구 앞에서', 즉 재판정 앞에서 책임을 져야 할 존재이다. 인간이 행하고 시키는 '모든 것'에 책임을 진다면, 그가 모든 것에 대해서, 즉 자기의 삶 전체에 대해서 책임을 지는 궁극적인 법정이 있어야 한다. 이 마지막 법정이야말로 우리가 '하나님'이라고 부르는 것이다." H. Ott, 『살아 계신 하나님』(김광식 옮김, 대한기독교서회, 1973), 54.

17) J. Moltmann, 『희망의 신학』, 299.

## 3. 하나님의 개념(이름)으로부터 하나님의 존재를 증명하려는 시도(존재론적 증명)

하나님으로부터 하나님을 증명하려는 시도는 안셀름(Anselm von Canterbury)으로부터 유래한다. 그에 의하면, 하나님은 그분보다 더 큰 것을 생각할 수 없는 분이기 때문에 존재하지 않는 것으로 생각할 수 없다. 만일 그분보다 더 큰 것을 생각할 수 없는 분이 존재할 수 없다고 생각된다면, 그분은 그분보다 더 크다고 생각될 수 있는 분이 아니다. 그러나 이것은 해결할 수 없는 모순이다.[18] 그러나 칸트는 이 증명이 필연적인 판단과 필연적인 존재의 혼동을 내포하고 있음을 지적하였다. 생각된 존재는 다만 생각 존재일 뿐이지, 결코 현실적인 존재가 되지 못한다. 필연적인 판단은, 아무리 그것이 최고의 존재 혹은 가장 현실적인 존재자에 관한 것이라고 하더라도, 우리가 판단하고 있는 대상의 필연적인 실재를 보증하지 않는다. 실재는 하나의 술어(속성)가 아니기 때문에 어떤 관념으로부터도 실재를 끌어낼 수는 없다.[19]

바르트(K. Barth)의 해석에 따르면, 안셀름의 하나님 이해는 사색에서 나온 것이 아니라, 창조주 하나님 이해에서 나온 것이다. 그러므로 안셀름의 명제는 신앙의 명제요, 그의 통찰은 하나님의 이름의 계시라는 것이다. 하나님을 생각하는 것은 필연적인 일이 아니다. 하나님은 오직 하나님을 통해서만 인식될 수 있다. 신앙은 은혜와 신비이다.[20]

---

18) Anselm of Canterbury, Proslogion, 신존재 증명(전경연 옮김, 한들출판사, 1977), 20 이하.
19) P. Lamprecht, 같은 책, 532.
20) K. Barth, *Fides quaerens intellectum*(Zürich, 1931), 75 이하. 몰트만에 의하면, 존재론적 하나님 증명도 다른 증명처럼 앞으로 당겨진 종말의 한 부분이다. 왜냐하면 "하나님이 하나님을 통해 자신을 증명하신다."는 사실과 "하나님은 하나님이시다."는 사실은 "하나님이 모든 것 안에서 모든 것이 되시며, 하나님이 모든

위와 같은 신증명의 방식을 우리는 어떻게 보아야 하는가? 몰트만에 의하면, 위와 같은 세 가지의 자연신학(自然神學)은 근본적으로 '나그네의 신학'이고, 역사 속에서 순종하는 사고를 통해 하나님이 약속하신 미래를 미리 취하는 신학이다. 자연신학은 항상 역사적이고, 잠정적이고, 변화될 수 있고, 열려 있다. 자연신학, 실존의 신학과 역사의 신학은 오늘의 현실의 부족한 재료로서 하나님의 미래의 빛을 모으는 작은 뜰, 그 반사광이요, 만물의 주님이 되실 하나님이 약속하신 우주적 영광의 서광(瑞光)과 예표(豫表)이다. 그러므로 우리는 하나님의 증명 방식을 180도 돌려야 한다. 즉, 우리는 세계로부터 하나님을 증명할 것이 아니라, 하나님으로부터 세계를 증명해야 한다.[21] 옛 이스라엘 민족은 하나님 논증을 알지 못하였다. 이스라엘 사람들에게서 하나님은 우주와 그 법칙의 아름다움, 인간의 자기 이해, 하나님의 개념을 통해 인식된 것이 아니라, 역사 가운데서 인식되었다. 그리고 신약성서에 따르면, 하나님은 우주와 실존과 이성의 하나님이라는 개념이 아니라 그리스도의 십자가와 부활의 사건 가운데서 인식된다. 역사적인 현실 가운데서 하나님의 약속이 실현될 바로 그때에 하나님이 인식되었다. 그러므로 자연신학은 신앙의 전제가 될 수 없고, 다만 미래의 목표가 될 뿐이다.[22]

자연신학 혹은 일반계시는 하나님을 지시하고 예감하게는 하지만, 하나님을 증명하지는 못한다. 그것은 다만 '알 수 없는 이름 없는 하나님'(행 17:23)을 지시할 따름이며, 하나님을 명확히 알려 주지는 못한다. 그리고 죄 아래 있는 인간은 자연적인 하나님 인식의 가능성을 심하게 왜곡하거나 변질시키며(롬 1:18 이하), 하나님

---

것 안에서 자신을 증명하신다."는 사실을 필연적으로 포함하기 때문이다. 역사 안에서는 하나님의 전능한 신성 중에서 단지 그리스도의 부활의 서광(瑞光)만이 존재할 따름이다. J. Moltmann, 『희망의 신학』, 304 이하.
21) J. Moltmann, 같은 책, 104 이하.
22) J. Moltmann, 『정치신학』, 127. 159.

의 성육신과 십자가의 어리석음과 부활의 현실을 이해하기는커녕 오히려 조롱한다(행 17:32). 일반계시는 은폐된 하나님의 가리개 앞에서 끝장나며, 이 가리개는 오직 하나님 자신에 의해서만 열릴 수 있다.[23] 이러한 하나님의 자기계시(특별계시)는 성서 안에 증언되어 있고, 성령의 능력을 통해 믿음 속에서 수용된다.

그렇다면 성서에서 증언된 하나님은 어떠한 분으로 계시되고 인식되는가? 구약성서에서 하나님의 이름으로 자주 사용되는 명칭은 '엘(El)'이다. 이것은 하나님을 뜻하는 셈족의 일반 용어이면서도, 특정한 하나님의 이름으로도 나타난다. '엘'은 주로 다른 말과 결합되어 나타나고(엘 엘리온, 엘 로이, 올 올람 등), 복수 형태인 '엘로힘(Elohim)'은 강조형으로 이해된 것이다. 즉, 하나님은 실제로, 말 그대로 하나님이라는 뜻이다.[24]

그러나 구약성서에서 하나님이 스스로 모세에게 계시한 이름은 '야웨'이다(출 3:14). 보만(T. Boman)에 의하면, 이 단어는 '존재자'의 뜻을 지니지만, 그 어원(Hajah)은 존재보다는 오히려 활동을 뜻한다. 그래서 야웨는 "나는 행동하는 자, 즉 역사 속에서 구원을 위해 활동하는 자로서 행동한다."라는 뜻을 가진다.[25] 부버(M. Buber)의 해석에 따르면, 야웨는 "나는 내가 될 것으로 될 것이다."를 뜻한다. 야웨는 언제나 존재하실 것이지만, 때때로 존재하시는 분으로서 그렇게 그때마다 존재하실 것이다. 그러므로 하나님은 자신을 특별한 출현 형태와 출현 장소에 고정시키시지 않는다. 하나님은 자유로운 분이시고, 길을 따라 움직이시는 하나님이시다.[26]

---

23) H. G. Pöhlmann, 같은 책, 143.
24) 엘로힘(Elohim)의 단수형은 Eloah이며, 히브리어로 '하나님'이라는 뜻이다. 지존(至尊)을 뜻하는 '엘로힘'은 모압인들의 신 케모시, 시돈인들의 여신 아스타르테 같은 다른 신들을 가리키는 데 사용되기도 하고, 천사와 왕과 판관과, 메시아와 같이 위엄이 있는 존재들을 가리키기도 한다.
25) T. Boman, 『히브리적 사유와 그리스적 사유의 비교』(허혁 역, 분도출판사, 1985), 56.

그래서 몰트만은 하나님을 '희망의 하나님'(롬 15:13), '미래를 존재의 속성으로 지닌 하나님'(E. Bloch)으로 이해한다.[27] 그렇다면 하나님은 추상적이고 정적인 원리가 아니라 인간의 실존과 역사 속에서 항상 새로운 형식으로, 즉 새로운 사건과 질문을 통해 만나주시는 자유로운 하나님으로 이해되어야 한다. "우리의 하나님은 철학자의 하나님이 아니라, 아브라함과 이삭과 야곱의 하나님이시다"(Pascal).

이스라엘의 하나님은 창조와 역사의 주, 영원한 왕으로서 거룩하고 두려운 분이시다. 그러나 구약성서에서 하나님은 단지 두려운 분만이 아니라 스스로 선택하신 백성을 사랑하시는 자비로운 분으로도 이해되고 있다. 하나님은 특히 가난하고 불쌍한 사람, 과부와 고아를 돌보시는 분이시다. 그래서 하나님은 자주 이스라엘 백성의 아버지라고도 불린다. 신약성서에서도 하나님은 창조와 역사의 주로서 말씀하시고 행동하시면서 자신을 계시하시는 하나님으로 증언되고 있다. 특히 신약성서는 하나님이 인격적인 아버지가 되신다는 사실을 자주 강조한다. 그래서 예수는 자신과 하나님과의 관계를 표현하는 말로서 '아빠'와 '아버지'라는 말을 자주 사용하였으며, 제자들에게도 하나님을 '우리 아버지'(주기도문)라고 부를 권리를 허락하였다.

하나님의 계시는 특정한 형태로 제한될 수도 없다. 실로 하나님은 여러 형태로 자신을 계시하신다. 그러나 보이지 않는 하나님의 궁극적인 계시는 예수 그리스도의 성육신(Incarnation)을 통해 분명히 일어났다. 그러므로 요한은 "말씀이 육신이 되어 우리 가운데 거하시매, 우리가 그 영광을 보니 아버지의 독생자의 영광이요, 은혜와 진리가 충만하더라."(요 1:14)고 증언한다. 그래서 예수는 하

---

26) M. Buber, *Moses*(1952), 64.
27) J. Moltmann, 『희망의 신학』, 22.

나님의 아들, 보이지 않는 하나님의 형상(고후 4:4, 골 1:15), 하나
님의 영광의 광채(히 1:3)라고 불린다. 바로 그러한 자로서 예수는
하나님과 인간의 중보자(딤전 2:5), 새 언약의 중보자가 된다(히
8:6, 9:15, 12:24).

    천지를 창조하시고 역사를 주관하시는 하나님은 자유로운 분이
시다. 하지만 하나님은 또한 사랑이시기도 하다(요일 4:8). 하나님
은 '자유 속에서 사랑하시는 분' 이시다.[28] 특히 예수 안에서 하나
님은 자신의 자유를 제한하시고 속박하실 만큼 세상을 매우 사랑하
시는 하나님으로 나타났다. 사랑의 하나님은 사랑의 대상을 멀리서
동정하실 뿐만 아니라, 그와 함께 친히 고난을 당하시는 분이시기
도 하다. 다른 말로 하면, 창조주 하나님은 창조 안으로 친히 들어
오실 뿐만 아니라, 몸소 피조물의 형태까지 취하셨다. 역사의 주관
자이신 하나님은 역사 속에 들어오실 뿐만 아니라, 역사의 목표를
성취하기 위해 친히 역사가 되셨다. 그러므로 하나님의 초월성(超
越性)은 철저히 하나님의 내재성(內在性)으로부터 이해되어야 하
며, 하나님의 내재성도 철저히 하나님의 초월성으로부터 이해되어
야 한다. 즉, 하나님은 초월성 속에서 내재하시고, 내재성 속에서
초월하신다.[29] 하나님은 행동하심으로써 존재하시는 분으로서 만물
을 새롭게 하기 위해 활동하신다. 그러므로 하나님은 미래의 하나
님, 희망의 하나님이시다. 그래서 모든 피조물은 오늘도 탄식하면서
만물의 갱신을 애타게 기다린다. 주여, 어서 오소서!

---

28) K. Barth, KD II/1, 288.
29) H. G. Pöhlmann, 같은 책, 147 이하.

## 제6장

# 삼위일체란 무엇인가?

>>>>>>>>

　삼위일체론은 기독교의 교리와 신학 중에서 가장 신비하고 오묘하며, 그래서 이해하기 가장 어려운 항목 중의 하나라고 말할 수 있다. 그럼에도 불구하고 한국의 기독교인들은 예배를 드릴 때마다 사도신경을 통해 삼위 하나님을 고백한다. "나는 천지를 만드신 하나님 아버지를 내가 믿으며, 그의 유일하신 아들 우리 주 예수 그리스도를 믿습니다. 그는 성령으로 잉태되시어……" 그리고 예배가 끝날 때에도 목사의 축도(祝禱) 속에서 삼위 하나님에 대한 신앙 고백을 듣게 된다. "우리 주 예수 그리스도의 은혜와 하나님 아버지의 사랑과 성령의 교제가…… 축원하옵나이다." 그러나 삼위 하나님을 자주 듣고 고백하면서도, 막상 "삼위일체가 무엇인지?"를 설명해 보라고 하거나 삼위일체를 부인하는 사람들의 이론을 반박해 보라고 하면, 대부분의 신자들은 망설이거나 횡설수설하는 경우를 자주 보게 된다.

어떤 사람들은 세 잎 클로버를 통해 세 개의 잎이 일체를 이루고 있다는 사실을 보여 줌으로써 삼위일체를 설명하려고 한다. 또 어떤 사람들은 한 사람이 세 가지 역할을 하는 것에 빗대어 삼위일체를 해명해 보려고 한다. 친근한 사물과 환경 속에서 삼위일체를 이해할 재료를 찾고, 이를 통해 삼위일체를 구체적으로 설명하려고 노력하는 것은 물론 이해할 만한 일이다. 왜냐하면 바로 이런 노력 속에는 삼위일체가 공연한 사색과 신화적 마술이 아니라 삶과 밀접한 구체적인 진리라는 사실을 입증하려는 진지한 시도가 들어 있기 때문이다. 그럼에도 불구하고 이런 노력을 통해 많은 사람들이 무의미한 사색이나 공상으로 빠져들거나 빗나간 이론을 주장하는 경우도 흔히 보게 된다.

실로 성서에는 삼위일체(三位一體)라는 말이 없으며, 더욱이 세 존재가 한 존재를 구성하거나 한 존재가 세 존재로 이루어지는 방법을 구체적으로 설명하는 구절도 전혀 없다. 그렇지만 삼위일체론은 결코 사색의 산물이거나 이론적인 창안이 아니다. 삼위일체론은 기독교를 다른 종교와 구분하는 가장 독특한 내용일 뿐만 아니라, 기독교의 하나님 이해를 가장 분명히 드러내는 중요한 열쇠 중의 하나라고 할 수 있다. 그러므로 삼위일체론이 이해하기 어렵다는 핑계로 이를 쉽게 포기하거나 간과해서는 안 될 것이다. 기독교가 믿는 하나님은 유일하면서도 삼위로 존재하시는 하나님이시다. 그러므로 기독교적 신론(神論)의 특징은 유대교와 이슬람교처럼 유일신(唯一神)론에 있지 않고, 많은 사람들이 오해하듯이 삼신론(三神論)에 있지도 않다. 기독교의 하나님은 삼위일체 하나님이시다. 하나님은 삼위(三位)로 존재하시지만, 세 분이 아니라 한 분의 하나님으로서 통일된 단일 인격체이시다. 이러한 역설을 우리는 어떻게 이해해야 하는가?[1)]

신약성서에는 공허한 사색에 빠지지 않으면서 하나님을 삼중적으로 말하는 본문들이 자주 발견된다. 예컨대 마태복음 28장 19절에 나타나는 세례 분부의 표현 양식이다. "그러므로 너희는 가서 모든 민족을 제자로 삼아 아버지와 아들과 성령의 이름으로 세례를 주고……" 에베소서 4장 5-6절은 "주도 하나요, 믿음도 하나요, 세례도 하나며, 만민의 아버지인 하나님도 한 분이다."라고 말한다. 이 두 본문을 다같이 받아들인다면, 하나님은 세 분이심과 동시에 한 분이시라는 결론이 나온다. 즉, 삼중성은 단일성의 형태로 나타난다. 고린도후서 13장 13절도 "주 예수 그리스도의 은혜와 하나님의 사랑과 성령의 사귐이 여러분에게 있기를 바랍니다."라고 말한다. 이것은 교리 공식이 아니라 예배의 특징을 띠는 표현으로서 축도의 근거가 되고 있다. 여기서 바울은 각기 독립된 세 존재를 말하는 것이 아니라, 단일적 존재를 말하고 있다. 앞의 본문들 외에도 이와 유사한 본문들은 적지 않다(롬 5:5,8, 8:3, 9,11-12, 고전 6:11, 12:3-7, 고후 1:21-22, 갈 4:6, 엡 4:4-6, 살후 2:13, 벧전 1:2, 딛 3:4-6).

사도 이후의 시대와 초기 가톨릭교회 시대에 삼중적인 고백 형식은 특히 세례와 관련되어 사용되었다. 그러나 삼위일체론을 교리적으로 변증하려고 실체(substantia)와 위격(persona)의 개념을 본격적으로 끌어온 사람은 터툴리안(Tertulian)이었다.[2] 그리고 삼

---

1) 몰트만도 말한다: "고대의 종교 세계에서 기독교가 외친 하나님의 삼위일체론은 기독교를 다신론, 범신론 그리고 유일신론으로부터 구분하는 이론이었다.…… 이슬람교의 유일신론과 기독교가 서로 결정적으로 논쟁한 문제는 기독교의 삼위일체론적 신앙이었다." J. Moltmann, 『십자가에 달리신 하나님』(김균진 역, 한국신학연구소, 1988), 248.
2) 터툴리안에 의하면, 하나님은 영원 전부터 한 분이지만, 혼자는 아니다. 그의 이성(logos, ratio) 혹은 지혜(sophia, sermo)도 영원하다고 말할 수 있다. 한 분 하나님은 수적인 혹은 일원론적인 단일성이 아니라, 그 자체 안에서 이미 구분되어 있는 단일성이다. 이와 같이 구분되어 있는 단일성을 구체적으로 설명하기 위해 터툴리안은 태양-빛-반사, 샘-개울-하천과 같은 영지주의적인 상징과 신플라

위일체론을 분명하게 확립한 동기는 무엇보다도 이단 사상을 방어하기 위함이었다. 그러나 신학자들이 차용하거나 사용한 개념들은 대부분 헬라 철학에서 빌려온 것들로서 매우 복잡하고 다양한 형태로 소개되었다. 그러나 예수를 주와 하나님의 아들로 믿는 신앙과 유일신의 신앙을 서로 중재하고 일치시키려는 해석들 중에서 교회가 배척한 두 가지의 극단적인 이론을 들라면, 그것은 바로 '종속론'과 '양태론'이다.[3]

## 1. 종속론(從屬論)

1) 종속론은 매우 다양한 형태로 출현하였다. 종속론을 처음으로 옹호한 사람들은 무엇보다도 매우 일찍부터 출현하기 시작한 로고스 기독론(특히 Ignatius, Justinus, Origenes가 강력하게 주장한 기독론)을 반대하려던 사람들이다. 테오도투스(Theodotus)의 주장에 따르면, 예수는 원래 하나님이 아니라 세례를 받을 때에 성령을 받아서 특별한 능력을 받고 완전한 삶을 살 수 있게 되었다. 이 이론은 '능력'을 강조하기 때문에 흔히 역동적(逆動的)인 종속론이라고도 불린다. 예수는 아무리 완전한 자라고 할지라도, 하나님 그 자신이 아니라 구약성서에 나오는 하나님의 사람들의 반열에 속한 자라고 할 수 있다.

2) 사모사타의 바울(Paul of Samosata)은 이와는 조금 다르지만 동일한 특징을 갖는 이론을 주장하였다. 그는 헬라 철학에서 로

---

톤주의적인 상징들을 사용한다. 그러나 이러한 삼위일체적 세분화를 통해 하나님의 단일군주체제가 지양되지는 않는다. J. Moltmann, 『삼위일체와 하나님의 나라』(김균진 역, 대한기독교출판사, 1988), 169-170을 참조하라.
3) Otto Weber, *Grundlagen der Dogmatik* I(Neukirchen-Vluyn, 1955), 404 이하.

고스(Logos)의 개념을 빌려 왔다. 그렇지만 로고스는 영 혹은 지혜와 같이 순전히 하나님의 속성(屬性)에 불과하다. 하나님은 유일무이한 분이시다. 그러므로 예수 안에서는 로고스가 출현할 수 없다. 그러나 예수는 죄가 없는 인간, 죄를 극복한 인간이므로 하나님은 그에게 로고스를 선사하셨다. 그리하여 예수는 세계에서 가장 높은 자리로 들어 올려졌다.

3) 가장 격렬한 논쟁을 일으킨 이론은 아리우스(Arius)에 의해 주장된 이론이다. 그도 오리게네스(Origenes)처럼 예수를 선재(先在)한 로고스로 보았다. 그런데 로고스는 하나님의 속성이 아니라 최초의, 그리고 가장 높은 위치에 있는 최초의 피조물이다. 바로 이 로고스가 예수에게 나타났다. 여기서 로고스는 창조된 하나님, 반신적(半神的)인 존재와 같다. 즉, 로고스는 하나님 자신이 아니라, 다만 신적인 존재일 따름이다. 여기서 하나님은 자신 안에 다양한 신성을 갖는 존재들 중에서 제일 높은 존재와 같다. 이와 같은 이론은 분명히 영지주의(靈智主義)의 이론과 매우 비슷하다.

## 2. 양태론(樣態論)

양태론은 하나님의 유일한 지배(군주론)를 주장한다는 점에서는 다른 극단적인 주장과 일치한다. 그리고 양태론은 로고스 기독론을 배격하거나 소홀히 여긴다는 점에서 초기의 역동론과도 일치한다. 그러나 그 이유는 전혀 다르다. 양태론도 매우 다양한 형태로 출현하였지만, 한 분 하나님(아버지)을 계시의 주체로 보고, 예수와 성령을 단지 하나님의 상이한 양태, 상이한 출현 양식으로 보려고 한다. 이와 같은 이론을 가장 먼저 내세웠던 서머나의 노에트(Noet of Smyrna)에 의하면, 아버지는 아들 안으로 자신을 변화시켜 태어나셨다. 그렇다면 하나님이 스스로 태어나신 셈이 된다. 하나님은 고난을 받으신 다음에(성부수난설), 다시금 하늘로 올라가셨다. 사벨리우스(Sabellius)에 의하면, 하나님은 구속사의 과정에서 밖을 향해 상이한 형태를 세 번 취하셨다. 한 번은 창조자와 율법 수여자인 아버지로서, 구원자인 아들로서, 그리고 생명을 만들고 생명을 주는 자인 영으로서 그리 하셨다. 이와 같은 이론의 바탕에는 신의 복수성(複數性)과 철학적인 유일신(唯一神)론을 중재하려는 스토아(Stoa) 사상이 깔려 있다. 즉, 많은 신들은 하나의 신적인 본질을 갖는 상이한 존재(가면, 출현 형태)로 나타났다는 것이다. 그렇다면 하나님은 세 번씩 가면을 쓰고 역사에 나타나신 '숨어 계신 제4자'인 셈이시고, 그래서 아마도 다른 가면을 쓰고도 나타나실 수도 있는 능력을 지니신 '하나님 뒤의 하나님' 이신 셈이다.

## 3. 삼위일체론의 확립과 새로운 설명

교회는 극단적인 두 이론을 배격하고, 아타나시우스(Athanasius)의 주장에 따라 "아들은 창조되지 않았고 아버지로부터 태어났지만, 아버지처럼 영원하고 아버지와 본질이 같다."고 선언하였다(325년의 니케아 공의회). 그리하여 그리스도의 신성(神聖)이 확립되었으며, 콘스탄티노플 공의회(381년)에서는 성령의 신성도 추가됨으로써 완전한 삼위일체론이 확립되기에 이르렀다. 교회는 하나님 안에 신적인 서열 단계를 인정하려는 종속론과 하나님을 계시 뒤에서 침묵하는 다른 하나님으로 봄으로써 계시를 경시하는 양태론을 배격하고, 하나님의 유일성과 하나님의 계시를 다같이 보존하려고 했다. 삼위일체론을 확정함으로써 교회는 "하나님이 삼중적인 계시 속에서 실로 자기 자신을 드러내셨다."는 사실을 고백하였고, "하나님은 유일성을 침해하지 않으면서 바로 자기 자신을 계시하신 하나님이시다."는 사실을 고백하였다.

물론 교리 논쟁은 인간적인 갈등과 정치적인 세력으로부터 아무런 영향을 받지 않았다고 말할 수는 없다. 그리고 정통주의로 자처하거나 교리 논쟁에서 승리하였던 인물과 집단 속에서도 오랫동안 종속론(從屬論)과 양태론(樣態論)의 요소들이 어느 정도 남아 있었다. 험난한 논쟁과 굴곡의 과정 속에서 교회는 결국 삼위일체론을 확립하게 되었다. 그렇지만 교회가 확립한 삼위일체론은 헬라 철학을 비롯한 당대의 여러 개념들을 빌려와서 설명한 것이기 때문에 다른 사람들에게는 난해한 이론으로 여겨질 수밖에 없었으며, 그래서 삼위일체론은 오늘날에도 매우 딱딱하고 거북한 교리로 회피되거나 무시되는 경향이 종종 나타난다.[4] 하지만 삼위일체론은 단지 공허한 이론 놀음이 아니다. 삼위일체론은 기독교 복음의 중심적인 내용을 체계화한 것이기 때문에 쉽게 포기할 수 없는 것이다. 그렇기 때문에 신학자들은 시대마다 새로운 표현과 개념을 통해 삼위일체론을 설명하려고 노력하였다.

신학자들은 삼위일체론의 신비를 풀어 보려고 '삼위일체의 흔적'(Vestigia trinitatis)을 찾으려고 애썼다. 아우구스티누스(Augustinus)는 인간의 내면(內面) 속에서 삼위일체의 흔적을 보았다. 인간은 정신적인 존재로서 기억과 인식과 의지를 갖고 있다. 또한 영혼의 능력은 의지, 인식과 사랑이다. 특히 아우구스티누스는 사랑의 행위 속에서 삼위일체의 흔적을 보려고 하였다. 즉, 하나님은 사랑하시는 자이고, 아들은 사랑을 받는 자이며, 성령은 이 둘을 연결하는 사랑의 끈이다.[5] 안셀름(Anselm)은 나일강의 상류-중류-하류에서

---

4) 개신교에서 삼위일체론은 슐라이어마허(Schleiermacher)와 19세기의 도덕적인 신학(Kant) 이후부터 아무런 의미도 없는 신학적인 사변으로 간주되어 왔다. 그리고 종교개혁자들의 관심이 사변을 떠나 신앙에 대한 신학적인 실천의 비판 이론으로 옮겨감에 따라 삼위일체론은 사실상 포기되었다. J. Moltmann, 『십자가에 달리신 하나님』, 248 이하.
5) 몰트만에 의하면, 아우구스티누스가 성령을 사랑의 끈(vinculum amoris)으로 이해한 점에서 하나님의 '이위일체'를 인정하는 것같이 보인다. 그에게서 성령의

삼위일체의 혼적을 보려고 하였고, 헥커(T. Haecker)는 감각 - 사고 - 의지, 몸 - 혼 - 영, 식물 - 동물 - 인간을 삼위일체의 예로 들었으며, 필립(W. Philipp)은 나 - 너 - 그것, 인간 - 역사 - 자연, 현재 - 미래 - 과거, 우연성 - 목적성 - 인과성 등을 삼위일체의 비유로 들었다.[6] 물론 이와 같은 설명들은 삼위일체를 증명해 주지는 않는다. 그렇지만 이것들은 삼위일체를 믿는 사람들의 찬양(Doxologie)으로 여길 만하다.

현대신학에서 삼위일체를 새롭게 설명하려고 애쓰는 신학자를 소개하기로 하자. 알트하우스(P. Althaus)에 의하면, 하나님은 우리 너머에 계신 자(아버지), 우리 가운데로 오신 자(아들), 우리 안에 계시는 자(성령)이시다.[7] 바르트는 계시자 - 계시 - 계시됨, 창조자 - 구원자 - 화해자, 은폐 - 계시 - 자기전달, 자유 - 형태 - 역사성과 같은 삼중 도식으로 삼위일체를 설명하려고 하였다.[8] 윙엘(E. Jüngel)은 "하나님은 하나님으로부터 나오신다."(아버지) — "하나님은 하나님에게로 오신다."(아들) — "하나님은 하나님으로서 오신다."(성령)라는 삼중 공식으로 삼위일체를 새롭게 표현하였다.[9] 몰트만에 의하면, 하나님(아버지)은 십자가에서 자신(아들)을 버리셨다. 이와 같은 버리심 속에서 아버지와 아들은 철저히 분리되었다. 하지만 아버지의 버리심의 고통과 아들의 버림받음의 고통 속에서 아버지와 아들은 가장 밀접히 결합되었다. 바로 이와 같은 사건으로부터 성령이 나왔다. 그러므로 십자가의 사건이야말로 하늘의 삼위일체 안의 사건이다.[10]

---

존재양식은 아버지와 아들에 대하여 아무런 본질적인 것도 첨가하지 못한다. J. Moltmann, 『삼위일체와 하나님의 나라』, 176.
6) H. G. Pöhlmann, 『교의학』(이신건 역, 한국신학연구소, 1989), 153 이하를 참조하라.
7) 같은 책, 154-155.
8) 같은 책, 155.
9) 같은 책, 158의 각주를 참조하라.

## 4. 삼위일체론의 의미

삼위일체론은 우리에게 무엇을 가르쳐 주는가? 하나님은 홀로 고독하게 계시거나 홀로 자족하게 계신 하나님이 아니시다. 더욱이 하나님은 인간의 지배와 독재를 정당화하시는 배후의 독재자 혹은 배후 조종자도 아니시다. 하나님은 '공동체로 존재하시는 하나님' (바르트)이시다. 비록 하나님은 세 위격(位格) 안에서 서로 구분되어 있지만, 홀로 존재하시지 않고 다른 위격에 참여하시며, 다른 위격과 함께 교제를 나누신다. 하나님은 삼위 안에서 독립된 주체를 이루시지만, 다른 위격과 끊임없이 결합하시고, 상대방 속에서 함께 소유하시고 나누시는 분이시다. 세 하나님은 사랑의 관계 안에서 서로 순환하시고 침투하시면서, 하나의 이상적인 공동체를 이룬다.[11] 이런 하나님은 참으로 성서적인 사회주의(社會主義)의 원형으로서 모든 종류의 개인주의와 전체주의를 무너뜨린다.

그러므로 삼위일체 하나님은 모든 종류의 독재 지배를 배격하신다. 즉, 삼위일체 하나님은 정치적인 독재, 성직계급적인 지배, 남성 우월주의 혹은 성인(成人) 우월주의, 인종 우월주의, 인간 우월주의(자연 파괴) 등을 무너뜨리신다. 삼위일체 하나님은 살인적인 경쟁주의와 패권주의를 부정하신다. 삼위일체 하나님은 개인주의만이 아니라 집단주의도 배격하시며, 이웃을 향해 마음을 열고 이웃

---

10) J. Moltmann, 『십자가에 달리신 하나님』, 253 이하, 몰트만에 의하면, 삼위일체론적인 사고가 필연적으로 성립되는 구체적인 장소는 사색이 아니라 예수의 십자가이다. "삼위일체론의 내용적인 원리는 그리스도의 십자가이다. 십자가 인식의 형식적인 원리는 삼위일체론이다." 같은 책, 253.
11) 삼위일체의 인격적인 관계를 설명하는 중요한 두 개념은 순환(Perichoresis, Circumincessio)과 변용(Manisfestatio)이다. 삼위일체의 인격들은 서로 상대방 안에서 존재하고 살 뿐만 아니라, 신적인 영광 가운데서 서로 자신을 표현한다. 그들은 서로를 통하여 완전한 형태로 작렬하여, 서로 완전히 아름답게 된다. J. Moltmann, 『삼위일체와 하나님의 나라』, 210 이하를 참조하라.

과 함께 기뻐하고 슬퍼하는 형제와 자매의 공동체를 창조하신다.[12]

---

12) 정치적, 교권적인 일신론에 대한 몰트만의 비판과 그의 삼위일체론적인 신국론을 참조하라. 같은 책, 228-242, 249-263. 몰트만에 의하면, 한 시대의 종교적인 표상은 그 시대의 사회가 가진 정치적인 상태와 밀접한 관계를 가진다. J. Moltmann, 『정치신학, 정치윤리』(조성노 역, 심지, 1986)를 참조하라.

## 제7장

# 무신론을 어떻게 보아야 하는가? >>>>>>>>

"하나님이 존재하신다."는 사실은 성서가 인류에게 준 위대한 선물이다. 성서에서 하나님의 존재는 자명(自明)한 것이며, 처음부터 이미 전제(前提)되어 있다(창 1:1). 그러므로 성서에서 하나님의 존재는 결코 부인되거나 의심된 적이 없다. 그렇지만 성서는 이스라엘 백성 가운데서도 하나님을 부인하는 자들이 종종 나타난다는 사실을 솔직하게 기록한다. 다윗은 "어리석은 사람은 마음속으로 '하나님이 없다' 하는구나. 그들은 한결같이 썩어서 더러우니, 바른 일을 하는 사람이 아무도 없구나. 주님께서는 하늘에서 사람을 굽어보시면서, 지혜로운 사람이 있는지, 하나님을 찾는 사람이 있는지를 살펴보신다.…… 그들이 밥 먹듯이 내 백성을 먹으면서 나 주를 부르지 않는구나."(시

14:1-4)라고 탄식하였다. 다른 곳에서도 다윗은 "악인의 마음 깊은 곳에는 반역의 충동만 있어, 그의 눈에는 하나님을 두려워하는 기색이 조금도 없습니다."(시편 36:1)라고 탄식하였다. 욥이 혹독한 고난을 당할 때, 그의 아내는 고난 속에서도 여전히 하나님을 믿는 남편을 심하게 조롱한다. "이래도 당신은 여전히 신실함을 지킬 겁니까? 차라리 하나님을 저주하고서 죽는 것이 낫겠습니다"(욥 2:9). 바울도 "하나님의 진리를 거짓으로 바꾸고, 창조주 대신에 피조물을 숭배하고 섬기는"(롬 3:25) 사람들이 있다고 말한다. 이처럼 성서는 하나님을 찾지 않고 부르지 않으며 예배하지 않는 자들이 있다는 사실을 숨김없이 말한다.

그러나 성서에 나오는 무신론자들은 하나님의 존재를 실제로 부인하는 이론적인 무신론자들이라기보다는 하나님의 활동을 부인하는 실천적인 무신론자들이라고 할 수 있다. 성서는 이론적인 무신론자들을 전혀 알지 못한다. 그렇지만 현실적으로 하나님에게 거칠게 저항하는 자들만이 아니라 하나님을 노골적으로 부인하는 사람들도 출현한다는 사실은 의심할 수 없는 현실이다. 성서적으로는 불가능한 사실이 현실적으로는 왜 가능한가? 이론적, 실천적으로 하나님의 존재를 의심하고 부인할 뿐만 아니라 하나님에게 저항하는 자들은 도대체 무슨 이유로 그리하는가? 왜 당당한 무신론이 활개를 치는가? 지금까지 나타난 무신론의 유형들은 대충 아래와 같이 정리될 수 있다.[1]

---

1) 여기서 필자는 H. G. Pöhlmann, *Der Atheismus oder der Streit um Gott* (Gütersloh, 1977)을 요약하여 소개한다.

## 1. 이성(理性)의 이름으로 하나님을 부인함
   (합리주의적 무신론)

프랑스 계몽주의 시대에 유물주의 학파를 이끌었던 디드로(D. Diderot, 1713-1784년)는 라 메뜨리(La Mettrie, 1709-1751년)처럼 인간을 하나의 기계로 보았다. 그는 오직 감각적으로 체험할 수 있는 것만을 인정하였고, 그래서 초감각적인 것을 배격하였다. 그의 주장에 따르면, 하나님은 하나의 망령과 날조된 거짓말이다. 하나님 대신에 그는 우연, 자연, 양심을 숭배하였다. 특히 그는 이성을 열렬히 숭배하였다. 그에 의하면, 이성은 어두운 밤을 밝히는 횃불이다. 그러므로 오직 이성의 소리만을 들어야 한다.

계몽주의적인 무신론은 19세기의 세계관인 실증주의에 큰 영향을 끼쳤다. 실증주의는 오직 실증될 수 있는 것, 즉 눈으로 볼 수 있고 감각적으로 경험할 수 있는 것만을 인정한다. 실증주의를 창시한 꽁트(A. Comte, 1798-1857년)에 의하면, 학문은 오직 존재하는 것에 국한되어야 한다. 학문은 항상 상대적이다. 즉, 학문은 세계와 관련을 맺는다. 그러므로 하나님처럼 세계와 동떨어진 것, 절대적인 존재란 없다. 꽁트는 역사의 과정을 신화의 시대, 형이상학 시대 및 실증과학의 시대로 구분하였고, 종교의 종말을 예언하였다.

영국의 철학자와 수학자 러쎌(B. Russell, 1872-1970년)은 새로운 합리주의, 새로운 실증주의를 대변한 자로서 공개적으로 하나님을 부인한 자였다. 그는 『나는 왜 그리스도인이 아닌가?』라는 저서에서 종교의 토대를 두려움, 즉 신비와 실패와 죽음에 대한 두려움이라고 주장하였으며, 하나님은 자유로운 지성을 속박한다고 말하였다. 종교와는 달리 학문은 비겁한 불안을 극복하도록 도와줄 것이고, 세계를 살 가치가 있는 곳으로 만들어 줄 것이다. 학문은 오래 전부터 무지한 사람들을 사로잡던 자유로운 지성의 속박을 풀어줄 것이다. 영국의 생물학자 헉슬리(J. Huxley, 1887년 출생)도 러셀과 같이 하나님을 불행하고 무식한 인간의 피난처, 인간이 생각해낸 가설로 보았다.

## 2. 자연(自然)의 이름으로 하나님을 부인함 (자연주의적 무신론)

근대 무신론의 아버지 포이어바하(L. Feuerbach, 1804-1872년)는 칼 마르크스(K. Marx)와 함께 헤겔(Hegel)의 관념주의를 날카롭게 배격한 이른바 젊은 헤겔 좌파에 속한 사람이다. 포이어바하는 오직 육체적, 물질적인 세계만을 현실로 간주하는 유물주의를 신봉하였다. 정신적인 세계는 다만 물질적인 세계의 반영에 불과하다는 것이다. 포이어바하는 기독교를 언제나 관념주의와 혼동하였고, 기독교를 피안의 종교로 보았다. 그는 성서를 인용하여, "우리는 말씀이 육신이 되고, 정신이 물질이 되기를 요구한다."고 말하였다. 만약 모든 현실이 물질적이고 하나님이 비물질적이라면, 하나님은 존재하지 않는다. 왜냐하면 오직 자연을 통해 설명될 수 있는 것만이 존재하기 때문이다. 초자연적인 것은 없다. 그래서 포이어바하는 자신의 유물주의를 '자연주의'라고 일컬었다. 그래서 그는 "하나님이 자신의 형상대로 인간을 창조한 것이 아니라 인간이 자신의 형상대로 하나님을 창조하였다."고 주장하였다. 하나님은 하늘로 투사된 인간적인 본성의 거울, 일종의 이상적인 인간, 이상적 자아의 연장(延長)이다. 그러므로 신학은 곧 인간학이다.

자연과학자 헥켈(E. Haeckel, 1834-1919년)도 포이어바하의 영향 아래 자연을 열렬히 신봉하였고, 다윈의 진화론의 영향도 강하게 받았다. 헥켈의 신념은 자연의 통일성과 자연 법칙의 영원성에 기초하고 있다. 그에 의하면, 오직 하나의 세계만이 존재하며,

또 다른 초자연적인 세계는 존재하지 않는다. 물질적인 세계와 비물질적인 세계처럼 서로 분리된 두 개의 다른 세계는 없다. 오직 감각적이고 인지할 수 있는 것만이 현실적이다. 자연은 초자연적으로 법칙을 만든 자를 필요로 하지 않는다. 자연은 다만 자신의 법칙에 따라 발전할 뿐이다. 종교의 뿌리는 세계 안에서 설명할 수 없는 것, 세계의 수수께끼를 설명하려는 이성의 욕망이다. 그렇지만 현대의 놀라운 학문 발전은 세계의 수수께끼를 풀어 줄 수 있는 단계에 이르렀다. 종교의 계시는 인간의 환상의 산물이다. 진정한 계시는 오직 자연 안에서만 발견될 수 있다. 교회의 미신은 자연의 성전, 참되고 선하고 아름다운 것에 대한 예배로 대체될 것이다.

## 3. 인간(人間)의 이름으로 하나님을 부인함 (마르크스주의적 무신론)

마르크스(K. Marx, 1818-1883년)도 헤겔의 관념주의 철학을 날카롭게 비판한 헤겔 철학의 제자였다. 마르크스도 유물론자였다. 그에 의하면, 인간의 의식은 오직 사회적인 조건이 변화됨으로써만 변화되며, 그 반대로는 아니다. 마르크스를 지배한 중요한 개념들 중의 하나는 소외(疎外)의 개념이다. 노동자는 자본가의 소유가 됨으로써 자기 자신으로부터 소외된다. 노동자는 자신의 주인이 되지 못한다. 노동자는 많은 상품을 만들수록 더욱 값싼 상품이 된다. 그는 많은 가치를 창출할수록 더욱 값싼 존재가 된다. 따라서 노동자는 자신의 노동을 낯선 것으로 느낀다. 그의 노동은 내적인 욕구가 아니라 외부의 억압이다. 이와 같은 소외는 사적인 소유를 철폐함으로써만 극복될 수 있다. 그러므로 공산주의는 바로 마르크스 사상의 목표가 되었다.

기독교와 비슷한 목표를 바라봄에도 불구하고 마르크스는 왜 기독교와 일치될 수 없었는가? 마르크스가 무신론자가 된 것은 피안의 하나님이 인간으로 하여금 혁명을 통해 이 땅에 낙원을 만들어야 할 임무를 망각하게 한다고 보았기 때문이다. 땅의 자본가처럼 하늘의 자본가도 인간을 불행하게 만든다. 하늘의 자본가는 땅의 자본가의 좋은 모범이고, 땅의 자본가의 행위를 정당화한다. 그러나 종교적인 애통은 현실적인 애통의 표현일 뿐만이 아니라 그에 대한 저항이기도 하다. 종교는 억압받는 피조물의 탄식이고, 민중의 아편이다. 즉, 종교는 불행의 표현임과 동시에 불행을 보지 못하도록 하는 상상 속의 행복이다. 그러나 환상을 필요로 하는 상황이 폐기될 때, 상황에 대한 환상도 비로소 폐기될 수 있다.

블로흐(E. Bloch, 1885-1960)도 투사(投射) 이론으로부터 출발한다. 그에 의하면, 종교는 하늘로 투사된 하층민의 거울이다. 하층민이 제거될 때, 하나님이라는 거울도 사라진다. 그러나 위를 향한 투사는 아래를 향한 투사이다. 라틴어로 '종교'(Religio)란 '과거와의 결합'을 뜻한다. 즉, 종교는 신화적인 태초의 신, 세계 창조자와의 결합이다. 즉, 종교는 과거와의 결합이다. 그러나 인간은 과거로부터 벗어나 미래를 바라보아야 한다. 인간의 본질은 희망에 있다. 희망의 능력은 인간을 동물과 구분한다. 인간은 본질적으로 앞을 바라본다. 그러므로 인간은 기존 현실에 결코 만족하지 못한다. 인간은 종교적인 피안을 희망하는 것이 아니라, 소외와 빈곤이 철폐된 행복한 이 땅을 희망한다.

마르크스와는 달리 블로흐는 무신론과 기독교를 하나로 본다. 오직 무신론자만이 좋은 기독교인이 될 수 있다. 그리고 오직 기독교인만이 무신론자가 될 수 있다. 기독교는 미래를 바라보고 현실로부터 탈출하게 만들기 때문에 본질적으로 무신론적이고 비종교적이다. 성서적인 무신론은 하늘의 신을 폐위시키고, 그 자리에 인간과 인간의 아들 예수를 앉힌다. 예수의 나라는 현실의 전복이고, 그래서 현실을 창조한 하나님에 대한 거부이다. 하늘의 하나님은 예수가 실현한, 지배가 없는 인간과 일치할 수 없다. 따라서 예수는 무신론자이다.

## 4. 생명(生命)의 이름으로 하나님을 부인함 (생명철학적 무신론)

니체(F. Nietzsche, 1844-1900년)는 쇼펜하우어의 '의지(意志)의 철학'의 영향을 강하게 받았다. 니체는 "어리석은 자는 하나님을 찾지만, 우리는 하나님을 죽였다. 하나님은 죽었다. 우리가 그를 죽였다."라고 외쳤다. 하나님을 죽인 인간의 위대한 행위는 인간으로 하여금 초인(超人)이 되게 한다. 이로써 인간은 하나님과 같이 되었다. 초인이 등장하기 위해서는 신들은 죽어야 한다. 계몽주의가 무신론을 주장한 것은 인간이 다시금 인간이 되기 위함이었지만, 니체가 무신론을 주장한 것은 인간이 극복되고 초인이 등장하기 위함이었다. 그래서 니체는 "강한 인간이 되라!"고 외쳤다. 그리하여 기독교의 이웃 사랑의 계명은 강자의 윤리로 대체되었다. 강하게 만드는 것은 선이고, 약하게 만드는 것은 악이다. 하나님은 약자의 발명품이고, 종교는 의지의 병이고, 약자의 감정이다. 초인은 강한 생명의 의지를 지닌 사람이다. 하나님은 생명의 반대 개념으로서 발명되었다. 하나님은 인간에게 생명을 주기를 싫어하는 질투심이 많은 독재자이다. 그런데 하늘의 독재자는 스스로 십자가에서 고난을 받지 않았는가! 하지만 십자가에 달린 하나님만큼 니체의 증오를 불러일으킨 것은 없다. 십자가의 하나님은 생명에 대한 저주이다. 예수의 십자가는 생명에 대한 반란이다. 다른, 혹은 더 나은 생명에 대한 믿음으로 무장한 기독교는 처음부터 생명과 세상에 대한 혐오이다. 그러므로 니체는 "땅에 충실하라, 땅을 벗어나는 희망을 말하는 자들을 믿지 말라!"고 외쳤다.

괴테와 니체의 영향을 받은 프랑스 문학가 앙드레 지드(A. Gide, 1869-1951년)에 의하면, 용기야말로 가장 큰 덕이고, 그것을 방해하는 종교는 거부되어야 한다. 하나님은 환상이고, 세상만이 유일한 현실이다. 교회는 인간의 감옥이다. 인간은 스스로 도덕의 잣대를 만들어야 한다. 어떠한 대가를 치르더라도, 인간은 자기 자신에게 충실해야 한다. 다른 모든 것은 의심해야 하지만, 자기 자신은 의심해서는 안 된다. 인간은 스스로 자신을 창조한다. 인간은 자신의 도덕 척도를 스스로 만들어야 한다. 자신의 인생을 살아가려는 용기야말로 가장 큰 덕이다. 이를 방해하는 모든 것은 거부되어야 한다.

## 5. 성숙(成熟)의 이름으로 하나님을 부인함 (심리주의적 무신론)

의사로서 정신분석학을 창시한 프로이트(S. Freud, 1856-1939년)는 무의식의 중요성을 발견한 자로서 유명하다. 무의식은 인간이 의식하지 못하지만 의식 못지않게 영향을 주는 것이다. 인간의 무의식(충동)은 자아(의식)에 의해 억압되지만, 결코 제거하거나 통제될 수는 없다. 그런데 왜 자아는 무의식을 억압하는가? 이른바 초자아(超自我) 혹은 양심이 감독하고 명령하기 때문이다. 초자아는 한편으로는 인간을 비성숙하게 만들지만, 다른 한편으로는 열정과 충동을 길들임으로써 인간을 문명화한다. 그런데 프로이트에 의하면, 초자아는 문화만이 아니라 종교를 낳는다. 종교는 경험의 침전물이나 사고의 결과가 아니라 환상, 즉 가장 오래되고 가장 강력하고 가장 긴급한 인간의 소원의 성취이다. 종교는 유아 시절의 환상으로서 어린 시절의 무력감이 일평생 지속되는 것을 절감한 인간이 더 강한 하나님 아버지에게 매어 달리려는 욕망에서 생겨난 것이다. 다른 한편으로 프로이트는 하나님을 정신적인 질병, 즉 노이로제의 산물로 보았다.

프롬(E. Fromm, 1900-1980년)은 프로이트의 체계를 독특하게 수정했다. 프로이트처럼 프롬도 종교를 심리적인 환상으로 본다. 프롬에 의하면, 성인은 어린 시절에 부모에게 집착하던 감정을 하나님과 사회의 지배자들에게 옮겨 놓는다. 종교는 심리적으로 대중의 독립을 방해하고, 지능적으로 대중의 환심을 사며, 지배자들 앞에서 유아처럼 유순하게 행동하도록 길들이는 기능을 수행한다. 종교는 환상을 통해 현실적인 만족을 방해하거나 대체하려는 가장 오래된 집단적인 기능이다. 종교는 실패를 위로하거나, 계급적인 상황에 대해 심리적으로 체념하게 하거나, 억압을 당하는 자들의 고통에 대해 억압자들이 느끼는 죄책감을 덜어주는 기능을 수행한다.

## 6. 자유(自由)의 이름으로 하나님을 부인함 (실존주의적 무신론)

문학가와 사상가인 싸르트르(J-P. Sartre, 1905-1980년)는 프랑스 실존주의(實存主義) 철학의 대표자로 알려졌다. 그가 말한 실존주의란 무엇인가? 그가 대변한 실존주의의 출발점은 도스토예프스키(Dostojewski)의 명제와 같은 것이다. 만약 하나님이 존재하지 않는다면, 모든 것이 허락될 것이다. 오직 하나님이 존재하지 않을 때, 인간은 자유로울 수 있다. 오직 하나님이 존재하지 않을 때, 인간은 존재할 수 있다. 인간은 자기 자신을 창조할 만큼 절대적으로 자유롭다. 인간은 자기 자신의 창조자이기 때문에 창조자 하나님은 존재하지 않는다. 실존은 본질에 앞선다. 즉, 인간은 미리 결정되어 있지 않고, 스스로 자기 자신을 결정한다. 인간은 자신이 행한 모든 것에 대해 스스로 책임을 져야 한다. 인간이 스스로 책임을 지기 위해서는 하나님이 존재하지 않아야 한다. 만약 하나님이 존재하지 않는다면, 하나님의 계명으로 자신을 정당화하거나 용서를 구해서는 안 된다. 인간이 스스로 자신의 삶의 척도가 될 계명을 만들어야 한다. 인간 외에는 법률을 제정하는 자가 없다. 인간은 스스로 자신의 도덕을 선택한다. 인간이 스스로 선과 악을 결정하기 때문에 하늘은 텅 비어 있다. 즉, 선과 악의 심판자는 없다. 하나님은 없다. 존재하는 것은 오직 나뿐이다. 만약 하나님이 존재한다면, 인간은 아무 것도 아니다. 이처럼 절대적인 자유를 부르짖었던 싸르트르는 시민 사회에 통합되는 것을 거부하는 행위로서 노벨 문학상을 거부하였으며, 일부일처제를 비판하고 계약결혼을 실천하였다.

프랑스 작가 까뮈(A. Camus, 1913-1960년)도 인간을 위해 하나님을 거부하였다. 인간은 스스로 책임을 지는 자가 되어야 한다. 세계에 대한 인간의 책임을 빼앗는 하나님은 인간이 인간답게 되는 것을 방해한다. 왜냐하면 인간의 본질은 책임감에 있기 때문이다. 그래서 까뮈는 그리스도의 대리적인 속죄를 격렬하게 비판하였다. 왜냐하면 이와 같은 세탁 행위를 통해 인간은 자신의 행위에 대한 책임을 박탈당하기 때문이다. 바로 그래서 그리스 신화에 나오는 시지프스(Sisyphus)는 까뮈가 주창한 실존주의의 원형이었다. 시지프스는 끊임없이 굴러 떨어지는 돌멩이를 산 정상에 올려놓도록 형벌을 받았다. 신들은 가혹하게도 시지프스에게 이처럼 무의미한 노동의 형벌을 내렸다. 그러나 까뮈는 경멸을 통해 극복될 수 없는 숙명은 없다고 보았다. 시지프스는 신들을 경멸함으로써 그들을 제압하고, 그들을 넘어선다. 그가 신들을 부인함으로써 돌멩이는 그 자신의 일, 그 자신의 숙명이 되었다. 돌멩이가 그를 지배하는 것이 아니라, 이제부터는 그가 돌멩이를 지배한다. 비록 성공의 희망은 없지만, 돌멩이에 대한 그의 투쟁은 인생을 가치 있게 만든다. 그러므로 시지프스는 행복한 인간이다. 그리고 까뮈는 예수와 달리 "나의 나라는 이 세상에 속해 있다."고 말하였다.

## 7. 고난(苦難)의 이름으로 하나님을 부인함
### (신정론적 무신론)

1967년 독일에서 실시된 설문 조사에 따르면, 하나님을 믿지 않는 이유로서 다음과 같은 대답들이 나왔다고 한다. 두 차례의 세계대전을 생각할 때마다 하나님에 대한 신앙은 사라진다. 하나님은 나를 너무 자주 실망시켰고, 나를 홀로 버려두었다. 만약 하나님이 존재한다면, 이 땅에 이처럼 많은 불행은 일어나지 않을 것이다. 하나님은 너무나 많은 고난을 허락한다. 세상에는 비참한 일이 너무 많다. 이처럼 오늘날 가장 흔한 무신론은 바로 고난의 이름으로 정당화된다.

이와 같은 무신론은 수많은 문학작품 속에서 그려졌는데, 예컨대 독일의 문학가 투콜스키, 보헤르트, 안데르쉬의 작품을 들 수 있다. 투콜스키(K. Tucholsky, 1890-1935년)가 무신론자가 된 것은 인간들이 서로 자행한 살육 때문이다. 이와 같은 일을 허락하는 하나님은 존재할 수 없다. 투콜스키는 평화주의자였다. 그런데 전쟁에 대한 그의 투쟁은 하나님에 대한 투쟁으로 이어졌다. 함부르크의 작가 보헤르트(W. Bochert, 1921-1947년)는 1945년에 전쟁의 상처를 안고 귀향했다. 그는 수많은 고난을 허락하는 하나님은 존재할 수 없다고 생각했다. 전쟁의 하나님은 그 자체로서 모순이다. 그리고 안데르쉬(A. Andersch, 1914년 출생)도 나치스의 존재를 허락하는 하나님은 더 이상 믿을 수 없다고 생각했다. 하나님은 찬송가의 가사처럼 강한 성이 아니었다. 하나님은 기분이 내키는 대로 자신의 나라를 다른 이에게 넘긴 장난꾼이다. 하나님은 부재(不在)하였다. 하나님은 너무 멀리 떨어져 있었다. 그리고 세상은 사탄의 나라가 되었다. 하나님은 세상을 하나의 도살장으로 만들었다. 이런 상황에서 인간은 오직 자신을 위해서만 기도를 뱉을 수 있었을 뿐이며, 하나님이 기도를 들을 것이라고 결코 상상할 수 없었다.

소리치는 것은 전적으로 무의미하였다. 그 어떤 위로도 없었고, 순교도 아무런 의미가 없었다. 이처럼 고난 속에서 그가 경험한 하나님은 귀가 먹거나 죽은 하나님이었다.

앞에서 소개한 다양한 무신론의 주장들을 우리는 어떻게 이해해야 할까?
1) 한스 큉(H. Küng)에 의하면, 우선 무신론을 처음부터 인정해 주고 들어가야 한다. 하나님을 부정할 수 있다. 무신론을 합리적으로 따져서 배격할 수는 없다. 무신론은 입증되는 것도 아니지만, 반증될 수도 없다. 왜냐하면 무릇 실재의 근본적 불확실성이라는 경험이야말로 무신론을 주장하고 고수하기에 넉넉한 계기가 되기 때문이다. 결국 무신론의 불가능성을 결론지을 논거란 사실상 없다. "하나님은 존재하지 않는다."고 말하는 사람의 주장을 실증적으로 반박할 수는 없다. 그런 주장 앞에서는 아무리 엄밀한 논증도 부질이 없는 것이다. 입증되어 있지 않은 무신론적인 주장은 궁극적으로 하나의 결단, 실재 일체에 대한 근본결단에서 나온다. 하나님을 부정하는 사람을 합리적으로 반증할 수는 없다.[2]

큉의 주장과 같이 유신론이나 무신론이나 모두 순수이성으로는 입증할 수 없고, 반박할 수도 없다. 왜냐하면 하나님이 존재한다는 것은 궁극적으로 신뢰하는 투신행위 속에서만 인식될 수 있기 때문이다. 인간의 자유는 언제나 남아 있기 때문에 결단을 회피할 수는 없다. 그렇지만 무신론은 불확실한 실재가 존재할 수 있는 조건을 제시할 능력이 없다는 점에서 근본적인 합리성을 결여하고 있다. 무신론은 궁극적인 근거상실, 기초상실, 목적상실, 실재 일체의 무의미, 몰가치(沒價値)로 말미암아 허무주의(虛無主義)에 빠질 위험이 있다.[3]

---
2) H. Küng, 『왜 그리스도인인가』(정한교 역, 분도출판사, 1982), 52 이하.

2) 하나님의 존재를 부정하거나 의심하는 것, 혹은 하나님에게 저항하는 것은 결국 하나님으로부터 도망할 수가 없다는 사실을 보여 준다(시 139:7-10). 하나님에 대한 절망적 투쟁은 또한 하나님에 대한 참된 경험이기도 하다. 인간은 좌절 가운데서 하나님을 숨어 있는 존재로 경험한다. 참으로 하나님을 그분의 불가피한 위대성을 통해 경험한 사람만이 하나님의 존재를 올바르게 이해할 수 있다. 왜냐하면 진정한 하나님은 우리의 사상과 의지와 신앙까지도 무한히 초월하시기 때문이다.[4]

계시된 하나님(Deus revelatus)은 또한 숨어 계시는 하나님(Deus absconditus)이시기도 하다(M. Luther).[5] 그러므로 무신론은 일종의 '부정 신학'(Theologia negativa)[6]이라고도 불린다.

---

3) 앞의 책, 52 이하, H. Küng, Existiert Gott?(München, 1978), 624을 참조하라.
4) 프랭크는 말한다: "믿음의 밑바닥에는 우리 자신의 인위적인 독단으로 신이 조작되지나 않았나 하는 의심과 공포가 있다. 이 의심은 회의론자의 비교적 해독이 없는 불신임과 아주 다른 것이다. 이것은 절대적인 의심이요, 사람을 온통 뒤흔들어 놓는 절망이다. 이것은 단지 신의 부정일 뿐만 아니라 신에 대한 항거이다. 그러나 신에 대한 이 절망적인 투쟁에서 비로소 인간은 신의 참된 모습을 경험하게 되는 것이다. 그는 신에게서 도망할 수가 없는 것을 알게 될 것이다. 이 좌절 가운데서 그는 신을 '깎아지른 절벽과 높고 웅대한 산악'으로서 인정하게 될 것이다. 그는 신이 무섭고 숨어 있는 존재여서, '알려진 신은 신이 아니다'라고 하는 것을 알게 될 것이다." E. Frank, 『철학적 이해와 종교적 진리』(김하태 역, 대한기독교서회, 1973), 47 이하.
5) 루터에 의하면, 계시 속에 나타난 하나님은 숨어 계시는 분이시고, 우리에게 직접 계시하시지 않고 십자가와 고난 속에서 역설적으로 계시하신다. 이처럼 오직 숨어 계시는 분으로서만 그분은 죄인에게 계시하실 수 있다. 이것은 루터의 '십자가의 신학'(Theologia crucis)에서 드러난 주장이다. 그러나 '노예 의지론'(De servo arbitrio)에서는 루터는 하나님의 계시와 은폐의 일치가 주장하기보다는 "하나님이 계시의 배후에, 계시를 초월하여 자신의 전능한 이중 의지와 이중 활동의 신비 속에 숨어 계신다."라고 주장한다. P. Althaus, *Die Theologie Martin Luthers* (Gütersloh, 1962), 240.
6) 하나님의 존재를 파악하여 표현하려는 인간의 사고 형식은 전통적으로 세 가지로 나뉜다. 첫째로 '적극적(교의학적) 신학'은 교리와 성서의 개념을 통해 하나님을

아우구스티누스가 하나님을 '진리 그 자체'라고 불렀다면, 인간은 어떤 진리를 부정한다고 하더라도, 자신이 의지하고 있는 다른 진리의 이름으로 부정하는 셈이므로 결국 진리, 즉 하나님의 존재를 입증하고 있는 셈이다. 그리고 기독교의 하나님을 부정하는 사람들은 대개가 대체된 절대자, 즉 성공, 인정, 이성, 자연, 자유, 의미, 운명, 양심, 의무 등을 신봉하고 있다. 여기서도 하나님을 애타게 부정하려는 노력은 하나님을 증명하려는 노력이라는 역설적 진리가 드러난다.

3) 대부분의 무신론은 기독교의 진정한 하나님보다는 교회가 오도하거나 세상이 오해하는 하나님의 모습을 겨냥하고 있다. 하나님은 분명히 이성을 초월하시지만, 이성 그 자체를 무조건 부인하시지는 않는다. 왜냐하면 이성도 하나님의 피조물이기 때문이다. 하나님은 인간성과 생명의 가치, 자유를 묵살하시지 않고, 오히려 그것을 보증하신다. 하나님은 인간을 미성숙하게 하시지 않고, 책임적인 인간을 만드신다. 하나님은 고통에 무관심한 하늘의 독재자가 아니며, 세계의 배후에 앉아서 세계를 호령하는 군주도 아니다. 하나님

---

긍정적으로 표현한다. 둘째로 '부정적(신비주의적) 신학'은 인간적인 가능성의 부정, 자기 비하의 신비적인 침묵을 통해 하나님에게 접근하려는 것이다. '변증법적 신학'은 이 두 방법을 종합하면서도, 서로를 지양해 나간다. 이에 관해서는 이신건, 『칼 바르트의 교회론』(한들 출판사, 2000), 113 이하를 참조하라.
적극적 신학의 대변자인 토마스 폰 아퀴나스(T. von Aquinas)도 부정적 신학의 타당성을 인정한다: "신에 관한 진술은 어느 것이든지 신의 실재를 우리에게 알려 줄 수는 없다. 신의 진리를 알기 위하여 우리는 우리가 안다고 생각하는 그에 관한 이야기를 모두 배격하여야만 된다. 신의 존재에 대한 주장은 신의 본질을 말하는 것이 아니라, 실체의 끝없고 제한 없는 대양(大洋)을 가리킬 뿐이다.…… 그러면 신은 무지의 어두운 밤중에 남게 될 것이며, 이 무지 가운데서 우리는 우리의 생에서 신에게 가장 가까워질 수 있다고 볼 것이다." T. von Aquinas, Librum I Sententiarum, distinctio VIII, 1/1/4 ; De potentia VII, 5(E. Frank, 같은 책, '61에서 재인용함).

은 세계의 고난을 단지 멀리서 동정하실 뿐만 아니라 세계의 고난과 연대하시며, 자신의 고난을 통해 세계의 고난을 극복하시는 분이시다. 그런데 지금까지 교회는 종종 이와 같은 하나님보다는 미신적인 하나님을 전파하여 왔다. 그러므로 무신론에 대해서 교회도 상당한 책임을 지고 있다고 보아야 한다. 그래서 교회는 우선적으로 무신론을 이론적으로 반박하려고 애쓰기보다는 무신론자들에게 진정한 하나님의 모습을 보여 주려고 진지하게 노력해야 한다.

4) 끝으로 대개의 무신론은 본질적으로 이론적인 무신론이기보다는 실천적, 결단적인 무신론이다. 그러므로 대개의 무신론은 교회의 무능과 부패, 위선의 토양 위에서 자라나며, 바로 이로부터 영양을 섭취하고 있다. 입으로만 "주여, 주여"라고 말하지만, 생활의 열매를 제대로 맺지 못하는 기독교인도 실제로는 실천적인 무신론자라고 할 수 있다. 그러므로 무신론자는 기독교인의 자기반성에 기여할 뿐만 아니라, '양과 염소'를 구분하게 될 그리스도의 마지막 심판대(마 25:31-46) 앞에 미리 세워준다. 그러므로 기독교인은 무신론자들을 비웃고 나무라기 전에 먼저 자신을 되돌아보려고 힘써야 한다. 만약 교회가 약자보다는 강자의 편을 들고, 민중의 희망이 되기보다는 민중의 아편이 되며, 이웃의 고난에 무관심하고 세상에 대해 무책임한 교회가 된다면, 바리새인보다 더 의롭다고 말할 수 없을 것이며, 그래서 무신론자들보다 하나님에게 더 가까이 있다고 감히 말하기도 어려울 것이다.

그러므로 교회는 무신론자들에 대해서 교만한 태도를 보여서는 안 된다. 바울의 말대로(롬 11:21) 만약 교회가 자신의 본분을 잃게 되면, 하나님은 교회도 버리실 수 있다. 그러므로 교회는 자신의 빛을 사람들 앞에 비추어서, 그들이 교회의 착한 행실을 보고 하나님을 찬양하도록 노력해야 한다(마 5:16). 교회는 무신론자들에게 기도와 전도의 빚 외에도 사랑과 회개의 빚을 지고 있다. 교회는 그들을 인내와 희망으로 대해야 하며, 진정한 복음을 언어와 행위로 보여 주어야 한다. 무신론의 문제는 결국 무신론자만의 문제가 아니라 교회의 문제이기도 하다.

## 제8장

# 창조란 무엇인가?

>>>>>>>>>

구약성서의 첫 문장은 "태초에 하나님이 하늘과 땅을 창조하셨다."(창 1:1)라고 말하며, 그리스도인들이 예배 때마다 공동으로 고백하는 사도신경도 "전능하시고 천지를 만드신 아버지 하나님을 믿으며"라는 구절로 시작한다. 이처럼 창조신앙은 그리스도인의 중심적인 신앙 고백의 하나로서 처음부터 매우 중요하게 여겨져 왔다. 기독교의 하나님은 창조주 하나님이시다. 만약 하나님이 창조주 하나님이 아니시라면, 그런 하나님은 성서적이고 기독교적인 하나님이 아니다.[1] 창조는 하나님의 본질과

---

1) 초대 기독교인들이 고백한 창조주 하나님에 대한 신앙을 오랫동안 심각하게 위협하였던 이단적인 세력은 바로 영지주의(靈智主義)였다. 영지주의는 근본적으로 이원론적이었다. 영지주의는 구약성서의 하나님을 악한 세

뗄 수 없다. 왜냐하면 하나님은 세계의 추상적인 원리로서 '정태적인 존재'가 아니라, 세계의 창조주로서 '행동하시는 하나님'이기 때문이다. 더욱이 창조는 그리스도와도 뗄 수 없는 관계에 있다. 초기 기독교에서 그리스도에 대한 신앙 고백은 창조주에 대한 신앙 고백과 밀접하게 연결되어 있었을 뿐만이 아니라, 이 둘은 동일한 신앙 고백이었다(고전 8:6, 골 1:16-17 등).

그러나 세계의 기원과 생성과정을 둘러싸고 일어났던 과학과 교회 간의 불행했던 대결의 결과로 과학은 창조신앙을 허망한 신화(神話)로 매도해 왔고, 교회는 과학의 공격을 방어하는 일에 급급한 나머지 종종 성서의 창조신앙을 잘못 이해하거나 완전히 외면한 오류를 범하였다.[2] 그러나 만약 과학이 자신의 학설을 절대시하면, 일종의 우상숭배(일종의 절대 신앙)에 빠지는 것이다.[3] 하지만 만

---

계의 창조주인 저급한 악신(惡神) 데미우르고스(Demiurgos)로 여겼고, 구원자를 예수의 모습으로 그렸다. 하지만 구원자 예수는 물질적인 세계 안으로 갇힌 영혼을 해방하려고 내려온 자로서 다만 외형적으로만 인간의 외관을 가졌을 뿐이다(가현설). 그러므로 예수의 육체적인 죽음과 부활은 아무런 의미를 지니지 않는다. R. Kottje, B. Moeller 편, 『고대교회와 동방교회』(이신건 역, 한국신학연구소, 1995), 141 이하.

2) 신학과 과학 사이의 최초의 본격적인 싸움은 천동설(天動說)과 지동설(地動說)에 관한 것이었다. 프톨레미(Ptolemy, 100-170년)가 내세웠던 전통적인 이론이었던 지구중심설은 코페르니쿠스(N. Copernicus, 1474-1534년)의 태양중심설에 의해 무너졌는데, 나중에 그의 이론을 지지한 갈릴레이(G. Galilei, 1564-1642년)가 종교 재판관 앞에서 거짓 맹세를 강요당했다는 일화가 전해온다. 가톨릭교회는 200여 년 동안이나 유능한 천문학자들이 모두 받아들인 이론에 반대하였으며, 개신교 신학자들도 가톨릭 신학자들 못지않게 지동설을 반박하였다. 예컨대, 루터는 '여호수아의 태양정지 사건'을 근거로 삼아, 그리고 깔뱅은 시편 93편 1절을 근거로 삼아 지동설을 반박하였으며, 멜랑히톤만이 아니라 18세기의 웨슬리마저도 지동설을 이단시하였다고 한다. B. Russell, 『Religion and Science, 종교와 과학』(송삼용 외 2인 역, 전파과학사, 1977), 18 이하를 참조하라.

3) 과학은 언제나 임시적이며, 그 현재의 이론들은 조만간 수정되어야 할 것으로 기대하고 있으며, 그 방법이 완전하고 종국적인 증명에 도달하는 것이 논리적으로 불가능하다는 점을 염두에 두고 있다. 과학은 절대적인 진리의 포기를 고무한다.

약 교회도 창조신앙을 세계의 생성과정에 관한 과학적인 정보라고 생각하면, 과학에게 항상—지금까지도 그랬듯이—패배를 당할 수밖에 없다.[4] 왜냐하면 창조신앙의 핵심은 세계와 인류가 어떤 과정 속에서 생겨났는지를 과학적으로 밝히려는 것이 아니라, 하나님과 세계와 인간에 관한 근본적인 입장을 표명하려는 것이기 때문이다.

구약성서에 "세계가 하나님에 의해 창조되었음을 믿는다."라는 구절이 전혀 없다. 왜냐하면 하나님의 세계창조는 자명한 것으로 신앙되었기 때문이다. 그러나 창조의 과정에 관한 구약성서의 설명은 고정된 것이 아니며, 설명방식도 다양할 뿐만이 아니라 시대적인 표현에 의해 제약되어 있다.[5] 그리고 창조는 그 자체로서 이해된 것이 아니라, 역사 속의 하나님의 구원계시에 대한 경험의 빛 속에서 이해되었다. 그러므로 창조경험은 구원사건과 중복된 관계 안에 있다. 즉, 창조는 하나님에 대한 이스라엘의 특별한 역사적인 경험의 우주적인 지평이다.[6]

---

앞의 책, 14-15.

4) 예컨대, 어서(J. Usher, 1581-1656년) 대주교는 창조의 연대를 기원전 4004년이라고 주장하였으며, 라이트풋(J. B. Lightfoot, 1828-1889년)은 인간의 창조가 10월 23일 9시에 일어났다고 말하였다. 앞의 책, 43.

5) 구약성서의 사람들은 하나님이 '어떻게' 세계를 창조하셨는지를 질문하지 않았다. 그러므로 창조에 대한 구약성서의 이해는 다각적인 것이었고, 창조과정은 결정적으로 고정되지 않았다. 그래서 그들은 자기들의 시대마다 동시대인들에게 지성적으로 통할 수 있는 표현양식을 찾아서 창조를 표현할 수밖에 없었다. 그 결과로 구약성서는 여러 개의 창조설화를 제시하고 있다. 문희석, 『창조신학』(보이스사, 1976), 22 이하.

6) 창조를 구원사의 관점에서 해석한 폰 라트(G. V Rad)는 말한다: "이스라엘이 창조를 구원사와의 신학적 연관에서 보게 되었을 때, 비로소 이스라엘은 양자의 올바른 신학적 과제를 발견하였다.…… 야웨의 계시를 통해 이스라엘에게 역사의 영역이 열렸고, 이로부터 창조의 개념이 비로소 규정될 수밖에 없었다.…… 구원론적인 창조이해는 결코 제2이사야만의 특유성은 아니다.…… 이 구원론적인 창조이해는 야웨학파 와 사제문서의 창조사화 근저에도 놓여 있음이 극히 분명하다." G. v Rad, 『구약성서신학』 제1권(허혁 역, 분도출판사, 1976), 143 이하. 물론 베스터만(C. Westermann)과 같은 학자는 이 이론에 반대하여, 창조 이해를 독립적인

그런 점에서 볼 때, 창조설과 진화설의 대결은 오해에서 빚어진 것이다. 원칙적으로 진화는 창조 자체와 아무런 관련이 없고, 상호 간에는 아무런 모순도 없다. 그러나 과학의 잘못된 공격과 교회의 잘못된 방어로 말미암아 생겨난 결과는 과학과 교회에게 모두 불행한 것이었다.[7] 하지만 오늘날에 이르러서는 인간에 의한 자연의 심각한 파괴와 점점 더 커져가는 생태계의 위기 앞에서 과학자들과 신학자들이 공동의 책임감 아래 서로를 존중하면서, 함께 협력할 수 있는 여지가 점점 더 넓어지고 있다. 특히 생명의 종교인 기독교는 날로 커져가는 생명의 위기 앞에서 창조신앙의 본질과 의미가 무엇인지를 다시금 심각하게 되묻게 되었다. 그렇다면 기독교가 믿는 창조란 무엇인가? 전통적으로 창조는 세 가지 범주로 이해되었다.[8]

---

주제로 제시하고 있다.
7) 인류의 기원에 관해 지금까지 제시된 주요 이론은 자연적 진화론, 명령적 창조론, 이신론적 진화론, 점진적 창조론이다. 이 중에서 에릭슨은 유신론적 진화론과 점진적 창조론을 가장 가능성이 있는 이론으로 생각한다. 이 두 이론은 헌신적이고 성경을 믿는 학자들에 의해 지금까지 주장되고 있다. M. J. Erikson, 『복음주의 조직신학 상』(신경수 옮김, 크리스챤 다이제스트, 1995), 42 이하. 진화론과 창조론이 얼마나 잘 조화될 수 있는지를 설득력 있게 설명하는 책으로는 J. F. Haught, 『신과 진화에 관한 101가지 질문』(신재식 옮김, 지성사, 2004년)을 들 수 있다. 이 책은 다윈의 진화론과 그 이후의 진화과학이 기독교 신앙에 주는 의미를 살펴보고, 창조과학과 지적설계를 비판적으로 검토하며, '진화론적 유신론'의 입장에서 '진화론적 신학'을 제시한다. T, Peters 엮음, 『과학과 종교』(김흡영, 배국원, 윤원철, 윤철호, 신재식, 김윤성 옮김, 동연, 2002)도 참조하라.
8) 필자는 여기서 몰트만의 범주를 따른다. 몰트만에 의하면, 성서의 전통은 세 가지 관점에서 하나님의 창조를 말한다. 먼저 '시간의 시작'의 관점에서 '태초의 창조'를 말하고, 그리고 '역사적 시간'과의 관점에서 '계속적 창조'를 말하며, 마지막으로 '종말론적 시각'에서 '새 창조'를 말한다. J. Moltmann, 『창조 속에 계신 하느님』(김균진 역, 한국신학연구소, 1987), 75 이하.

## 1. 태초의 창조(creatio orignalis)

하나님은 세계를 '무로부터 창조하셨다'(creatio ex nihilo). 하나님에게만 적용되어 사용되는 '창조하다'(bara)라는 단어는 아무런 질료(재료)가 없고 수고(愁苦)가 없는 창조를 뜻한다.[9] 그래서 하나님이 말씀하시자, 그대로 이루어졌다. 세계는 저절로(a nullo) 생겨나지 않았으며, '무형의 질료'로부터 창조되지도 않았다. 더욱이 세계는 하나님과 혼돈(Chaos)의 세력과의 투쟁 끝에 힘겹게 쟁취된 것도 아니다. 성서는 근원적인 어둠에 대한 모든 신화적인 이론에 반대한다. 하나님은 빛과 어둠을 창조하신 분이시다(사 45:7). 창조는 전적으로 하나님의 자유와 결의에 의해서만 이루어졌다. 이처럼 '무로부터의 창조'는 창조주의 절대적인 자유와 주권을 나타내기에 적합한 개념이다. 만약 하나님이 무로부터 창조한 분이 아니시라면, 하나님은 창조자가 되실 수 없을 것이다.[10]

하나님은 절대적으로 자유로운 창조자이시다. 즉, 세계의 창조는 하나님의 자유로운 행위이다. 왜냐하면 하나님 자신 외에는 그 어느 것도 창조에 선행하는 것으로 생각될 수 없기 때문이다.[11] 그러나 '하나님의 자유로부터의 창조'(creatio ex libertate Dei)란 기분에 따른 자의적인 창조를 뜻하지는 않는다. 하나님의 자유는 모든 것이 가능한 전능(全能)이 아니라 바로 사랑이다. 사랑은 모든 강요를 배제한다. 하나님은 그분의 자유로운 사랑으로부터 창조하신다(creatio ex amore Dei).[12] 그러므로 창조는 의심스럽고 속

---

[9] G. von Rad, 같은 책, 149.
[10] L. Scheffczyk, *Einführung in die Schöpfungslehre*(Darmstadt, 1987), 50. '무로부터의 창조'를 지시하는 성서 구절로는 롬 4:17, 히 11:3 등을 들 수 있다. 바르트에 의하면, '무로부터의 창조'는 사변적인 창작물이 아니라, 인간 예수 안에 나타난 하나님의 계시에 근거를 둔 인간적인 자기 이해의 자기표현이다. K. Barth, KD III/2, 185.
[11] O. Weber, *Grundlagen der Dogmatik I*(Neukirchen-Vluyn, 1955), 553.

이는 현실이 아니라 현실적인 창조, 선한 창조이다. 창세기의 기록에 따르면, 하나님은 자신이 만든 것을 보시고 "참 좋았다"(창 1:31 등)고 말하신다.[13] 그렇다면 하나님이 세계를 창조하신 동기와 목적은 무엇인가? 창조의 의미를 결정짓는 관점은 대개 세 가지로 제시되고 있다.

### 1) 신 중심적 관점

만물은 '하나님을 위해' 창조되었다(히 2:10). 창조의 의미는 하나님의 영광에 있다. 그렇다고 하나님이 자신의 영광을 위해 세계를 창조하실 필요가 있었던 것은 아니며, 창조의 내적인 동기가 이기주의적인 자기사랑에서 나온 것도 아니다. 창조의 동기에는 물론 인간중심적인 동기(인간의 축복)도 없지 않지만, 가장 우선하는 것은 창조주의 영광이다.[14]

### 2) 그리스도 중심적 관점

모든 것은 '그리스도 안에서', '그리스도를 통하여', 그리고 '그리스도를 위하여' 창조되었다(골 1:16-17). 바르트에 의하면, 창조는 계약의 시작이며, 하나님의 구원의 시작이다. 계약은 창조의 내

---

12) J. Moltmann, 같은 책, 100.
13) J. M. Lochmann, 『사도신경해설』(오영석 옮김, 대한기독교서회, 1997), 64.
14) 깔뱅은 그 누구 못지않게 하나님의 영광을 창조의 목적으로 강조하였다: "하나님께서 우리의 유익과 구원을 위해서 만사를 제정해 놓으셨다는 것을 인식하는 동시에 하나님의 권능과 은혜를 우리 자신과 우리에게 주신 큰 은사에서 느끼며, 그리하여 하나님을 신뢰하고 하나님께 기도하며 하나님을 찬양하고 하나님을 사랑하도록 노력하는 것이다." J. Calvin, 『기독교강요 上』(김종흡, 신복윤, 이종성, 한철하 공역, 생명의 말씀사, 1986), 283. 에릭슨도 말한다: "창조는 하나님의 뜻을 실행함으로써 하나님을 영화롭게 한다. 생명이 없는 창조물이 그에게 영광을 돌리고, 생명 있는 피조물이 자들을 향한 하나님의 계획에 복종한다.…… 오직 사람만이 의식적으로, 자발적으로 하나님께 복종할 수 있고, 이렇게 해서 하나님께 가장 완전하게 영광을 돌린다." M. J. Erikson, 앞의 책, 423.

적 근거이고, 창조는 계약에 이르는 길이다. 그런데 계약의 원래적 근거와 의미, 계시 및 완성은 예수 그리스도이다.[15] 무쓰너(Fr. Mußner)에 의하면, 그리스도는 모든 창조의 숨어 있는 생명원리, 창조의 은총의 근거이다.[16]

### 3) 종말론적 관점

모든 피조물은 신음하면서 영광의 자유를 누릴 날을 기다린다 (롬 8:18 이하). 몰트만에 의하면, 창조의 내적인 근거와 목적은 '하나님의 나라'이다. 태초의 창조는 구원의 역사를 향해 열려 있고, 구원의 역사는 새 창조를 위해 있다. 이 세계는 영광의 나라의 약속과 선취(先取)이다. 창조세계는 하나님의 나라의 현실적인 약속이고, 세계는 역사의 마지막에 영원한 영광으로 변한다.[17] 쾰러 (L. Köhler)에 의하면, 구약신학에서 창조는 하나의 종말론적인 개념이다. 세계의 창조자인 하나님은 모든 시간을 지배하시면서 형성하시고, 목적을 결정하시면서 완성하신다.[18]

## 2. 계속적 창조(creatio continua)

만약 하나님이 세계를 그분의 영광의 나라를 위해 창조하셨다면, 창조는 하나의 활동과 방향 속에 있게 되는 셈이다. 그러므로 이 세계는 개방된 체계로 이해된다.[19] 전통적으로 신학자들은 이러한

---

15) Fr. Mußner, Schöpfung in Christus(Mysterium Salutis II), 456.
16) K. Barth, KD III/1, 106쪽 이하, 258. KD IV/1, 22 이하.
17) J. Moltmann, 같은 책, 75 이하, 81 이하. 몰트만은 칼 바르트를 비판하면서, 다음과 같이 말한다: "역사적인 계약이 '창조의 내적인 근거'가 아니라, '영광의 나라'가 창조의 내적인 근거이다. 왜냐하면 이 영원한 나라가 역사적인 계약의 내적인 근거이기도 하기 때문이다", 앞의 책, 75.
18) J. M. Lochmann, 앞의 책, 65를 참조하라.

'계속적 창조'를 '태초의 창조'와는 달리 '간접적 창조'로 이해했고, 이를 '섭리'라고 불렀다.[20] 그러므로 섭리론(攝理論)은 창조론에 속한다. 하나님은 창조세계를 결코 내버려두시지 않는다. 왜냐하면 창조 자체가 이미 하나님의 신실하신 행위이고, 하나님의 계약적 의지, 선택의 수행이기 때문이다.[21]

만약 창조를 과거의 어느 한 순간에 이루어진 사건으로만 이해한다면, 이러한 이론은 이신론(理神論)에 도달할 것이다. '이신론'이란 세계를 창조하신 하나님이 세계에 전혀 관여하시지 않는다는 이론이다. 이러한 이론에 대해 전통적인 신학은 하나님의 창조가 지속적임을 강조해 왔다. 창조론은 단지 "하나님이 우주의 기원을 설정해 놓으셨다."라고만 말하지 않고, "이 세계가 매 순간마다 하나님에게 의존한다."는 것을 주장한다. 하나님의 섭리에 대한 신앙은 이 세상의 어떠한 일도 존재의 근원적인 의미를 성취하려는 우리의 소원을 방해할 수 없다는 신앙이다. 하나님의 섭리란 어떠한 상황 속에서도 하나님의 창조적, 구원적인 가능성이 포함되어 있고, 어떠한 사건도 이를 파괴할 수 없다는 것을 의미한다.[22]

전통적 신학은 섭리를 세 가지 방식으로 나누어 설명했다. 하나

---

19) 몰트만은 말한다: "이 세계는 그 자신을 넘어서고 있다. 그것은 하늘과 땅을 새롭게 하고 통일하고 성취시킬 영광의 나라의 미래를 향하여 열려 있다." J. Moltmann, 같은 책, 26. "모든 삶의 체계들이 시간적 구조를 가지고 있다면, 그것들은 그 나름대로 미래를 향하여 개방되어 있다." 같은 책, 84. '개방된 체계'로서의 우주는 '참여하는 체계'(상호교통)이며, '선취적 체계'(자기초월)이다. 같은 책, 246 이하.

20) 섭리(攝理)의 어원은 창세기 22장 8절과 14절로 소급될 수 있다. 이삭을 제물에 바치려고 했던 아브라함은 이삭에게 "하나님이 준비하신다."고 말한다. 라틴어 번역본(Vulgata)은 이를 "Deus providevit."라고 옮겨놓았는데, 여기서 provideo란 "앞을 내다본다"라는 뜻을 지닌다. 하지만 성서에서 섭리는 예견만이 아니라 선택, 준비, 활동, 지배 등을 포함하는 포괄적인 개념으로 나타난다.

21) K. Barth, KD III/3, 1 이하.

22) P. Tillich, 『흔들리는 터전』(김천배 역, 대한기독교서회, 1974), 7 이하.

님의 섭리는 보존, 동반(협동), 통치(조종)를 통해 일어난다. 그리고 하나님의 통치는 허용, 저지, 인도, 제한을 통해 일어난다. 그렇지만 신학의 전통은 '계속적 창조'를 오랫동안 '창조의 회복'에만 국한하였으며, '계속적 창조'를 대개 보존하고 동반하는 활동으로만 보았다. 그러나 이것은 성서적인 입장이 아니다. 하나님은 창조된 것을 유지하시고 동반하실 뿐만이 아니라, 창조된 것으로부터 새로운 것을 창조하신다. 하나님은 파괴적인 세력에 대항하여 창조를 보존하실 뿐만이 아니라, 세계를 새롭게 창조하신다(시 43:18-19). 하나님의 계속적 창조는 '보전하며 혁신하는 행위'라고 할 수 있다. 모든 보존 행위는 실로 혁신적이고, 모든 혁신 행위는 실로 보존적이다.

그렇다면 계속적 창조는 미래적, 종말론적인 방향을 지시하고 있다. 그리고 '계속적 창조'는 '태초의 창조'와는 달리 하나님의 수고와 인내, 고난을 통해 일어난다. 그러므로 자유로부터 이 세계를 창조하신 거룩한 하나님은 그분의 영을 통하여 창조 안에 현존하신다. 하나님은 피조물의 활동과 함께, 피조물 안에서, 피조물을 통해, 그리고 피조물로부터 활동하신다.[23]

## 3. 새 창조(creatio nova)

하나님의 창조의 목표는 하나님의 나라, 영광의 나라이다. 만약 하나님이 세계를 시간 안에서 창조하신 것이 아니라 시간과 함께 창조하셨다면(Augustinus), 창조는 변화될 수 있는 창조이며, 미래를 향해 열려 있는 불완전한 체계라고 할 수 있다. 이러한 상태를 성서는 '새 하늘과 새 땅'이라고 부른다. 왜냐하면 "이제는 죽음이

---
23) J. Moltmann, 같은 책, 250 이하.

없고 슬픔도 울부짖음도 고통도 없을 것이다. 이전 것들이 다 사라져 버렸기 때문이다"(계 21:4). 그러나 새 창조는 옛 창조의 회복이나 대체를 의미하는 것이 아니라, 그것의 혁신을 의미한다. 시간적인 삶은 영원한 삶으로, 역사는 영원한 하나님의 나라로, 그리고 시간적인 창조는 영원한 새 창조로 변화된다. 태초의 창조는 하나님의 안식(Sabbat) 안에서 완성에 이른다. 하나님은 그의 피조물 가운데서 안식하시면서 현존하심으로써(하나님의 세키나) 모든 피조물을 축복하신다. 모든 피조물은 창조주의 이러한 잔치를 위해 창조되었고, 이 잔치 속에서 축복을 받는다.[24]

---

24) J. Moltmann, 『오시는 하나님』(김균진 역, 대한기독교서회, 1997), 452 이하.

# 제9장

# 인간이란 무엇인가?

>>>>>>>>

 소크라테스(Socrates)는 아폴론 신전에 새겨져 있는 명언 "너 자신을 알라."라는 말을 자주 사용함으로써 사람의 무지를 깨닫게 하려고 애썼다고 한다. 실로 인간에게는 자기 자신보다 더 진지하게 탐구해야 할 대상은 없을 것이다. 왜냐하면 인간은 자신에 대한 해석을 내리지 않고서는 살아갈 수 없는 존재이기 때문이다. 인간의 행동이나 태도의 바탕에는 일정한 인간학적인 입장, 즉 인간에 대한 어떤 관념이 깔려 있기 마련이다. 그러므로 설령 인간이 다른 대상에 대해서는 무관심하거나 무지할 수 있다고 하더라도, 자기 자신에 대해서는 결코 무관심하거나 무지할 수는 없다. 인간은 원래 스스로 인간학자일 수밖에 없는 운명을 지니고 있다(M. Landmann).

그러나 오늘날 인류는 기술의 측면에서는 상당한 발전을 이룩하였지만, 인간 이해의 측면에서는 보조를 맞추지 못하고 있다. 인간은 기술의 측면에서는 자신을 가질지는 몰라도, 자기 자신에 대해서는 자신을 갖지 못하고 있다. 말르브랑쉬(Malebranche)에 의하면, 인간의 지식 중에서 인간이 꼭 탐구할 만한 지식은 인간에 관한 지식이지만, 이 지식이야말로 그 발전이나 완성 면에서 가장 뒤지고 있는 실정이다.[1] 쉘러(M. Scheler)도 주장하다시피, 지나온 그 어느 시기에도 오늘날처럼 인간이라고 하는 것이 문젯거리가 된 적은 없었지만, 그 어떠한 시대에도 인간의 본질과 기원에 관한 온갖 견해들이 우리 시대처럼 불확실하고 애매하고 다양한 적은 없었다.[2] 현대인의 불행의 한 원인도 바로 여기서 찾을 수 있다. 롤로 메이(R. May)에 의하면, 인간이 자신의 가치에 대한 신념과 자아의식을 잃어버렸기 때문에 불행과 허무에 빠지게 되었다. 더욱이 인간에 대한 지나치게 단순하고 기계적인 견해로 말미암아 인간의 존엄성과 다양성과 자유를 잃어버리게 되었다.[3]

인간이란 무엇인가? 나는 무엇인가? 인간이라면 누구나 한번쯤은 이런 질문을 던져 왔을 것이다. "내가 누구인가?"를 알기 위해 인간이 취할 수 있는 관점은 다양하다. 생물학적으로 고찰하면, 나는 부모의 자식이다. 사회적으로 고찰하면, 나는 부모의 직업과 사회적인 신분에 의해 결정되는 특정한 계층 안에서 살고 있다. 심리학적으로 고찰하면, 나는 환경과 역사의 영향을 받고 있다. 법률학적으로 고찰하면, 나는 출생신고와 더불어 바꿀 수 없는 한 존재로 등록된다. 문화인류학적으로 고찰하면, 나는 문화에 의해 형성되면서, 동시에 문화를 창조하는 자이다.

---

1) M, Buber, 『인간이란 무엇인가?』(남정길 역, 대한기독교서회, 1975), 10을 참조하라.
2) M. Scheler, 『철학적 인간학』(신상호 역, 정음사, 1975) 10.
3) R. May, 『자아를 잃어버린 현대인』(백상창 역, 문예출판사, 1977), 58 이하.

이 모든 관점들은 내가 자신을 아는 데 어느 정도 기여하지만, 결코 만족스러운 대답을 주지는 못한다. 때로는 나는 이러한 인간 이해를 통해 자신과 조화를 이루지만, 때로는 자신과 갈등을 빚기도 한다. "내가 누구인가?"라는 질문에 대해 나는 스스로 자신 안에서 나 자신으로부터 해답을 찾을 수 없다. 왜냐하면 나는 자신에 대해 질문하는 자이면서, 동시에 그 질문에 대답하려고 하기 때문이다. 그러므로 인간은 자신에 관한 물음을 가지고 골방과 내면으로 고독하게 들어갈 뿐만 아니라, 자기를 열고 다른 존재와의 대화와 만남도 추구하게 된다. 그뿐만이 아니라 인간은 궁극적이고 절대적인 존재를 향해 질문하고, 그로부터 대답을 얻기를 바라기도 한다.

특히 기독교 신앙에서 인간이 자기 자신에 대해 질문하고 자기를 인식하는 것은 고독한 명상 속에서가 아니라 하나님이 자신을 찾아오시고 사명을 맡기실 때라고 할 수 있다.[4] 모세(출 3:11)와 예레미야(렘 1:6), 이사야(사 6:5)와 베드로(눅 5: 8) 등과 같은 성서의 인물들은 무엇보다 하나님 앞에서 자신의 존재와 사명을 깨닫는다. 어느 시인도 "사람이 무엇이기에 주께서 이토록 생각해 주시며 보살피십니까?"라고 질문한 다음에 자신의 위치와 역할을 설명한다(시 8:4-8). 다윗도 "야훼여, 당신께서는 나를 환히 아십니다."라고 말한다(시 139:2). 본회퍼도 감옥 속에서 다음과 같은 글을 남겼다.

> 나는 누구인가?
> 당신들은 종종 내게 말한다.
> 마치 영주가 그의 성에서 나오듯
> 내가 담담하고 밝고 꼿꼿이
> 내 방에서 나온다고,
> 나는 실제로 남들이 내게 관하여 말하는 바로 그 사람인가?

---

4) J. Moltmann, *Mensch*(Stuttgart, 1971), 30 이하.

아니면 나는 내가 나 자신에 관해 스스로 알고 있는 바로 그런 사람
에 불과한가?
새장 안의 새처럼 불안하고 갈망하고 병들은 나는 누구인가?
이런 자인가 저런 자인가?
오늘은 이런 자이고 내일은 저런 자인가?
나는 동시에 그 둘이기도 한가?
나는 누구인가?
고독한 질문이 나를 조롱한다.
내가 누구인지, 당신은 나를 아십니다.
오! 하나님, 나는 당신의 것입니다!5)

하나님은 내가 누구라고 말하시는가? 성서는 나를 무엇이라고 말하는가? 여기서 기독교적 인간 이해에서 가장 중요한 세 가지 관점만을 소개하기로 하자.

## 1. 하나님의 피조물

구약성서의 창조 기사에서 인간은 다른 피조물 가운데서 창조된 하나의 피조물로 나타난다. 인간은 하나님의 피조물이다. 인간이 하나님의 피조물이라는 사실은 무엇을 의미하는가? 그것은 인간은 주위의 다른 피조물에 의존되어 있고, 다른 피조물처럼 연약하고 사멸적인 존재로 창조되었다는 사실을 의미한다. 인간(Adam)은 땅(Adama)과 결부되어 있고, 땅에 의존되어 있고, 땅으로 돌아가야 할 존재이다. 이처럼 인간은 철저히 자신을 다른 피조물들과 마찬가지로 유한한 존재로 이해하며, 그들에 의존해서 살아야 할 존재로 이해한다.

---

5) E. Bethge, *Bonhoeffer*(Reinbek bei Hamburg, 1976), 9.

그렇지만 창조는 특별한 시간의 순서를 갖는다. 즉, 인간은 마지막 피조물이고, 하늘과 땅, 빛과 어두움, 땅, 식물과 동물은 인간의 창조를 준비하기 위해 창조된다. 이런 점에서 인간은 최고의 피조물이기도 하다. 인간은 창조 피라미드의 꼭대기에 서 있으며, 창조자는 인간을 중심으로 삼아 세상을 인간의 거주지로 지으신다. 그리고 인간 창조의 과정도 다른 피조물의 창조와는 다르게 장엄하고 정성스러운 것으로 나타난다. 창조 기사에서 하나님은 인간 창조를 위해 자기결의("…… 하자")를 3번이나 반복하신다. 이것은 완전히 유례(유비)가 없는 창조활동을 나타내며, 바로 이 점에서 우리는 인간의 유일하고 독특한 위치를 확인한다.[6]

그렇지만 창조의 왕관은 인간이 아니라 안식일이다. 창조는 인간만을 위해서가 아니라 온 피조물이 하나님과 함께 안식을 누리는 영광을 위해서 이루어졌다. 그러므로 인간이 아니라 안식일이 창조의 완성과 왕관이다. 그러므로 세계의 창조는 안식일, 곧 창조의 잔치, 온 세계의 구원을 지향하고 있다.[7] 그러나 안식일 이전에 인간은 하나님의 마지막 피조물로서 자기 안에서 다른 모든 피조물들을 체현한다. 인간이라는 복잡한 체계는 자신보다 더 간단한 모든 체계들을 자신 안에 포함하고 있다. 그런 의미에서 모든 다른 피조물들은 인간 속에 현존해 있다. 인간은 '세계의 형상'(Imago mundi)으로서 하나님 앞에서 모든 다른 피조물들을 대변한다. 그는 그들을 위해 살고, 말하고, 행동한다. 인간은 세계의 형상으로서 제사장적인 피조물이요, 성만찬적인 존재이다. 그는 하나님 앞에서 창조의 사귐을 책임진다.[8]

---

[6] L. Scheffczyk, Einführung in die Schöpfungslehre(Darmstadt, 1987), 99 이하.
[7] J. Moltmann, 창조 안에 계신 하느님(김균진 역, 한국신학연구소, 1987), 19, 227.
[8] 앞의 책, 226 이하

## 2. 하나님의 형상

인간은 세계의 형상인 동시에 '하나님의 형상'(Imago Dei)이다. 하나님은 자신의 (모습)대로 사람을 만드셨다(창 1:26-27). 고대의 이집트에서 왕은 자신이 땅 위에 있는 하나님의 형상임을 나타내기 위해서 지방마다 그의 주권과 영광의 표지인 초상을 세웠다. 이처럼 인간은 땅 위에 세워진 하나님의 대리자, 그분의 영광으로 이해되었다. 그런 점에서 인간은 땅 위에 있는 하나님의 간접적인 자기계시라고 할 수 있다.[9]

그렇다면 '하나님의 형상'이란 무엇인가? 지금까지 수많은 견해들이 제시되었지만, 대체로 네 가지 견해로 압축될 수 있다. 1) 헬레니즘의 영향을 강하게 받는 자들(Clemens, Origen, Tertullian, Iraeneus, Philo, Augustinus, Calvin 등)은 불멸적인 영혼, 합리적인 이성, 정신적인 능력과 같이 인간의 특별한 내면적인 자질을 하나님의 형상으로 보았다. 2) 이와 달리 하나님의 형상을 인간의 외형에서 찾는 자들(Gunkel, Zimmerli, Köhler, Stamm 등)도 있다. 3) 하나님의 형상을 나와 너의 만남의 관계로 보아야 한다는 자들(Riedel, Herrmann, Barth, Brunner, Maag 등)도 있다. 4) 끝으로 자연에 대한 인간의 통치에서 하나님의 형상을 보는 자들(Wolf, Gross, Oberholzer 등)도 있다.

그러나 인간은 구분될 수는 있어도, 분리될 수는 없다. 즉, 인간의 본질은 내면과 외면으로 분리될 수 없으며, 본질과 기능도 분리될 수 없다. 인간은 부분적으로가 아니라 전체적으로 하나님의 형상이다. 인간의 특정한 속성이나 기능이 아니라 온 인간, 전인(全人)이 곧 하나님의 형상이다. 하나님의 형상은 인간의 부분적인 속

---

9) G. v. Rad, 『구약성서신학 제1권』(허혁 역, 분도출판사, 1976), 154, J. Moltmann, 앞의 책, 261.

성에 있지 않고 전 인간의 구조를 나타낸다.[10]

그리고 하나님의 형상은 하나님의 선물(Gabe)일 뿐만 아니라 인간의 과제(Aufgabe)이기도 하다.[11] 하나님의 형상은 은사인 동시에 과제이며, 서술인 동시에 명령이다. 그것은 과제인 동시에 희망이요, 명령인 동시에 약속이다.[12] 인간은 '하나님의 형상에 따라' 창조되었을 뿐만이 아니라, '하나님의 형상을 향하도록' 창조되었다. 그러므로 인간은 보이지 않는 하나님의 형상인 '그리스도의 형상'이 되도록 창조되었다(롬 8:29). 그리스도의 형상은 인간의 메시아적 소명이다. 그런 점에서 하나님의 형상은 인간에게 주어진 고정불변의 실체가 아니라 미래의 약속, 종말론적인 희망이다.[13] 하나님의 형상은 인간 안에 주어져 있기보다는 언제나 인간 앞에 서 있다.[14]

이와 같은 하나님의 형상은 무엇보다도 삼중적인 관계성 안에서 가장 잘 실현된다. 성부, 성자, 성령의 관계성 안에서 사귐을 나누는 공동체적, 사회적인 하나님은 자신의 모습에 따라, 그리고 자신의 모습을 본받도록 인간을 삼중적인 관계 안으로 창조하셨다. 1) 창조주 하나님은 인간이 자신과 상응하도록, 즉 창조자가 말씀하고 피조물이 말씀을 들을 수 있도록 인간을 창조하셨다. 인간은 하나님의 말씀을 듣고 이에 순종하고 응답한다는 점에서 하나님의 형상이다.[15] 2) 하나님의 형상은 인간이 다른 사람과의 사귐, 특히 남자

---

10) L. Scheffczyk, 같은 책, 107.
11) v. Rad, Das erste Mose, 39.
12) J. Moltmann, 창조 안에 계신 하느님, 269.
13) 앞의 책, 267 이하. 몰트만은 말한다: "복음의 메시아적 빛 속에서 사람의 하나님의 형상은 종말론적인 방향을 가진 역사적 과정으로 나타나지, 하나의 상태로 나타나지 않는다. 사람의 존재는 이 과정 속에서의 사람됨이다." 앞의 책, 269.
14) G. Ebeling, *Dogmatik des christlichen Glaubens* I(J. C. Mohr Tübingen, 1982), 414.
15) 몰트만에 의하면, 사람의 하나님 형상은 인간학적인 개념 이전에 신학적인 개념이다. 먼저 그것은 창조되는 사람에 대하여 무언가를 말하기 전에 자신의 형상을 스

와 여자의 사귐 속에서 실현된다.[16] 그러므로 하나님의 형상은 사회적인 형상이다.[17] 3) 하나님의 형상은 땅을 책임적으로 관리하는 사명 속에서 실현된다. 땅의 관리는 지배가 아니라 보존과 유지이다.[18]

## 3. 전인(全人)

인간은 어떻게 구성되어 있는가? 인간은 통일적인 단일체인가, 아니면 둘 혹은 셋으로 구성되어 있는가? 인간의 구조에 관해서 여러 가지 견해들이 제시되었지만, 대체로 세 가지 견해로 구분될 수 있다.

1) 삼분설 : 인간은 육과 혼과 영으로 나뉘어져 있다는 견해는 성서(고전 2:14-3:4, 살전 5:23, 히 4:12)의 지지를 받고 있지만, 상당 부분은 고대 희랍의 형이상학의 영향을 받은 것이다.

2) 이분설 : 역사적으로 가장 폭넓은 지지를 받은 견해로서 인간

---

스로 만들고 그와 특별한 관계를 맺는 하나님에 대하여 무언가를 말한다. 이런 점에서 땅 위에 자신의 형상을 스스로 만드는 하나님은 자신과 상응한다. 그러므로 사람의 하나님의 형상은 사람이 자신의 편에서 하나님과 상응하는 바로 거기에 있다. J. Moltmann, 『창조 안에 계신 하느님』, 262 이하.

16) 칼 바르트는 본회퍼와 함께 하나님의 형상에 대한 구약성서의 설명을 '관계의 유비'(Analogia relationis)로 푼다. 그는 신적인 존재 내의 부르는 나(Ich)와 그에 의해 부름을 받은 신적인 너(Du)의 관계는 하나님과 그에 의해 창조된 인간의 관계, 인간적인 실존에서의 나와 너의 관계, 남편과 아내의 관계와 유사하다고 본다. K. Barth, KD III/1, 220.

17) J. Moltmann, 『창조 안에 계신 하느님』, 264 이하, 278.

18) 몰트만은 말한다: "세계의 주인이 되려는 민족과 인종과 국가는 결코 하나님의 형상, 하나님의 대리자, 땅 위에 '현존하는 하나님'이 될 수 없다. 오히려 그들은 괴물이 될 뿐이다." 앞의 책, 267.

이 물질적인 몸과 비물질적인 혼 혹은 영으로 구성되었다는 주장이다. 이와 같은 견해는 성서(전 12:7, 마 16:26, 눅 23:46, 요 19:30, 고전 15:50, 고후 4:11, 5:8, 10)의 지지를 받고 있지만, 종종 몸을 경시하거나 몸의 부활 교리를 대체하는 위험에 빠지곤 하였다.

3) 일원론 : 삼분설와 이분설은 인간이 복합적, 혼합적 존재로서 분리될 수 있는 여러 부분으로 구성되어 있다는 점에서 일치한다. 하지만 이와 대조적으로 인간은 분리될 수 없다는 견해들이 제기되었다. 성서는 인간을 통일적인 존재로 묘사한다는 것이다.

세 가지 견해 중에서 어느 것이 가장 성서적인가? 히브리인은 헬라인과는 달리 인간을 전인(全人)으로 이해하였다. 그러므로 성서의 인간관도 압도적으로 인간을 통일적인 존재로 간주한다. 즉, 성서가 말하는 인간은 둘이나 셋으로 나눌 수 있는 조합물이 아니라 단일체이다. 육, 혼, 영은 인간을 특별한 관점에서 묘사하는 것이지, 서로 분리될 수 있는 요소들이 아니다. 그러므로 그것은 모두 전인에게 이르는 문이다.[19] 그것은 분리될 수 있는 기능들이 아니라, 전인을 바라보는 상이한 방법들이다.[20]

구약성서에서 영혼을 일컫는 히브리어 '네페쉬'는 원래 호흡, 숨과 관련된 말로서 생명의 기운(창 2:7)을 말한다. 이 말이 헬라어로 번역되는 과정에서 오해가 생겨나서, 마치 몸과 대립되는 것처럼 생각되었다. 그러나 인간은 생명의 기운을 들어 마심으로써 영혼을 몸 안으로 받아들인 것이 아니라, 비로소 살아 있는 존재가 된 것이다. 여기서 인간은 살아 있는 존재로서 전인으로 이해되고 있다.[21] 인간은 영혼을 가진 것이 아니라, 그 자신이 곧 영혼이다. 영혼은

---

19) 구약성서는 인간의 본질의 구성체에 관한 이분법이나 삼분법을 말하지 않고, 다양한 관계들과 관점들을 보여 줄 뿐이다. L. Scheffczyk, 같은 책, 102.
20) G. E. Ladd, A *Theology of the New Testament*(Grand Rapids, 1974), 457.

몸과 무관한, 순전히 정신적인 것이 아니다. 인간은 영혼임과 동시에 몸이다. 인간은 정신적인 것과 육체적인 것의 합성물이 아니라, 하나의 통일체이다. 신약성서에서도 인간은 전인으로서 몸을 가진 것이 아니라, 자신이 곧 몸이다. 영혼도 몸과 대칭되는 개념이 아니라, 전인을 가리킨다. 바울이 몸을 말할 때마다 그것은 전인을 뜻한다. 인간은 몸을 가지고 있는 것이 아니라, 인간 자신이 곧 몸이다.[22]

현대사상에서도 영혼과 몸은 모델로 인정되지만, 독립적인 실체로는 부인된다. 두 측면은 어떤 객관화의 방법을 택하느냐, 즉 안에서 밖으로 접근하느냐 혹은 안에서 밖으로 접근하느냐에 달려 있다. 그러나 이 두 측면은 서로 의존해 있다. 영혼과 몸은 인간 생명의 단일성의 구성적이고 서로 속한 측면들이지, 서로에게로 환원될

---

21) C. Westermann, Genesis 1-11(Neukirchen-Vluyn, 1976), 283, L. Scheffczyk, 같은 책, 100 이하. 볼프에 의하면, 네페쉬는 영혼이 아니다. 네페쉬는 인간 모습 전체, 특히 인간의 호흡을 총망라해서 이해되어야 한다. 인간은 네페쉬를 가지고 있는 것이 아니라, 그가 곧 네페쉬이다. 그는 네페쉬로서 살아 있다. H. W. Wolf, 『구약성서의 인간학』(문희석 역, 분도출판사), 29.
22) J. Moltmann, 『창조 안에 계신 하느님』, 301 이하, A. A. Hoekema, 『개혁주의 인간론』(류호준 역, 기독교문서선교회, 1991), 337 이하를 참조하라. 에릭슨은 '조건적 통일성'을 주장한다. 성경은 대부분 인간을 통일적인 존재로 간주한다. 인간의 영적인 본질은 몸과 분리해서 언급되는 일이 거의 없다. 그러나 성경은 죽음과 부활 사이에 인격적인 의식을 지닌 실존의 상태를 지칭하는 중간 상태가 있다는 점을 시사한다. 비록 불완전하거나 비정상적인 상태로마나(고후 5:2-4), 비물질적인 양상은 죽음을 통해 물질적인 양상이 해체된 뒤에도 살아남는다. M. J. Erikson, 『복음주의 조직신학 상』(신경수 옮김, 크리스챤 다이제스트, 1995), 106 이하.
구약성서는 인간의 본질의 구성체에 관한 이분법이나 삼분법을 말하지 않고, 다양한 관계들과 관점들을 보여 줄 뿐이다. 단지 그리스의 영향을 받은 지혜문학에서는 일찍부터 몸과 영혼의 구별이 일어나기 시작했다(전 12:7, 마 10:28; 살전 5:23). 그리고 점차로 '죽을 수 있는 것'과 '죽을 수 없는 것'이 구분되기 시작하였다. 그러나 구약성서는 몸과 영혼을 구분하지 않고, 또 영혼을 불멸적인 생명원리로 이해하지 않으면서도, 인간이 죽음으로써 완전히 존재하기를 그친다고 믿은 것은 결코 아니다. L. Scheffczyk, 같은 책, 102.

수 있는 측면들이 아니다. 영혼은 인간의 육체성에 깊이 뿌리를 두고 있고, 거꾸로 인간의 몸도 죽은 육체가 아니라 그 모든 생활양상에서 영혼의 작용을 받고 있다. 정신은 곧 전형적인 인간의 행동의 장(場)이요, 항상 변하며 상징을 통하여 가능한, 인간과 주변 세계 사이의 상호작용이다. 영혼은 몸에, 몸은 영혼에 매여 있다.[23]

---

23) C. A. van Peursen, 『몸·혼·정신: 철학적 인간학 입문』(손봉호, 강영안 역, 서광사, 1989), 213.

# 제10장

# 악은 어디서 오는가?

>>>>>>>>>

하나님은 선한 분이시다(시 100:5). 그러므로 하나님이 창조하신 만물도 선한 창조물이며, 그래서 "하나님이 보시기에 참으로 좋았다"(창 1:10-25). 그럼에도 불구하고 어찌하여 창조 세계 안에서 온갖 악들이 끊임없이 출현하는가? 악(惡)이란 넓은 의미에서 고통스럽고 사악한 모든 것을 의미하는 것으로서 대체로 세 가지 종류로 구분될 수 있다. 1) 자연을 통해 경험하는 물리적인 악, 2) 인간이 저지르는 도덕적인 악, 3) 사회적, 구조적인 악.

이런 악들은 어디서 오는가? 이 세계 안에 있는 악과 고난의 기원에 관한 질문은 그리스도인에게 가장 곤혹스럽고 어려운 질문이다. 하지만 선하고 의로운 하나님을 변호하고 고난의 문제를 풀기 위해서는 이와 같은 질문을 필수적으로 던질 수밖에 없다.[1] 특히 유사 이후로 아벨로부터 시작하여 지금까지 셀 수 없이 많은 무고하고 억울한 자들이 외치는 아우성을 들을 때마다 우리는 이런 질문을 간단히 외면할 수 없다. 더욱이 기독교의 핵심에는 무엇보다도 고난당한 그리스도의 십자가가 우뚝 서 있다. 예수의 일그러진 얼굴에서 우리는 고통당하는 피조물의 모습도 함께 본다. 하나님을 향해 "왜 나를 버리셨나이까?"라고 부르짖는 그리스도의 처절한 외침은 "왜 내게 이토록 가혹한 시련을 허락하시느냐?"라고 부르짖는 욥의 후예들의 항변을 대변한다.[2] 도대체 악은 어디서 오는가?

많은 무신론자들과 철학자들 혹은 과학자들은 악을 더 높은 세계 질서의 테두리 안에서 이해함으로써 악의 궁극적인 실재를 부정한다. 그들은 우주론적인 관점에서 우주가 질서정연한 체계 안에서 운행하는 것으로 봄으로써 우연적인 악을 부정하거나, 자연과학적인 관점에서 모든 현상들을 정의할 수 있는 사건 연관의 요인, 원인과 결과의 체계로 봄으로써 세계를 원칙적으로 통일된 체계로 보거나, 인간학적인 관점에서 인간의 정체성을 권력의 관계 안에서 파악함으로써 인간의 공격적 충동을 일상 행동의 건강한 요소로 본다.[3]

---

1) 하나님의 통치에 대한 전통적인 질문은 다음과 같이 질문한다: 만일 하나님이 의로우시다면, 악은 어디에서 오는가?(Sic Deus justus-unde malum) 하나님에 대한 질문과 고난에 대한 질문은 하나의 공통된 질문이다. J. Moltmann, 『삼위일체와 하나님의 나라』(김균진 역, 대한기독교출판사, 1982), 68. 악과 고난에 직면해서 신의 의로움을 변호하려는 시도를 신정론(神正論)이라고 하는데, 이 개념을 최초로 만든 자는 라이프니츠(1646-1716년)였다. 악과 고통에 대한 다양한 해석과 성찰에 관해서는 한국정신문화연구원 철학·종교 연구실, 악이란 무엇인가(도서출판 窓, 1992)를 참조하라.
2) 몰트만은 말한다: "어떤 신학도 욥의 수준 이하로 내려갈 수 없다. '욥의 친구들'의 신학은 거부되었다. 골고다 언덕 위에서 십자가에 달린 그분 외에 욥의 참된 신학적 친구가 있을까?" J. Moltmann, 앞의 책, 67.
3) H. Häring, *Das Problem des Bäsen in der Theologie*(Darmstadt, 1985), 44 이하.

그러나 그들은 악과 고난의 문제를 지나치게 피상적으로 이해한다. 진보는 희생의 대가를 치르게 마련이라든지, 모든 것은 결국 합목적적으로 선을 이룰 수밖에 없다든지, 창조세계는 약육강식의 먹이 사슬에 의해 지배될 수밖에 없다는 따위의 설명은 실로 무거운 고통 아래 허덕이는 자들을 모독하는 것이고, 자기 자신에게 적용하기에는 너무나 가혹한 견해가 아니겠는가? 우리는 선한 하나님과 선한 창조 세계를 부인해선 안 되지만, 그와 동시에 악을 가볍게 취급해서도 안 된다. 악이 부정되는 곳에서는 구원과 가치규범도 더 이상 존재하지 못할 것이며, 그렇게 되면 결국 정의와 하나님에 대한 신뢰마저도 무너지고 말 것이다. 실로 성서는 악의 실재를 매우 솔직하고 진지하게 취급한다. 창조의 기사는 하나님의 선한 창조 속에 악이 어떻게 침입하고 있는지를 기술한다. 성서적으로 볼 때, 악은 대체로 세 가지 형태로 나타난다고 볼 수 있다.

## 1. 인간의 타락

창조의 면류관과 하나님의 형상인 인간은 하나님의 계명에 불순종하고 하나님에게 반역한다. 그는 하나님과 같이 되기 위하여 하나님의 뜻을 거역한다.[4] 그리하여 인간은 죄인이 된다. 죄는 일차적으로 하나님과 관계에서 하나님의 계명 위반, 하나님에 대한 반항과 교만, 하나님에 대한 불신이다. 이와 같은 범죄는 이웃관계에서 치명적 결과를 낳는다(가인의 형제살해). 지배욕과 불안 때문에 인간은 기술을 남용하며(바벨탑 건설), 창조된 인간의 한계성 안에 머물거나 그로 만족하지 못하고 초인(超人)이 되려고 한다(거인족의 출현). 이처럼 성서는 악을 인간의 자유로운 선택의 결과, 즉 타

---

4) 로마서 5장 19절에서도 죄는 본질적으로 불순종으로 파악되었다.

락 행위의 현상으로 본다. 인간의 타락은 하나님과 이웃과 자연과의 관계를 단절시킨다. 그리고 범죄는 질적, 양적으로 땅 전체로 확산된다. 이로 말미암아 하나님은 인간에게 심판과 땅에 심판을 내리신다(에덴 추방, 땅 저주, 바벨탑의 파괴, 인간 공동체의 와해, 홍수를 통한 심판).

그렇지만 성서에서 인간의 범죄는 다만 개인의 자유로운 행위일 뿐만이 아니라, 집단적이며 보편적인 행위로도 나타난다. 성서에서 '아담'이란 단순히 '최초의 인간'만을 뜻하지 않고, 모든 인간, 즉 '집단적 인격'을 뜻하기도 한다. 그래서 바울도 모든 인간이 아담 안에서 함께 죄를 짓는다고 말한다(롬 5:12-13). 이것을 고대의 신학자들은 원죄(原罪)의 교리로 설명하려고 했다. 원죄란 무엇인가? 전통적인 견해와 같이 우리는 원죄를 단지 생리적인 유전(遺傳)의 모델(Augustinus)로만 설명하기 어렵다. 오히려 원죄는 집단적 인격(J. Fraine), 죄의 보편성(J. Weismayer), 인간의 일치성(P. Althaus), 죄의 불가피성(E. Kinder), 죄의 초주체성(H. Thielicke), 비극적 보편성(P. Tillich)과 같은 모델로 설명하는 것이 더 적합하다.[5] 원죄란 무엇보다도 죄의 보편성, 불가피성을 의미한다. 하지만 그것은 구체적으로 인간의 범죄를 통해서 나타난다. 즉, 모든 인간은 죄를 지음으로써 죄인이 되고, 죄인이 됨으로써 죄를 짓는다. 따라서 원죄와 자범죄(행위죄)는 서로 구분될 수는 있지만, 결코 분리될 수는 없다. 원죄는 인간의 존재 안에서 죄가 인격적인 행위이면서도 동시에 하나의 숙명적인 힘으로 경험된다는 사실을 신학적으로 깊이 표현하는 용어라고 할 수 있다.[6]

---

[5] H. G. Pöhlmann, 『교의학』(이신건 역, 한국신학연구소, 1989), 235 이하를 참조하라.
[6] L. Scheffczyk, *Einführung in die Schöpfungslehre*(Darmstadt, 1987), 148.

## 2. 악마의 존재

성서는 인간의 범죄와 그 결과를 심각하게 취급하지만, 악의 기원으로서 다만 인간의 타락만을 지적하지 않는다. 인간의 고난은 단순한 인과응보(因果應報)의 교리로만 설명될 수 없다.[7] 특히 욥은 인과응보의 교리를 철저히 논박하고, 자신의 불행이 단순히 자신의 죄의 결과가 아님을 확신했다. 인과응보의 세계는 하나님이 머무는 세계가 아니다. 하나님은 "나에게 주면 너에게도 줄 것이다."는 식의 사고구조의 포로가 아니다.[8] 예수도 죄와 고통의 필연적인 인과론을 부인하지 않았는가(눅 13:2-3, 요 9:2-3)!

창세기의 타락 기사를 보면, 뱀이라는 유혹자가 나타난다. 욥기에도 욥을 시험하는 사탄의 존재가 출현한다. 그러므로 인간은 단순한 단독범이 아니라 공범자이며, 실로 피해자이기까지 하다. 즉, 악은 인간이 저지르는 것만이 아니라, 인간에게로 오는 것이기도

---

7) 아우구스티누스와 라틴교부들은 랍비와 바울의 이론에 따라 고난과 죽음을 인간의 죄에 대한 하나님의 벌로 생각하였다. 그러나 몇몇 교부들(Clemens, Origenes, Theodor 등)은 이와 같은 인과론적인 관계를 부인하였다. 그들의 주장에 의하면, 죽음은 유일한 존재인 인간의 창조와 함께 이미 주어진 것이다. 그러므로 죽음은 죄의 결과가 아니며, 하나님의 벌도 아니다. 그렇다고 하여, 죽음은 결코 '자연적인 죽음'은 아니다. 그리스도는 죄뿐만 아니라 죽음도 극복할 것이다. J. Moltamann, 앞의 책, 69 이하. 몰트만에 의하면, 죄와 고난, 악과 고난 사이에 상호연관성은 있겠지만, 고난을 도덕적으로만 이해하는 것은 한계가 있다. 이것은 세계 속에 있는 고난을 보편적으로 설명하기에는 적합하지 못하다. 죄에 대한 벌로서의 고난이라는 이 설명은 매우 의심스러운 것이다. 고난의 설명은 고난을 근거시키고 고정시키며, 고난당하는 자가 고난에 대하여 체념하고 고난에 동의하였다고 말하도록 유도하지 않는가? 이리하여 그는 고난의 극복에 대한 희망을 포기하지 않는가?" J. Moltmann, 앞의 책, 70 이하.
8) G. Gutierrez, 『욥기-무고한 자의 고난과 하느님의 말씀』(제3세계 신학연구소 번역실 역, 나눔사, 1989), 194. 구티에레즈는 말한다: "하나님의 사랑은 이 세상 속에서 원인과 결과로 작용하지 않고, 자유와 은혜로움으로 작용한다.…… 하나님의 자유, 은혜, 창조적인 사랑과 하나님을 가두려는 인과응보의 교리 사이에는 대립이 존재한다." 같은 책, 193 이하.

하다. 성서는 사탄을 하나의 왕국으로 보고 있다. 그 왕국은 공격과 침략을 계속 추구하는 왕국이다. 사탄은 예수에게도 자신의 왕국과 하나님의 왕국 사이를 선택하도록 유혹하였고, 예수에게 결정적으로 패배를 당하였다.

그렇다면 사탄은 어떻게 이해되어야 하는가? 성서에서 사탄은 천사의 대적자로 나타난다. 하지만 우리는 사탄을 타락한 천사로 보기는 어렵다. '천사 타락설'은 성서적인 근거가 희박하며, 악의 기원에 대한 성서적인 답변이 되기 어렵다.[9] 바르트에 의하면, 사탄은 하나님이 아니며, 더욱이 천상적인 피조물이나 지상적인 피조물도 아니다. 그러나 그것은 창조를 위협하는 세력이다.[10] 루터도 세계를 천사와 사탄의 투쟁영역으로 보았다. 그리스도와 사탄 간의 투쟁은 신앙과 불신앙 속에서 등장한다. 그러므로 인간은 하나님이나 사탄이 올라탄 말과 같다.[11]

그렇지만 우리는 하나님처럼 사탄을 정면으로 볼 수 없다. 사탄은 자신의 실체를 숨기거나 위장하기를 좋아하며, 은밀하고 간교하게 유혹한다. 우리는 사탄의 실체를 어디서 경험할 수 있는가? 창조 기사에서 뱀은 인간에게 탐욕을 일으켜서, 하나님에게 반역하도록 충동질하였다. 최초의 반역자인 뱀은 가나안 사람들에게 다산(多産)과 재물(財物)의 상징이었다.[12] 또 성서는 종종 사탄을 거대

---

9) 베스트만에 의하면, 여기서 뱀은 하나님의 대적자, 하나님에게 맞서는 악마 혹은 창조자를 거역하는 존재라고 이해하는 신화적 해석은 거부되어야 한다. 이 본문은 그러한 것을 말하지 않는다. 뱀은 오로지 유혹하는 과정에서만 나타난다. 여기서 악의 기원을 인식하는 것도 불가능하다. 악의 기원은 여기서 수수께끼로 남아있다. 여기에 악의 기원에 대한 인과론적인 설명은 전혀 없다. C. Westermann, *Genesis 1-11*(Neukirchen-Vluyn, 1976), 325.
10) K. Barth, KD III/3, 558 이하.
11) 루터는 성서와 중세기의 악마신앙의 전통에서부터 악마론을 받아들였다. 그 외에도 그는 개인의 경험을 통해 악마의 힘의 현실성과 두려움을 증거하였다. 악마는 하나님과 그리스도의 큰 대적자이다. P. Althaus, *Die Theologie Martin Luthers*(Gütersloh, 1983), 144 이하.

한 강대국을 장악하고 있는 악한 세력으로 상징화한다. 뱀이나 사탄 혹은 용(龍)으로 인격화된 세력들은 인간과 집단의 물욕, 지배욕, 집단적이고 구조적인 악으로 상징화될 수 있다. 특히 20세기에 이르러 우리는 무시무시한 집단적인 살상과 파괴를 참담하게 목격하였다. 그러므로 사탄의 범주를 무시하고서는 역사를 제대로 이해하기 어렵다.

## 3. 혼돈(無性)

대개의 신학자들은 악의 기원에 관한 창조 기사를 주석할 경우에 아담의 타락과 유혹자의 세력만을 보지만, 바르트는 그 이전의 근본적인 악의 실재, 즉 '혼돈'(창 1:2)을 본다. 바르트에 의하면, 창조주의 주권 아래 있는 피조 영역에 창조주의 영역이나 피조물의

---

12) 엘리스에 의하면, 뱀은 저자 시대에 성행한 풍산신앙에서 생명을 표상하는 통속적인 상징이었다. 그러므로 뱀은 그 시대에 가나안 사람들의 풍산신앙의 배후에서 준동하던 악마를 표상한다. P. E. Ellis, 『연대기 작가의 역사, 유다의 예언자들』(김원주 역, 분도출판사, 1972), 114. 하르트만(L. Hartmann)은 뱀의 정체에 대해 다음과 같이 말한다: "저자는 전 인류의 원조의 죄를 그 자신의 시대에 알고 있었던 범위 내에서 전 인류의 근원적 죄로 묘사하였다. 이 죄는 하나님에게만 속한 것을 피조물에게 돌리는 이른바 자연숭배였다. 저자의 생각에 이교도들이나 하나님 예배에 불충실했던 저자 자신의 동족들이 자연 신을 달램으로써 사람과 짐승의 다산, 농작물의 풍작을 확실케 하기 위하여 거행하였던 징그러운 온갖 의식, 마술은 뱀을 의인화하여 주술적 상징으로 삼았다. 그러나 오직 주님만이 생명나무의 참된 열매를 주실 수 있는 것이다." 같은 책, 114 참조.
토펠에 의하면, 뱀은 타락설화가 기록되기 오래 전부터 남근(男根)의 상징 중의 하나였다. 그렇지만 죄가 꼭 성적인 것임을 의미하지는 않는다. 가나안 사람들은 뱀을 풍요의 신으로 숭배하였다. 따라서 성적인 주제는 야웨를 향한 이스라엘의 순종이라는 더 넓은 주제 안에 포함된다. 원인론적인 역사의 견지에서 타락설화는 이스라엘이 계약적 명령에 따라 살기를 거부하는 하나의 전형을 다룬다. J. L. 『토펠, 평화의 길』(홍성현 역, 나눔사), 80 각주를 참조하라.

영역으로부터 설명할 수 없지만 무시할 수도 없고 부인할 수도 없는 것이 존재한다. 그것은 바로 '혼돈'인데, 인간의 범죄나 악마의 활동도 바로 혼돈에서 비롯한다. 혼돈은 하나님이 의도하거나 창조하지도 않은 것으로서 형태도 없고 본래적으로 불가능한 것이지만, 실제적으로 존재한다. 이것은 '불가능한 가능성'으로서 역설적으로 존재한다. 혼돈은 창조와 독립적으로 미리 존재하거나 하나님과 구별된 실재도 아니며, 우주가 조화되기 이전의 재료의 상태도 아니라 혼돈과 공허, 소망이 없는 지구의 상태를 가리킨다. 하나님은 이와 같은 흑암의 가능성을 제거하셨으나, 그것은 실재성을 지니고 있다. 이것은 예수 그리스도 안에서 계시되고 심판받고 부인되었기 때문에 파편적인 실재로서 메아리와 그림자일 뿐이다. 그리고 그것은 이제 하나님의 의지의 도구와 종으로서 하나님을 섬긴다.[13]

지금까지 설명된 답변은 '악의 기원'에 관해 만족할 만한 최종적 해결을 제시하였는가? 그렇다고 보기는 어렵다. 성서는 선한 하나님이 왜 악을 허용하시는지를 합리적으로 답변하지 않는다. 이 세계 안에 들어와 있는 악과 고난의 기원에 관한 질문은 '신학적 한계 질문'(H. Ott)으로서 합리적으로 설명될 수 없다.[14] 우리는 하나님의 자유와 은혜를 우리의 신학적인 개념 안에 가둘 수 없다. 만약 우리가 하나님의 행동을 판단한다면, 하나님은 하나님이 아니시

---

13) K. Barth, KD III/3. 402 이하. 악의 기원에 관한 바르트의 입장은 '악의 기원'에 대한 합리적, 논리적인 설명이 아니다. 왜냐하면 악은 그 근거가 없지만(Das Nichtige), 실재하고 있기 때문이다. 그러므로 바르트의 이론은 역설적이다. 이에 반해 몰트만은 하나님의 본질 안에서 고난과 악의 가능성을 본다: "하나님이 그 본질 자체에서 영원히 사랑이시며, 고난당하는 사랑과 자기희생이라면, 악은 하나님과 함께 이미 주어져 있는 것이지, 창조나 죄의 타락과 함께 비로소 주어진 것일 수 없다." J. Moltmann, 『삼위일체와 하나님의 나라』(김균진 역, 대한기독교출판사, 1982), 49. 만약 창조가 선과 악의 역사에 대해 개방되어 있다면, 태초의 창조는 고난을 당할 수 있으며 고난을 불러일으키는 창조이기도 하다. 같은 책, 70.
14) H. Ott, 『신학해제』(김광식 역, 한국신학연구소, 1974), 189.

게 된다. 우리는 하나님의 행동을 예견할 수 없고, 조정할 수도 없다. 하나님에 관해 모든 것을 알려고 하는 시도는 결국 스스로 하나님의 자리에 앉으려는 결과에 빠진다. 하나님은 인간에 의해 제한될 수 없다. 그러므로 욥기에서 하나님은 "누가 전능자인 나와 다투겠는가?"라고 반문하신다(욥 41:1-2). 우리는 전능한 하나님의 일을 모두 다 이해하지 못한다.[15] 하나님은 숨어 계시고, 그래서 하나님의 공의도 숨어 있다. 하나님의 생각은 인간의 생각과 전혀 다르다(사 55:8). 그러므로 하나님은 궁색하게 자신의 행동을 인간에게 일일이 변명하시지 않는다. 오히려 인간이 하나님 앞에서 자신의 행동을 변호하고 이에 대한 책임을 져야 한다.[16]

비록 악의 기원에 관한 합리적인 설명은 불가능하지만, 악의 극복은 가능하다고 성서는 말한다. 성서는 악의 기원에 관해서는 합리적으로 설명하지 않지만, 하나님이 친히 악과 고난 속에 들어오셔서 이를 극복하실 것이라고 말한다. 하나님은 부활의 능력으로서 무(無)로부터 새로운 시작을 만들 수 있는 힘을 지니고 계시며, 종말에 이르러서는 모든 것의 의미를 밝히시고, 모든 고난을 종식하실 것이다.[17]

---

15) G. Gutierrez, 같은 책, 175.
16) H. G. Pöhlmann, 같은 책, 190.
17) H. Ott, 같은 책, 190.

## 제11장

# 은총이란 무엇인가?

>>>>>>>>

한국 그리스도인들처럼 '은혜'라는 말을 많이 쓰고 듣는 사람도 드물 것이다. 한국 그리스도인들은 바로 그만큼 '은혜'를 간절히 갈구한다고 말할 수 있을 것이다. 그러므로 '은혜'라는 말은 다른 그 어떤 용어로도 설명하거나 대체할 수 없는 한국 그리스도인들의 독특한 신앙 체험을 잘 표현해 주고 있다고 생각된다. 하지만 다른 한편으로는 '은혜'와 관련된 말들(은혜를 받았다, 은혜가 충만하다 등)이 널리 사용될수록 그 의미는 도리어 날로 모호해져 가는 듯하다. 그와 더불어 기독교 신앙의 근본적인 핵심이라고 할 수 있는 소중한 이 용어가 점점 더 '값싼 은혜'(본회퍼)로 전락하고 있다는 우려도 금할 수 없다.

'은혜' 혹은 '은총'이란 무엇인지를 간단히

설명하기는 어렵다. 그리고 이 용어는 다른 용어들과 섞이거나 교환되어 쓰일 만큼 복잡하다. 그럼에도 불구하고 이 용어는 전형적으로 기독교적인 용어임은 분명하다. 이 용어는 기독교의 가장 근본적이고도 독창적인 체험을 가리키는 낱말로서 하나님에 대한 인간의 체험을 독특하게 표현한다.[1]

## 1. 은총이란 무엇인가?

구약성서에서 은총이란 인간이 소유할 수 있는 그 어떤 것이 아니라 하나님의 행동, 인간을 구원하시는 하나님의 능력을 의미한다. 은총은 하나님의 태도와 활동 방식으로 체험되는 것으로서 형식적으로는 자비, 의로움, 불쌍히 여김, 신실함, 올바름, 관용 등과 같은 개념을 포함하고 있다. 그러나 내용적으로 은총은 축복, 선택, 메시아의 구원, 새 계약 등과 같은 개념으로 요약되기도 한다. 은총은 구체적인 역사적 상황에서 독특한 하나님의 선물로서 인간에게 주어지고 인간 안에 머무는 실재로서 체험된다.[2]

신약성서에서 은총은 하나님의 종말론적인 구원 행동으로서 예수의 성육신, 하나님의 나라의 도래, 십자가와 부활 등에 대한 신앙을 통해 새로운 차원을 얻게 된다. 비록 예수의 선포에서 은총의 개념은 자주 나오지는 않지만, 그의 선포 내용과 행동은 병든 자, 가난한 자, 절망 중에 있는 자, 잃어버린 자를 향해 찾아오시는 하나님의 은총을 생생하게 표현한다. 예수는 가난한 자들에게 복음을 전하고 묶인 자들에게 해방을 알리며 눈먼 자들을 보게 하며 억눌린 자들에게 자유를 주는 하나님의 '은총의 해'(희년)를 선포하기

---

1) L. Boff, 『해방하는 은총』(김정수 역, 한국신학연구소, 1988), 17.
2) O. H. Pesch, A. Peters, *Einführung in die Lehre von Gnade und Rechtfertigung*(Darmstadt, 1981), 1 이하.

위해 보냄을 받았다(눅 4:18-19). 사람들은 그의 말을 '은총의 말씀'으로 받아들였다(눅 4:22). '은총'이라는 표현은 예수의 말씀의 놀라운 능력, 그의 권능, 그의 주장의 대담함, 그의 설교의 내용을 포괄한다.[3]

은총의 개념에 대한 기독교적인 이해에 크게 기여한 자는 특히 바울이다. 그에게서 은총은 예수 그리스도 안에서 일어난 하나님의 구원 행위를 요약한다. 전형적으로 바울적인 은총 이해는 다음과 같다.

1) 은총은 옛 시대와 새 시대를 구분하는 개념이다. 은총은 율법에 토대를 둔 구원의 희망과 철저히 구분되는 구원의 현실이다(롬 3-11, 갈 2-5).

2) 은총은 구체적으로 예수 그리스도이다. 그는 인격 안에 있는 은총이고, 하나님의 은총은 항상 그와 결합된다(롬 5:15 이하).

3) 은총은 보편적인 것으로서 국가와 종족, 남녀, 신분의 차별을 넘어 선다(롬 10:12, 갈 3:28).

4) 은총(Charis)은 은사(Charisma) 안에서 나타나고(롬 12:6 이하, 고전 12), 은총의 구원 능력은 신앙 안에서 받아들여진다. 은총의 목표는 모든 개인이 그 안에서 사는 것이다.

5) 은사와 신앙은 전적으로 하나님의 선택과 예정에 따라서 일어난다(롬 8:28-30, 9-11).[4]

## 2. 은총과 예정

만약 하나님이 자신을 사랑하는 자를 창조 전부터 선택하시고

---

3) ThBL zum N.T. 590 이하.
4) O. H. Pesch, A. Peters, 같은 책, 5 이하.

그분의 계획에 따라 부르셨다면(롬 8:28-29, 엡 1:4), 하나님은 은 총을 거절하고 멸망을 당할 자들도 미리 예정하셨는가? 비록 이중 예정의 교리는 깔뱅(J. Calvin)이 처음으로 주장한 것은 아니지만,[5] 그에 의해 가장 체계적으로 확립되었다. 그에 의하면, 어떤 사람은 영생으로 예정되었고, 어떤 사람은 영원한 저주로 예정되었다. 깔뱅이 주장하는 예정의 본질은 다음과 같다.

1) 예정은 인간의 공로에 대한 예지(豫知)에 있지 않고, 하나님의 주관적 목적에 있다.

2) 어떤 사람이 영생으로 예정된 것은 그가 거룩하기 때문이 아니다.

3) 예정은 인간의 믿음에 의존하지 않는다.

---

5) 예정론을 최초로 체계화한 자는 아우구스티누스이다. 그 전의 신학은 예정론을 말하지 않았다. 그의 큰 공헌은 '오직 은총만으로'(sola gratia)라는 성서원리를 재발견한 사실에 있다. 그의 주된 관심은 예수 그리스도 안의 하나님의 은총의 행동에 있었기보다는 죄인이 은총의 역사를 통하여 자유인으로 변화되는 사실에 있었다. 만약 이와 같은 변화를 가능하게 한 것이 참으로 은총일 뿐이라면, 이처럼 유일하게 타당한 신적인 요소는 영원한 시초로까지 소급되어야 한다. 바로 이 시초가 하나님의 선택이다. 선택은 시간 이전의 하나님의 행동으로서 그리스도의 계시와는 완전히 분리되어 있다. 이 선택은 은총의 결과에 대한 인과론적인 설명에서 비롯한 형이상학적인 요청이다.

루터는 그의 '노예 의지론'(de servo arbitrio)에서 철저한 결정론을 받아들였으나, 1525년부터는 아우구스티누스의 인과론적인 사고로부터 벗어나서, 예정론을 예수 그리스도 안에서 파악하려고 하였다. 1525년 전에는 그는 하나님의 구원의지의 보편성을 부인하였고, 불신앙의 근거를 하나님의 의지와 결의의 인과론에서 찾았지만, 그 후로 그는 그와 같이 숨어 있는 하나님의 결의를 추구하려는 태도를 경고하였다. 그는 전통적인 예정론이 사색적인 신학이기 때문에 하나님에 대한 참된 인식을 줄 수 없고, 참된 예정론은 신앙을 통해 예수 그리스도의 선택을 인식하는 것일 뿐이라는 사실을 깨달았다.

깔뱅은 다시금 아우구스티누스의 견해를 전적으로 받아들여서 예정을 '이중예정'의 의미로 생각하였으며, 타락 이전의 예지와 예정을 동일한 것으로 보았다. E. Brunner, *Dogmatik I, Die Christliche Lehre von Gott*(Zürich, 1972), 347 이하.

4) 예정은 하나님의 기쁘신 뜻에 따라 일어났다. 하나님의 뜻은 완전성의 최고의 표준이며, 모든 법의 법이다.

깔뱅에 의하면, 이중예정은 선택과 버림받음으로 일어난다. 선택은 효과적인 소명(召命)과 성령의 조명(照明)을 통해 일어나고, 버림받음(유기)은 구원에서 배제하는 일과 마음을 완고케 하는 일을 통해 일어난다. 그런데 깔뱅에 의하면, 심지어 인간의 타락도 하나님에 의해 예정되었다고 한다. 그리고 하나님은 선택하신 자를 끝까지 보호하신다(성도의 견인).

깔뱅은 이중예정을 반대하는 자를 반박하기 위해 다음과 같이 변론한다.

1) 선택론은 하나님을 폭군으로 만드는 게 아니다. 하나님의 뜻은 의(義)의 표준이다. 버림받은 자들은 자기들의 본성대로 사망에 인도됨을 느끼기 때문에 하나님의 예정은 불공정한 게 아니다.

2) 선택론은 사람에게서 죄책과 책임감을 제거하지 않는다.

3) 선택론은 하나님을 편파적이게 하지 않는다.[6] 그런데 깔뱅에 의하면, 하나님은 내적으로 역사하시기 때문에 누가 선택되고 버림받았는지를 모른다. 그러므로 사람마다 평화에 참가하도록 노력해야 한다.[7]

깔뱅의 이중예정론에 대하여 우리는 어떤 입장을 취해야 마땅한가? 그의 말대로 예정의 교리는 하나님의 값없이 베푸시는 자비를 확신시켜 주고, 하나님의 영광을 드러내며, 우리에게 진지한 겸손을

---

6) J. Calvin, 『기독교강요 中』(김종흡, 신복윤, 이종성, 한철하 공역, 생명의 말씀사, 1986), 499 이하.
7) 앞의 책, 557. 깔뱅도 예정의 교리는 성서에서만 찾아야 한다고 강조하였고(503), 선택은 그리스도 안에서만 이해하며 인정해야 한다고 말하였다(565). 그렇지만 그는 분명히 경험자료(복음 전파의 비형평성, 복음에 대한 다양한 반응, 신자의 소수)에도 의존한다(499, 515, 517, 525). 그리고 그는 예정론의 목회적인 유용성과 가치도 높이 인정하였다. 특히 성도의 견인(堅忍)에 대한 그의 높은 관심이 이를 여실히 증거한다(500, 568 이하).

일으킨다.⁸⁾ 그러나 그의 이중예정론은 하나님의 구원의지의 보편성을 박탈한다. 예수는 "이 세상 모든 사람들을 내 제자로 삼아 그들에게 세례를 베풀고 가르쳐라."(마 28:19)고 명하였다. 하나님의 구원 은총은 모든 사람에게 나타났다(딛 2:11). 선택과 예정을 말하는 바울도 "하나님이 결국 모든 사람에게 자비를 베푸셨다."(롬 11:32)라고 고백한다. 실로 바울은 로마서의 그 어디에서도 영원한 버림받음에 관해 말하지 않는다. 비록 하나님의 활동은 역사 속에서 이중예정으로 나타나지만, 그 예정은 궁극적(절대적)이지 않다. 구원을 받은 자도 교만으로 말미암아 버림을 받을 수 있고, 버림을 받은 자들도 다시 구원을 받을 가능성이 있다. 바울은 종말에 실로 온 이스라엘이 구원을 받을 뿐만 아니라(롬 11:26), 모든 사람들이 하나님의 자비를 받을 것이라고 말한다(롬 11:30).

바르트(K. Barth)는 깔뱅의 예정론이 예수 그리스도 안에서 나타난 계시에 근거하기보다는 전능자(全能者)라는 하나님의 개념에 근거해 있다고 비판한다. 예정론의 근거는 교회의 전통, 예정론의 교육적, 목회적인 가치와 유용성, 경험 자료 혹은 전능자라는 하나님의 개념에 있지 않고, 구체적인 인간 예수 그리스도를 인식하는 데 있다. 바르트에 의하면, 이중예정은 두 부류의 인간 집단에서 일어난 것이 아니라, 바로 예수 그리스도와 관련된 것이다. 즉, 그는 선택된 자임과 동시에 버림을 받은 자이다. 그러므로 예정에 대한 믿음은 인간이 버림을 받지 않는다는 신앙이다.⁹⁾ 이러한 견해는 바르트가 마치 '만인구원론'을 주장한 것처럼 오해할 수 있는 여지를

---

8) 앞의 책, 500-501.
9) 바르트의 그리스도론적 예정론의 중요한 성서적 근거는 에베소서 1장 4절 이하(곧 창세 전에 그리스도 안에서 우리를 택하사……)과 요한복음 1장(로고스 기독론, 양성론)에 있다. 그의 예정론은 전통적인 예정론을 완전히 재해석하려 시도한 혁명적 시도로 여겨진다(B. Klappert). 바르트에 의하면, 예수 그리스도는 예정론(선택론)의 인식근거만이 아니라 그 존재근거, 즉 예정 그 자체이다. K. Barth KD II/2, 101 이하.

남겨 놓았다. 그는 원칙적으로 만인구원론을 옹호하지 않았다. 하지만 복음에 손해를 입히는 이중예정보다는 차라리 만인구원이 복음에 더 가깝다고 그는 생각했다. 그렇지만 그가 원칙적인 만인구원론을 옹호한 것은 아니다. 그는 다만 하나님의 자유와 은총의 승리를 표현하려고 애썼을 뿐이다.

브룬너(E. Brunner)는 바르트의 견해가 깔뱅의 이중예정론을 대신할 수 있는 설득력 있는 대안이 될 수 없고, 다만 달콤한 속임수와 같다고 비판한다. 브룬너에 의하면, 이중예정은 하나님의 사랑과 모순되고, 만인구원론도 하나님의 거룩함과 일치하지 않는다. 성서는 구원과 멸망이라는 세계사의 이중과정을 가르친다. 그러나 성서는 구원이 분명한 영원한 선택 안에 근거해 있다고 가르치지만, 멸망도 영원한 결정 안에 근거해 있다는 명백한 결론을 내리진 않는다. 그러므로 성서에 기록된 그대로 불균형한 채로 놔두어야 한다는 것이다.[10] 여하튼 이중예정론은 성서의 많은 내용과 충돌한다. 그것은 무엇보다도 하나님의 보편적인 은총과 하나님의 본질인 사랑과 모순된다.

## 3. 은총과 자유의지

은총은 인간의 자유의지를 전제하는가, 아니면 이를 배제하는가? 혹은 은총은 자유의지와 협동하는가? 아우구스티누스(Augustinus)에 의하면, 은총은 예정된 것이고, 불가항력적이다. 인간의 의지는 노예화되어 버렸기 때문에 인간에게 주어지는 은총은 선물이지, 공로로 주어지는 은총이 아니다. 물론 하나님은 인간의 의지를 무시하시거나 굴복시키시지 않고, 그것을 통하여 자신의 뜻을 관철하신

---

10) E. Brunner, 같은 책, 353 이하.

다. 그러나 의지가 신을 향해 움직이는 것은 하나님의 예정으로 인한 것이고, 인간의 의지는 마음을 변화시키는 은총의 역사를 거역할 수 없다.

이에 반해 펠라기우스(Pelagius)는 의지의 자유를 옹호하였다. 하나님이 인간에게 율법을 부과하셨기 때문에 인간은 율법을 성취할 능력이 있다. 그리고 인간은 그 반대로 선택할 수 있는 힘도 가지고 있다. 반(半)펠라기우스자들은 예정론을 배격하고, 구원은 하나님과 인간의 협동으로 성취된다고 주장하였다. 파우스투스(Faustus)에 의하면, 자유의지는 타락의 결과로 소멸된 것이 아니라 약화되었다. 그렇기 때문에 인간은 하나님의 은총의 도움으로 구원을 위해 자유의지를 행사할 수 있다.[11] 웨슬리(Wesley)도 깔뱅의 예정론에 반기를 들고, 인간은 하나님의 선재은총(先在恩寵)의 도움으로 하나님과 적극적으로 협동할 수 있다고 가르쳤다. 인간은 하나님의 선물을 받아들일 수도 있고 거절할 수도 있는 결정권을 가지고 있다.[12]

이러한 견해들은 나름대로 장점과 단점을 가지고 있다. 하지만 어떠한 명쾌한 논증들도 하나님의 신비를 합리적으로 설명할 수는 없다. 비록 역설적이지만, 우리는 다음과 같이 말할 수밖에 없다. 하나님은 지고(至高)의 신비와 초월 속에 계신 분이시다. 그러한 차원에서 인간의 행위는 전적으로 하나님의 일이다. 다른 한편으로 인간은 창조된 존재로서 내재성 속에 있다. 그러한 차원에서 인간의 행위는 전적으로 인간의 일이다.[13]

구원은 오로지 하나님의 은총으로만 일어난다. 하지만 구원은 인간이 없이 일어나지는 않는다. 은총은 인간의 의지를 대신하거나 위축시키지 않고, 참으로 자유롭게 한다. 은총은 결코 강요하는 은

---

11) J. L. Neve, 『기독교신학사』(서남동 역, 대한기독교서회, 1985), 225 이하.
12) W. R. Canon, 『웨슬레 신학』(전종옥 역, 총리원 교육국, 1967), 116 이하.
13) L. Boff, 『해방하는 은총』(김정수 역, 한국신학연구소, 1988), 182.

총이 아니라, 물어 보는 은총이다. 은총은 가로질러 가지 않고, 사랑의 우회로를 간다.[14] 하나님은 강제적인 폭력의 길을 가시지 않고, 섬기는 종의 길을 가신다. 하나님의 은총은 결코 마법 행위가 아니다. 오히려 하나님은 인간의 자유로 하여금 자신을 제약시키도록 허락하실 만큼 자유로우시다. 인간의 자유는 하나님이 주신 선물이다. 그러므로 하나님은 인간에 의해 거부될 수 있는 모험도 기꺼이 감수하신다. 그럼에도 불구하고 하나님은 끊임없이 인간을 사랑하시고 용서하시며, 인간에게 거듭 거듭 구애하신다. 우리는 하나님의 신비의 깊이를 오직 이렇게 고백할 수 있을 따름이다.

---

14) H. G. Pöhlmann, 같은 책, 84.

## 제12장

# 창조와 해방과 구원

>>>>>>>>

하나님의 은총은 무시간적인 신비가 아니라, 구체적으로 역사를 창조하는 은총이다.[1] 하나님의 사랑도 멀리서 바라보고 안타까워하는 동정이 아니라, 사랑의 대상과 함께하는 사건이다.[2] 그렇기 때문에 은총과 사랑을 통하여 구원 활동을 전개하시는 하나님의 행위도 역사를 창조할 뿐만이 아니라, 역사 안으로 들어오고 친히 역사가 되기(성육신)도 한다. 그러므로 우리는 역사를 벗어나는 구원을 알지 못하며, 하

---

1) 구약성서는 역사적 측면에서 은총의 체험을 말하고, 은총을 고찰한다. 예컨대, 역사적 체험의 은총이란 이집트로부터의 해방, 창조, 이스라엘의 선택, 외적에 대한 승리, 가나안 입주, 제2의 출애굽 등이다.
2) 신약성서에서 하나님의 역사적인 행동은 예수 안의 그분의 성육신, 하나님의 나라의 돌입, 십자가와 부활 등을 통해 체험된다.

나님이 친히 만드시는 역사 밖의 다른 역사를 알지 못한다.

기독교는 철두철미하게 역사적인 종교이다. 하나님의 구원 활동은 역사로부터 벗어나거나(세상 도피), 역사를 해체하는 것(세계 파멸)을 목표로 삼지 않는다. 오히려 그것은 역사를 창조할 뿐만이 아니라, 역사를 새롭게 창조한다. 그리함으로써 하나님은 역사의 의미와 목표를 완성하신다.[3] 그러므로 이스라엘 백성은 역사를 항상 하나님 안에서 이해하였으며, 하나님을 예배할 때마다 하나님이 역사 속에서 행하셨고 또 장차 행하실 사건을 바라보았다.[4]

하나님의 역사적 은총을 구체적으로 나타내는 개념들은 성서에서 매우 다양하게 나타나지만, 그중에서 가장 대표적이고 중요한 개념은 '창조와 해방과 구원'이라고 할 수 있다. 이와 같은 세 가지 개념은 서로 구분되기는 하지만, 결코 분리될 수는 없다. 이것들은 하나님의 역사적 구원 행위의 세 가지 다른 관점이라고 할 수 있다. 그러므로 하나님의 역사적 은총을 세 가지 관점 아래 살펴보기로 하자.

---

[3] 구약성서에서 모든 사건은 하나님의 활동과 말씀에서 기인한 것으로 여겨진다. 하나님의 활동이 없는 현실이란 없다. 역사를 움직이는 것은 하나님과 인간 사이에서 일어난다. 부버(M. Buber)는 이를 '대화적 사건'이라고 불렀다. 하나님의 활동은 우주적이고, 시초부터 종말까지의 모든 사건을 포괄한다. 이 역사는 삼중의 원 안에서 일어난다. 그 중심에는 하나님의 백성의 역사가 있고, 밖의 넓은 원 안에는 가족과 개인의 역사(족장의 역사)가 있으며, 가장 넓은 원 안에는 인류 전체의 역사가 있다. C. Westermann, *Theoiogie des Alten Testaments in Grundzügen*(Göttingen, 1978), 8 이하.

[4] 이스라엘의 가장 오래된 '역사적 신앙 고백'은 신명기 26장 5-9절(이스라엘 민족의 역사)이다. 이 신앙 고백을 해부해 보면, 역사와 신앙에 대한 의식이 서로 불가분의 관계를 가지고 있음을 알 수 있다. 특히 구약성서의 역사를 구원사의 관심에서 보려고 한 자는 폰 라트(v Rad)이다. 그는 역사를 하나님의 활동무대로 보았다. 역사를 보는 사람에게는 하나님을 믿는 자신의 신앙고백이 따라야 하며, 고백의 초점은 하나님의 구원행동에 있다. 김정준, 『폰 라트의 구약신학』(대한기독교서회, 1973), 93 이하.

## 1. 창조

비록 이스라엘 백성이 일찍부터 창조신앙을 고백하였다고 하더라도, 창조와 구원의 올바른 관계를 발견할 수 있었던 것은 창조를 구원사와의 관계에서 보게 되었을 때라고 말할 수 있다. 그러므로 하나님의 계시를 통해 역사의 지평이 열리게 된 후부터 창조의 개념은 구원의 역사로부터 이해되었다. 그렇기 때문에 창조는 단지 그 자체로서 이해된 것이 아니라, 최초로 일어난 구원의 사건으로 이해되었다. 즉, 창조는 야웨 하나님이 역사 속에서 행하신 업적, 시간 속에서 이루어진 하나님의 업적으로 간주되었다.[5]

특히 시편들은 창조를 하나님의 구원 행위로 본다. 하나님은 처음부터 땅 위의 모든 곳에서 구원을 이루는 분으로서 창조 활동을 하셨다(시 74:12-17). 다윗과의 계약, 메시아 왕국의 설립과 마찬가지로 창조 활동도 하나님의 구원 행위에 속한다(시 89). 세상을 흔들리지 않게 든든히 세우신 일(시 93:1, 96:10)은 구원자 하나님의 일이다. 특히 제2이사야는 창조 자체 안에서 구원사건을 보았다. 하나님은 이스라엘의 구원자와 창조자이시다(사 42:19-21, 44:24). 하나님은 세계를 창조하신 분으로서 그와 동시에 이스라엘을 이집트로부터 구출하신 분이시다. 그러므로 하나님은 이스라엘도 창조하신 분이시다. 여기서 창조와 구원은 합치한다. 태초의 창조 행위를 신화적으로 설명하는 혼돈의 괴물과의 싸움은 갈대 바다에서 일어난 하나님의 기적적인 구원 행위로 묘사된다(사 51:9-10).

신약성서의 에베소서도 창조를 구원 과정의 일부분으로 설명한다. "우리 주 예수 그리스도의 아버지 하나님께 찬양을 드립니다. …… 하나님께서는 우리를 그리스도와 함께 살게 하시려고 천지창조 이전에 이미 우리를 뽑아 주시고, 당신의 사랑으로 우리를 거룩

---

5) G. v Rad, 『구약성서신학 제1권』(허혁 역, 분도출판사, 1976), 143 이하.

하고 흠없는 자가 되게 하셔서 당신 앞에 설 수 있게 하셨습니다(엡 1:3-4).

## 2. 해방

혼돈에서 질서를 창조한 하나님의 창조 행위가 역사적인 구원 행위의 원초적인 형태로 경험되었다고 한다면, 다른 한편으로 이스라엘이 이집트로부터 해방된 사건도 이스라엘의 역사에서 언제나 하나님의 구원의 보증으로 고백되었고, 그래서 새로운 구원의 원형으로 제시되었다. 이집트 탈출은 이스라엘을 거룩한 백성으로 만들기 위한 종교적인 구원 행위이지만(출 19:4-6), 그와 동시에 그것은 정치적인 해방의 사건이기도 하였다. 출애굽 사건은 착취와 압제, 비참한 종살이 생활로부터 형제애가 넘치는 평등한 계약 공동체의 생활로 탈출시키는 사건이었다. 하나님은 이집트에 있는 그분의 백성의 고통을 보셨고, 그들의 신음소리를 들으셨다. 그리하여 하나님은 이스라엘을 이집트의 손에서 구해 내시려고 친히 땅으로 내려오셨다(출 3,7-10). 이처럼 하나님은 이스라엘의 해방자가 되셨다.

그런데 하나님의 창조 행위는 인간을 창조 활동의 정점(頂點)으로 만들 뿐만 아니라, 인간의 노동을 통해 창조 사역에 동참케 한다(창 1:28). 바로 그처럼 하나님의 해방 행위도 인간을 다만 수동적인 존재로만 만들지 않고, 인간의 순종과 인내, 계약 실천과 헌신의 행위를 통하여 해방 활동에 동참케 한다. 하나님이 이스라엘 백성을 이집트로부터 해방하셨다는 점에서 자유는 분명히 하나님의 선물이었다. 그렇지만 이스라엘은 자유의 땅에 도달하기 위하여 험난한 사막의 길을 지나가야만 했다. 이처럼 자유라고 하는 선물은 인간의 임무로 주어진다. 샬롬(평화)의 약속은 인간이 스스로 강요하여 끌어들일 순 없지만, 자신의 헌신의 행위가 없이는 받지 못한다. 그러므로 인간이 자신에게 주어진 임무를 수행될 때라야 비로소 선물도 완성될 수 있다.[6]

## 3. 구원

구원에 관한 성서의 용어는 매우 다양하고 광범위하게 사용되고 있다. 그렇지만 구약성서와 신약성서는 다같이 개인 구원과 사회 구원만이 아니라 세계의 완성까지 바라본다. 히브리어로 구원은 건강, 안전, 승리, 복지와 같은 다른 개념들로 번역될 수 있고, 이 모든 개념들은 샬롬(평화)의 개념 속으로 수렴된다. 샬롬은 개인 영혼의 평화만이 아니라 모든 만물에게까지 미치는 하나님과의 친교와 모든 인간들의 사귐을 의미한다. 그러므로 구원과 복지, 영혼의 안식과 평안, 행복과 사회적인 조화는 서로 나눌 수 없는 상호보완적인 요소들로서 하나의 동일한 샬롬의 다양한 측면들이다.[7] 이런 점에서 구원은 또한 창조와 해방, 치유와 화해의 개념 아래 포섭된다고 할 수 있다. 그러므로 구원을 이러한 개념의 빛 안에서 다시 조명해 보기로 하자.

### 1) 창조

하나님은 만물을 새롭게 창조하신다: "보아라, 나 이제 새 하늘과 새 땅을 창조한다. 지난 일은 기억에서 사라져 생각나지도 아니하리라. 내가 창조하는 것을 영원히 기뻐하고 즐거워하여라"(사 65:17). "그렇다. 내가 지을 새 하늘과 새 땅은 무너지지 아니하고

---

6) G. Greshake, 『종말신앙-죽음보다 강한 희망』(심상태 역, 성 바오로 출판사, 1985), 60 이하.
7) P. Lapide, *Die Bergpredigt, Utopie oder Programm?*(Mainz, 1982), 40.

내 앞에 남아 있으리라"(사 66:22). "누구든지 그리스도 안에 있으면 새로운 피조물이다. 이전 것은 지나갔고 새 것이 나타났다"(고후 5:17). 또 내가 새 하늘과 새 땅을 보니, 처음 하늘과 처음 땅이 없어졌고, 바다도 있지 않더라(계 21:1). 이처럼 구원은 완전한 새 창조, 창조의 완성으로도 이해된다.

2) 해방

하나님은 죄와 죄의 세력으로부터 해방하시는 분이시다. 그리스도 안에서 나타난 하나님의 은총은 사슬에 매인 사람들을 풀어주고 억눌린 사람들을 자유롭게 하는 은총이다(눅 4:18-19). 그리스도는 이 세상의 죄를 없애는 하나님의 어린양이다(요 1:29). 그는 사탄의 세력을 정복함으로써 사탄의 유혹(권력, 물질, 명예)과 사탄의 질곡(죄책, 분리)과 사탄의 세력(억압과 착취)으로부터 인간을 해방한다. 그리스도의 활동은 죄악으로부터의 해방, 죄악의 모든 결과, 즉 착취, 불의, 증오 등으로부터 해방한다.[8]

---

[8] G. Gutierrez, 『해방신학』(성염 역, 분도출판사, 1987), 223 이하. 구티에레즈(해방신학)는 죄를 개인적이고 사사로운 무엇, 인간의 내면에만 해당하는 무엇으로 보지 않는다. 죄는 사회적이고 역사적인 사실이며, 인간들 간의 사랑과 형제애의 부재요, 하나님 및 타인들과의 친교를 단절하는 것이며, 따라서 내면적이고 인격적인 균열이다(226). 그렇기 때문에 해방의 개념도 전인적인 것으로서 세 가지의 차원을 지닌다: (1) 정치적, 사회적 해방, (2) 새로운 연대감의 사회에서 새로운 인간을 창조하 해방, (3) 죄로부터 해방되어 하나님과 모든 사람들과 교통하게 되는 해방.
몰트만은 구티에레즈보다 해방의 차원을 더 자세히 나눈다: (1) 삶의 경제적 차원의 해방(사회주의), (2) 삶의 정치적 차원의 해방(민주주의), (3) 삶의 문화적 차원의 해방(인간소외의 악순환으로부터의 해방), (4) 자연에 대한 사회의 관계의 해방(자연과의 평화), (5) 삶의 의미에 대한 인간, 사회 및 자연의 관계의 해방(하나님 신앙을 통한 존재에의 용기). J. Moltmann, 『십자가에 달리신 하나님』(김균진 역, 한국신학연구소, 1988), 338.

### 3) 치유

구원은 또한 치유이기도 하다. '하나님의 종'은 채찍을 맞음으로써 우리를 낫게 해주었고, 상처를 입음으로써 우리의 병을 고쳐 주었다(사 53:5). 우리의 상처는 그의 상처를 통해 치유된다. 그리스도의 구원 활동은 병든 자의 치유, 귀신들린 자의 해방이기도 하다. 하나님의 나라는 개인적인 질병만이 아니라 사회적인 질병까지도 치유함으로써 세상을 변혁한다. '구원'이란 말은 사실상 치유라는 뜻이며, 상처를 낫게 해주는 것은 구원의 구체적인 결과이다. 그리스도는 치유행위, 곧 혼돈과 분열에 싸인 인생을 붙잡아 다시 완전하게 만드는 행위를 통해 구원을 성취한다. 그러므로 구원은 오직 전인적(全人的)으로만 생각될 수 있을 뿐이다.[9] 왜냐하면 새 하늘과 새 땅에는 슬픔과 울부짖음과 고통이 사라질 것이기 때문이다(계 21:4).

### 4) 화해

샬롬은 분열과 구분이 없는 총체적인 일치성을 나타낸다. 그것은 마음의 일치(잠 3:17)와 하나님과의 일치(사 6:4), 인간들 간의 일치(왕상 5:4)만이 아니라 모든 피조물과의 일치(사 11:6-9)까지 포괄한다. 하나님은 그리스도를 통하여 우리를 자신과 화해하셨고, 우리에게도 화해의 임무를 맡기셨다(고후 6:18). 그러므로 "우리는 할 수 있거든 모든 사람과 더불어 평화롭게 지내야 한다"(롬 12:18). 하나님이 임하시면, 민족들은 더 이상 서로 싸우지 않을 것이며(사 2:4), 자연 만물도 서로 해치거나 죽이지 않고 함께 사이 좋게 지낼 것이다(사 65:25).

하나님의 구원 행위는 인간을 단지 구원의 피동적인 수혜(受惠

---

[9] T. Runyon 편, 『몰트만과 실천신학』(이기춘 역, 대한기독교출판사, 1983), 34 이하.

者)로만 만들지 않고, 인간을 자신의 구원 활동 안으로 이끌어 들인다. 그리스도는 단지 인간을 치유하고 용서하며 해방하였을 뿐만 아니라, 그와 동시에 인간을 구원 활동의 증인과 동역자로 만든다. 하나님은 우리로 하여금 창조된 창조자, 구원된 구원자, 치료된 치료자, 해방된 해방자, 화해된 화해자가 되도록 하신다. 그러므로 만약 우리가 창조된 자로서 창조를 올바로 보존하고 혁신하지 않는다면, 창조는 인간에 의해 파괴될 수도 있을 것이다. 만약 우리가 구원을 받은 자로서 세계의 구원을 위해 헌신하지 않는다면, 자신의 구원도 잃어버릴 수 있을 것이다(마 25:31-46). 그리스도 안에서 믿음으로 구원을 받은 우리는 또한 두렵고 떨림으로 구원을 이루어야 한다. 하나님은 기쁘신 뜻대로 우리로 하여금 소원을 갖고 행동하도록 만드신다(빌 2:13).

실로 우리에게 구원의 능력으로 나타난 그리스도의 십자가도 불행한 사고나 뜻밖의 숙명이 아니라 하나님의 주권에 철저히 봉사하고 하나님의 주권을 앞당겨 실행한 결과였다. 그러므로 십자가는 인간의 협력, 회개와 이웃과의 화해, 형제적인 공동체, 가난하고 버림받은 자들에 대한 봉사를 촉구하며, 그러한 삶을 위한 가능성과 용기를 준다. 희망은 그리스도를 뒤따르는 십자가의 모습으로 관철되고 실현된다(갈 4:19, 빌 3:10).[10] 그러므로 그리스도인은 매일 구원의 희망을 위해 투신해야 하고, 하나님의 뜻을 실천하는 삶을 살아야 한다. 그리스도에게 온전히 사로잡힐 때까지 온전한 부름의 상을 향해 계속 달려 나가야 한다(빌 3:12-14).

---

10) G. Greshake, 같은 책, 63.

## 제13장

# 칭의와 성화와 영화

>>>>>>>>

앞에서 우리는 하나님의 은총이 총체적으로 활동한다는 점을 지적하였다. 창조는 새 창조를 지향하고, 해방은 역사적으로 일어나며, 구원은 전인적인 차원에서 일어난다. 인간은 인격적인 존재일 뿐만 아니라 사회적, 역사적, 자연적인 존재이기도 하다. 그러므로 역사적인 해방과 자연의 치유가 없는 구원은 생각될 수 없다. 세계의 파멸 위에 떠도는 영혼만의 구원이 도대체 무슨 소용이란 말인가? 그런 의미에서 세계의 형상인 인간도 세계 안에서, 세계와 더불어 이러한 구원의 방향 안에 놓이게 된다. 그렇지만 다른 한편으로는 개인의 구원을 말하지 않고 어떻게 세계의 구원을 말할 수 있겠는가? 개인적인 구원이 없는 구원은 무슨 의미가 있겠는가? 사람이 온 천하를 얻고도 자기를 잃는다면, 무슨 유익이 있겠는가(마 16:26)? 그러므로 여기서는 개인의 구원과 완성에 초점을 맞추어 설명하되, 이 세계와의 분명한 관련성도 동시에 추구해 나가려고 한다.

## 1. 칭의(稱義)

인간의 죄로 말미암아 하나님과의 친교(계약)가 파괴되었기 때문에 친교의 회복을 위해서는 하나님의 용서가 반드시 필요하다. 구약성서에서 하나님의 용서라는 주제는 병을 고치심(시 103:3), 죄를 제거하시거나 멀리 옮기심(시 103:12), 인간의 죄를 등에 지심(사 38:17), 죄를 씻거나 도말하심(사 43:25) 등과 같은 표현 속에 나타난다. 하나님은 끊임없이, 그리고 기꺼이 용서하길 원하신다. 예수는 특히 사죄의 권세를 지닌 자로서 죄인들을 용서하였으며(막 2:10), 제자들에게도 무한한 용서를 명령하였다(마 18:21-22).

용서의 신앙은 바울의 '칭의'의 개념 속에서 가장 독특하게 나타났다. 바울에 의하면, 인간이 율법의 행함(인간의 의)으로써가 아니라 오직 믿음(하나님의 은총)으로써만 의롭게 될 수 있다. 바울은 칭의의 개념 외에도 화해, 구속, 양자, 사죄와 같은 개념들을 사용하는데, 이것들은 하나의 경험을 다르게 표현하고 있다.[1] 즉, 이것들은 생명으로 들어가는 다섯 개의 다른 문이 아니라, 다섯 개의 다른 이름을 가진 하나의 문이다.[2] 요한은 인간의 출생에 빗대어서 중생(요 3:3)의 개념을 사용한다.

루터(M. Luther)는 칭의를 재발견함으로써 종교개혁을 이끌었

---

1) M. Burrows, 『성서신학총론』(유동식 역, 대한기독교서회, 1967), 264.
2) 앞의 책, 264에서 인용함.

다. 그에 의하면, 칭의론은 기독교 신학의 '선생과 제왕, 주, 인도자와 심판자'이다.[3] 깔뱅(J. Calvin)도 칭의론을 '기독교의 존속의 결정적 구심점'이라고 말하였다.[4] 그러나 칭의론이 바울 사상의 중심이 아닐 뿐더러, 더욱이 복음의 중심이라고 말할 수 없다. 예수가 선포한 구원의 중심적인 주제는 칭의가 아니라 종말론적인 '하나님의 나라'였으며,[5] 바울 복음의 영속적인 중심도 하나님의 다가오는 승리에 대한 희망이었다. 그러므로 만약 우리가 그의 묵시사상을 포기한다면, 바울의 복음 그 자체를 포기하게 되는 셈이 되고 만다.[6]

우리는 오직 신앙으로만(Sola fide) 하나님 앞에서 의롭다고 인정을 받는다. 그러나 신앙은 결코 행함이 없이 홀로 존재하지 않으

---

3) 루터에게서 칭의론은 단순히 다른 여러 항목들 중의 하나의 항목이 아니라 교회가 서고 넘어지는, 교회의 전 교설이 달려 있는 기초항목, 주요항목이요, '기독교의 교리의 요약'이요, '하나님의 거룩한 교회를 비추는 태양'이다. 이것만이 기독교의 특수성과 독자성을 나타내는 것으로서 기독교를 다른 종교들과 구분하는 요소이다. 이것만이 교회를 보존한다. P. Althaus, *Die Theologie Martin Luthers*(Göttingen, 1983), 195.
4) 깔뱅에게서도 칭의론은 종교생활의 요점이요, 구원의 토대이다. J. Calvin, 『기독교 강요 中』, 247.
5) 윙엘에 의하면, 예수와 바울의 차이점은 다음과 같은 것에 있다: (1) 바울은 예수의 '하나님 나라'의 개념을 '의'의 개념으로 대체하였다. (2) 예수는 선포하였지만, 바울은 선포하고 해석하였다. (3) 예수는 단순명료하게 말하였으나, 바울은 자주 복잡하게 논쟁하였다. 윙엘은 양자의 공통점도 다음과 같이 지적한다: (1) 하나님의 나라와 하나님의 의는 다함께 종말론적 현상이다. (2) 율법은 사랑의 요구로서 긍정적인 역할을 한다. (3) 양자는 행위에 따른 심판, 보상을 믿는다. E. Jüngel, *Paulus und Jesus*(Tübingen, 1979), 266-267. 케제만도 '믿음에 의한 의'를 철두철미하게 종말론적으로 이해한다. 이것은 믿는 자의 의식경험, 형벌적인 의, 단순한 심판 결의로만 설명될 수 없다. 이것은 심리적, 윤리적, 인간학적인 개념이 아니라, 은총의 해방 약속이다. E. Käsemann, *An die Römer* (Tübingen, 1980), 22.
6) J. C. Becker,『바울의 묵시사상적 복음』(장상 역, 한국신학연구소, 1987), 140 이하.

며, 신앙은 결코 율법을 폐기하지 않는다. 우리가 의롭다고 인정을 받는 일에서 그리스도는 분명히 '율법의 마지막'이다(롬 10:4). 하지만 우리가 의롭게 되는—온전하게 되는—일에서 그리스도는 '율법의 목표'라고 할 수 있다(마 25:31).

마태에 의하면, 그리스도는 율법의 완성(사랑)을 위해 왔다(마 5:17). 그리고 바울에 의하면, 사랑은 율법을 완성한다(롬 13:8). 바울은 아무 것도 행하지 않고 오직 믿기만 하는 무능한 인간을 창안하지 않았다. '오로지 신앙주의'(Sola Fideismus)는 교회의 사귐과 세계의 구원을 등한시하는 개인주의, 내면주의를 낳는다.[7] 그러므로 우리는 '칭의론의 교리화, 개인화, 영성화'라는 새로운 '바벨론의 포로상태'에 빠져서는 안 된다. 은총은 세계를 위한 것이다. 그러므로 칭의도 하나님의 사건, 인류의 사건, 세계의 사건이다.[8] 회개도 결코 내면적 변화로서만 일어나서는 안 된다. 칭의는 이기적인 자기중심성(타락)에서 하나님의 나라를 향해 방향을 전환하는 행동(하나님과 이웃과 세계와의 사귐)으로 일어나야 한다.

---

7) P. Schütz, *Freiheit, Hoffnung, Prophetie*(Moers, 1986), 18 이하.
8) 글뢰게에 의하면, (1) 칭의는 원래 하나님이 자신과 자신의 의를 나타내고 하나님이 하나님임을 드러내려는 하나님의 사건이었는데, 이 메시지의 역동성이 죽은 교리로 굳어졌다. 하나님의 부요한 활동이 하나님에 관한 공허한 발언으로 뒤바뀌졌다, (2) 칭의는 원래 하나님이 인간을 의로 인도하려는 인류의 사건이다. 하나님의 역사의 주제는 '하나님과 나'가 아니라, '하나님과 그의 백성'이다. 하나님이 개인을 의롭게 하신다고 하더라도, 그분은 개인을 범세계적인 신앙순종의 친교 안으로 보내신다. 개인의 변화는 세계의 갱신에 이바지한다, (3) 칭의는 원래 세계사건이다. 세계는 세계가 되어야 한다는 것이다. 진정한 칭의 행위를 경건한 자의 정신영역으로 협소화하는 것은 오고 있는 하나님의 나라의 세계목표를 부인한다. 정신화는 하나님의 공의의 범세계적인 차원을 흐리게 하였고, 그리스도의 통치를 경건한 자의 영혼에만 국한하였다. 글뢰게는 이러한 칭의론의 삼중적인 포로상태를 다음과 같이 분명하게 요약한다: "승리하는 하나님의 공의의 메시지가 교회의 관 속에 넣어졌다. 인간에게 진지함을 요구하는 그 진지성은 개인의 감옥 속으로 유폐되었다. 현실적인 세계와의 그 관련성은 의심스러운 '내면성'의 벽 안에 갇혀져 버렸다." G. Gloege, *Gnade für die Welt*(Helsinki, 1963), 303 이하.

## 2. 성화(聖化)

인간의 구원은 단지 의롭다고 여겨지는 것으로 그치지 않는다. 물론 인간의 의로움은 일차적으로는 법적인 선언으로서 인간에게 전가된 것이고, 그러한 점에서 그것은 수동적인 의로움, 낯선 의로움, 즉 그리스도의 의로움이다. 그러나 칭의는 단지 은총의 역사의 시초에 불과하다. 은총은 단지 죄인을 의롭다고 인정하지만 않고, 그를 실제로 의롭게 만든다. 이러한 의미에서 하나님의 의로움은 실제적으로 효력을 끼친다. 하나님이 의롭다고 선언하심으로써 죄인은 실제로 의롭게 된다. 왜냐하면 하나님의 말씀은 사건을 일으키는 말씀, 효력을 끼치는 말씀이기 때문이다.[9] 그렇기 때문에 칭의와 의화(성화)는 서로 구분되어야 하지만, 결코 분리될 수는 없다.

물론 칭의와 성화는 전적으로 동일하지 않다. 왜냐하면 칭의를 통하여 죄인은 의롭다고 선언되었을 뿐이지, 아직 완전히 의로워지지 않았기 때문이다. 그러나 칭의와 성화는 분리될 수도 없다. 왜냐하면 칭의를 통하여 죄인은 이제 여기서 이미 의로운 자가 되었기 때문이다. 루터가 그리스도인을 '의인과 동시에 죄인'(Simul iustus et peccator)이라고 표현한 것도 바로 이런 맥락에서 이해될 수 있다. 하나님의 엄격한 심판을 바라본다면, 그리스도인은 전적으로 죄인이다. 그러나 하나님의 큰 자비를 바라본다면, 그는 전적으로 의인이다. 그리스도가 없는 자신을 바라본다면, 인간은 전적으로 죄인이다. 그러나 자신을 위해 희생한 그리스도를 바라본다면, 인간은 전적으로 의인이다.[10]

바르트는 칭의와 성화 간에 선후의 관계가 있다고 보았다. 하지만 그는 이러한 선후관계를 시간적인 구원질서가 아니라 내용적인

---

9) H. G. Pöhlmann, 『교의학』, 340 이하.
10) P. Althaus, 앞의 책, 211.

질서로 보았다. 바르트에 의하면, 목적론적으로 성화는 칭의에 앞선다. 그러나 하나님의 행위 안의 순서에서 칭의는 성화에 앞선다. 하나님의 한 의지와 행동의 동시성 안에서 칭의는 근거로서 앞서고, 성화는 목표로서 앞선다. 그리고 다시금 칭의는 전제로서 뒤에 오고, 성화는 결과로서 뒤에 온다.[11] 하지만 칭의와 성화가 시간적인 선후관계가 아니라는 점에서 칭의와 성화는 동시적인 사건이라고 할 수 있다.

그렇지만 칭의와 성화를 시간적으로 선후관계 속에서 보는 것이 더 적절할 것이다. 왜냐하면 칭의는 일회적인 행위이지만, 성화는 점진적인 과정이기 때문이다. 하나님의 편에서 칭의는 분명히 일시적인 사건이다. 하지만 성화는 역사를 통과한다.[12] 웨슬리(J. Wesley)에 의하면, 칭의는 하나님이 그리스도를 통하여 우리를 위해 행하시는 일이다. 그러나 성화는 하나님이 그분의 성령으로 우리 안에서 활동하시는 일이다. 칭의는 상대적인 변화를 포함하지만, 성화는 참된 변화를 포함한다. 칭의는 본질적으로 객관적인 변화이지만, 성화는 본질적으로 주관적인 변화이다. 칭의는 죄책으로부터 해방하지만, 성화는 죄의 세력과 죄의 뿌리로부터 해방한다. 루터에 의하면, 칭의는 내적인 갱생과 구원의 전체 내용을 함축하고 있다. 그러므로 칭의는 계속적인 속죄 활동으로 이해된다. 하지만 웨슬리에 의하면, 칭의는 전체 구원 과정의 한 단계에 불과하다.[13]

깔뱅에 의하면, 인간은 육신을 쓰고 있는 동안에는 완전과는 거리가 아주 멀기 때문에 꾸준히 죄와 싸워야 한다. 하지만 웨슬리에 의하면, 그리스도인은 비록 상대적이나마 완전한 성화에 도달할 수 있다. 그렇다면 웨슬리가 말하는 성화의 특징은 무엇인가? 비록 상대적이긴 하지만 완전한 성화의 특징은 믿음의 완전한 확신, 순수

---

11) K. Barth, KD IV/2, 575.
12) H. G. Pöhlmann, 같은 책, 345.
13) H. Linstrom, 『웨슬리와 성화』(전종옥 역, 총리원 교육국, 1962), 82 이하.

하고 완전한 하나님 사랑과 이웃 사랑, 악한 생각과 성품으로부터의 해방, 의지와 행동의 절대적 순수성에 있다. 물론 이것은 무지와 실수, 지식의 한계와 판단의 오류, 허물을 배제하지는 않는다.[14]

바르트에 의하면, 성화는 그리스도의 거룩함에 참여함으로써만 가능하다. 성화는 구체적으로 그리스도를 뒤따름(순종), 회개로의 각성, 선한 공로(봉사), 십자가를 지는 삶 속에서 구체화된다. 십자가를 지는 것은 성화의 완성이다.[15] 그렇다면 성화도 철저히 이 세계를 위한 소명과 봉사의 형태로 나타날 수밖에 없다. 웨슬리도 성결을 철저히 '사회적인 성결'로 이해하였다.[16]

## 3. 영화(榮化)

바울에 의하면, 하나님은 예정→소명→칭의(의화)→영화의 순서로 구원하신다(롬 8:30). 그러므로 구원의 목표는 장차 나타날 그리스도의 영광에 참여하는 것이다. 히브리어로 영광(kabod)은 광채와 아름다움을 의미하고, 헬라어로 영광(doxa)은 광채, 장엄, 명성을 의미한다. 하나님은 영광의 왕(시 24:7-10)으로서 아들을 영화롭게 하실 뿐만 아니라(요 17:1-5), 의로운 자들을 영광으로 인도하신다(시 73:24). 특히 종말에 나타날 하나님 영광은 현재의 고난과 비교할 수가 없다(롬 8:18, 고후 4:17). 그리스도가 재림할 때에 죽은 자들은 다시 살아나서, 그리스도의 몸처럼 영광스러운 형체로 변모할 것이다(빌 3:20-21). 그때가 되면, 그리스도인은 모

---

14) 같은 책, 127-128.
15) K. Barth, KD IV/2, 603 이하.
16) M. Marquardt, 『존 웨슬리의 사회윤리』(조경철 역, 보문출판사, 1992)와 T. Runyon, 『웨슬리와 해방신학』(변선환 역, 전망사, 1987)과 김홍기, 『존 웨슬리 신학의 재발견』(대한기독교서회, 1993)을 참조하라.

세처럼 주의 영광을 봄으로써 주와 같은 형상으로 변하여, 영광스러운 상태에서 더욱 영광스러운 상태로 옮아갈 것이다(고후 3:18). 그러므로 그리스도인은 고난 중에서도 하나님의 영광을 바라보고 즐거워해야 하며(롬 5:2), 그리스도와 함께 영광을 받기 위해서는 고난도 함께 받아야 한다(롬 8:17).

그런데 영화는 다만 인간들에게만 일어나지 않는다. 종말론적인 구원은 모든 피조물의 해방으로도 나타난다. 종말에는 모든 피조물이 새롭게 된다. 즉, 피조물도 썩어짐의 종노릇에서 해방되어 하나님의 자녀들의 영광의 자유에 이르게 된다(롬 8:21). 종말에는 옛 하늘과 옛 땅이 새 하늘과 새 땅으로 완전히 변모된다(계 21:1-2).

## 제14장

# 예수는 누구인가?

>>>>>>>>>

 "너희는 나를 누구라고 생각하느냐?"(마 16:15)라는 예수의 질문은 인류에게 던져진 가장 엄숙한 질문 중의 하나라고 할 수 있을 것이다. 수많은 사람들이 이 질문에 해답하려고 노력해 왔으며, 또 지금도 여전히 많은 사람들이 해답을 찾으려고 애쓰고 있다. 적지 않은 사람들이 해답을 찾는 일에 생애와 생명을 내걸었다. 그리스도인은 "하나님이 누구이시며 무엇을 하시는가?"를 물을 때마다 구체적으로 예수 그리스도를 바라보게 된다. 왜냐하면 하나님의 계시, 약속과 요구, 심판과 구원이 바로 그리스도 안에서 가장 분명히 드러났다고 믿기 때문이다. 그러므로 예수 그리스도는 기독교 신앙의 중심과 근거일 뿐만 아니라, 그 대상과 내용과 요약이기도 하다. 그렇다면 성서는 예수가 누구라고 증언하는가?

## 1. 예수 이해의 다양성과 통일성

우리는 신약성서에서 통일된 예수 이해를 발견할 수 없고, 다양한 예수 이해들이 서로 긴장을 이루고 있음을 보게 된다. 그렇다면 신약성서는 예수를 어떻게 다양하게 이해하는가? 마태는 예수를 무엇보다도 낮아진 메시아(21:5)와 교회의 교사(23:8)로 본다. 예수는 특히 율법을 가르치고 새롭게 해석하고 이를 성취한 자로서 제자들을 의(義)의 길(완전한 사랑)로 부른 자이다. 마가는 예수를 비밀 속에 나타난 하나님의 아들로 본다. 베드로의 그리스도 고백은 비밀에 부쳐지며, 예수의 수난은 제자들에 의해서도 잘 이해되지 못한다(8:27 이하). 누가는 예수를 특히 죄인들의 구주, 가난한 자들의 구원자, 보잘 것 없는 자들의 대변자로 본다(7:36 이하, 10:25 이하, 15:1 이하, 16:19 이하). 복음 전도의 과정을 설명하는 사도행전을 기록한 누가는 여기서 예수를 세상의 구주로 설명하고 있다. 요한은 예수를 특히 아버지를 계시한 자로 본다(14:6 이하). 바울은 예수를 무엇보다도 율법에서 해방한 자, 십자가에서 죽었다가 부활한 주(主)로 본다. 히브리서는 예수를 스스로 희생제물이 된 대제사장으로 보며, 야고보서는 율법의 교사로 본다. 베드로서와 유다서는 예수를 장차 다시 올 교회의 주(主)로 보며, 요한계시록은 예수를 만물의 통치자로 본다.[1]

이처럼 신약성서의 예수 이해는 매우 다양하고도 다채롭다. 그러므로 우리는 신약성서의 예수 이해를 획일화하거나 간단히 조화시

---

1) E. Schweizer, *Jesus Christus im vielfältigen Zeugnis des Neuen Testaments*(Gerd Mohn, 1968), 128 이하, H. G. Pöhlmann, *Wer war Jesus von Nazareth?*(Gerd Mohn, 1976), 120 이하.

키기도 어렵다. 그럼에도 불구하고 우리는 신약성서의 다양한 음성으로부터 일치되는 기본적인 음조를 분명히 들을 수 있는데, 그것은 다름이 아니라 "하나님이 예수 안에서 우리의 구원을 위해 행동하셨다."라는 신앙 고백이다. 예수는 잃어버린 자들의 구원자, 세상의 구주이다. 이처럼 신약성서의 기독론은 다양성에도 불구하고 예수 안에서 일어난 하나님의 구원 행위에 관한 선포(Kerygma) 안에서 일치한다. 고대교회의 기독론도 바로 이와 같은 신약성서의 핵심적인 신앙을 당대의 개념으로 설명하려던 시도와 다르지 않았다.[2]

## 2. 예수의 칭호(稱號)

예수가 누구인지를 알아보는 중요한 방법 중의 하나는 그가 사람들에게 어떻게 불리게 되었는가를 알아보는 것이다. 그런데 신약성서 안에는 약 55개의 칭호들이 나오며, 이 칭호들의 기원과 의미를 밝히는 일도 여간 어렵지가 않다. 이와 같은 칭호들은 서로 다른 교회의 사회적, 종교적인 배경 속에서 유래하였으며, 그중의 단 하나라도 예수가 직접 자신에게 적용하였는지를 밝히는 것도 어렵다. 그리고 칭호들은 이미 초기 교회의 시대부터 변화되고 대체될 수 있었다. 그렇기 때문에 칭호는 항상 예수의 인격과 역사와의 긴밀한 관련성 속에서 이해되어야 한다. 그리고 우리는 새로운 관점에 따라 우리 시대에 적용될 수 있는 새로운 칭호들을 사용할 수도 있다.

그럼에도 불구하고 우리는 예수의 칭호가 어떻게 사용되었는지를 나누어 볼 수 있다. 쿨만에 의하면, 예언자와 하나님의 종과 대제사장이라는 칭호는 예수의 지상적인 사역과 관련되어 있으며, 그

---

[2] H. G. Pöhlmann, 앞의 책, 120.

리스도와 인자(人子)라는 칭호는 특히 그의 미래적인 사역과 관련되어 있다. 그리고 주와 구원자라는 칭호는 예수의 현재적인 사역을 묘사하며, 로고스(말씀)와 하나님이라는 칭호는 예수의 선재(先在)를 지시한다.[3] 그리고 유대교적 기독교인들은 예수를 특히 그리스도(메시아)와 인자라고 불렀고, 헬라적 기독교인들은 그를 특히 주와 하나님의 아들이라고 불렀다.[4] 그렇다면 여기서 네 가지 칭호

---

3) 쿨만은 이러한 배열에 불가피하게 하나의 도식적인 분류가 개입될 수밖에 없다는 한계성을 미리 전제한다. 왜냐하면 각 칭호 혹은 기독론적 개념은 예수의 네 가지 상이한 기능들 중의 하나만이 아니라 둘 또는 심지어 셋과도 동시에 연결되기 때문이다. 그리고 이 다양한 칭호들을 동시에 예수에게 적용했던 초기 기독교인들의 의식 속에서는 상호 동화작용이 일어났었을 수도 있다. 초기 기독교는 우리의 현상학적 연구에서처럼 그렇게 엄격하게 칭호들을 구분하지 않았다는 사실도 고려해야 한다. O. Cullmann, *Die Christologie des Neuen Testaments*(Tübingen, 1975), 9.

4) R. Bultmann, *Theologie des Neuen Testaments*(Tübingen, 1984). 불트만에 의하면, 고대 팔레스타인 원시 공동체에서 예수는 하나님에 의해 높이 들린 '인간'으로 이해되었고, 사람들은 그의 임박한 도래를 열렬히 기대하였다. 사람들은 일찍부터 그의 죽음을 구원의 사건으로, 즉 죄인들을 위한 속죄희생으로 생각하였고, 아마도 하나님이 그의 백성과 새로운 계약을 맺게 해 주신 희생으로도 이해하였던 것처럼 생각된다. 헬라적 공동체에서는 신비종교의 표상이 예수의 구원의미를 설명하는 데 도움을 주었다. 예수는 제의에서 예배되는 '주'이고, 제의에 참여하는 자들은 세례와 주의 만찬을 통해 그의 죽음과 부활에 참여한다. 그렇지만 가장 중요한 점은, 예수의 인격과 활동이 영지주의(靈智主義)의 구원신화의 개념들로 해석되었다는 사실이다. 그는 천상의 빛의 세계로부터 내려온 신적인 인물, 지극히 높은 자의 아들로서 아버지에 의해 지상에 보냄을 받아 인간의 형태 안으로 은밀하게 들어왔고, 그의 활동을 통해 구원을 가져왔다. R. Bultmann, *Das Urchristentum*(Darmstadt, 1986), 214.

한(F. Hahn)은 '기독론적 칭호'에 관한 연구 결과를 다음과 같이 요약한다:
(1) 팔레스타인 원시 기독교에서 가장 오래된 기독론은 철저히 종말론적인 방향을 취하고 있다. 다가올 인자, 재림할 주와 종말의 메시아는 전승형성의 시초에 자리를 잡고 있다. 예수가 높이 들림을 받았다는 이해는 전혀 나타나지 않는다. 재림의 지연은 주의 현존의 표상이 아니라 강한 기다림과 호소를 통해 극복된다. 예수의 지상 활동을 회상하는 것은 처음부터 결정적인 역할을 한다. 지상의 예수의 위치와 권위는 '주'라는 호칭에 의해 표현된다. 그렇지만 예수의 지상 활동은 인자(人子)의 틀 안으로도 수용된다. '아들'의 표현을 통해 초기 공동체는 예수의 특별한 전

의 의미가 무엇인지를 간단히 살펴보기로 하자.

1) 그리스도

'그리스도'란 히브리어 '메시아'를 헬라어로 번역한 말로서 '기름부음을 받은 자'를 의미한다. 메시아는 당대의 유대교적 사상에

---

권과 위엄에 관해 더 넓은 설명을 하게 된다. 주, 아들의 표상은 주로 교훈과 관련되어 전개되는 반면, 예수의 활동과 기적 행위는 선포에서 중요한 위치를 차지한다. 예수의 교훈, 활동만이 아니라 수난도 일찍부터 기독론적인 진술에 속하게 된다. 그래서 메시아의 개념이 새롭게 이해되며, 수난 전승은 메시아 칭호와 결부된다. 고난을 당하는 '인자'라는 말은 수난사(受難史)의 영향을 강하게 받았음을 나타낸다. 부활 진술도 수난과 관련되어 확고한 자리를 차지하게 된다.
(2) 헬레니즘적 유대 기독교는 매우 다른 전승의 단계를 보여 준다. 한편으로는 높이 들림의 표상이 형성되면서도, 다른 한편으로는 점차로 '메시아' 표상이 지상의 예수에게 소급되어 적용된다. 높이 들림의 표상은 재림 지연의 사실을 설명하려는, 더 철저히 말하면, 열광적인 종말 기대를 수정하려는 최초의 철저한 시도이다. 예수의 메시아성은 더 이상 종말의 활동과 관련되어 설명되지 않고, 이미 부활과의 관련성 속에서 설명되기 때문에 기존 세계 안에 예수의 활동이 현존한다는 생각이 자리를 잡을 수 있게 된다. 또 하나의 기독론적인 칭호의 구성 요소는 예수의 천상적인 통치 사상이다. 처음에는 기능적인 의미(시 110:1)를 갖던 이 사상이 헬레니즘적 키리오스 제의의 영향 아래서 점차로 예수의 신성 표상으로 발전된다. 초기에는 독자적인 예수 이해('다윗의 아들')가 존재하다가, '하나님의 아들'의 동기가 팔레스타인 전승의 예수 이해(카리스마적 인물)를 수용하고, 발전시킨다. 그리고 메시아 표상과 하나님의 아들 표상은 지상의 예수에게 소급되어 적용된다.
(3) 헬레니즘적 이방 기독교에서는 구약성서와 유대교적인 전승의 영향과 사고방식이 현저히 후퇴한다. 인자, 다윗의 아들이라는 표상은 완전히 사라진다. '그리스도'라는 칭호는 고유한 이름으로만 이해되고, 그 와 달리 '키리오스'와 '하나님의 아들'은 헬레니즘의 영향 아래서 재해석되어 전면으로 나타난다. '키리오스'는 지배적인 제의 개념이 되고, 온 세상 위의 신적인 통치 능력을 소유한 자를 찬양하기에 유용해진다. '하나님의 아들'은 천상의 선재(先在)로부터 내려온 예수의 신적인 본질을 규정하기에 유용해진다. 예수의 주권은 신비종교와 황제 예배와 대결하는 가운데서 하나님이 예수에게 넘겨주신 것으로 이해된다. 그리고 예수가 하나님의 아들이라는 표상은 성육신 사상과 강한 관련성을 지니면서, 가현설(假現說)을 방어한다. 헬레니즘적 이방 기독교의 기독론은 고대교회의 계속적인 발전 전체의 바탕을 이루는 결정적인 개념을 마련한다. F. Hahn, *Christologische Hoheitstitel. Ihre Geschichte im frühen Christentum*(Göttingen, 1974), 347 이하.

서 다양한 의미를 지니고 있는 표상이었다. 하지만 이 칭호는 대체로 다윗의 혈통에서 태어나서 이스라엘의 원수를 무찌르고 왕으로 앉게 될 구원자의 모습을 표현한다. 초대교회가 예수를 그리스도라고 불렀다면, 이는 바로 나사렛 예수가 구약성서에서 약속된 메시아임을 주장한 셈이다. 그렇지만 예수는 유대인이 기대하던 민족적인 메시아 기대를 무너뜨리고, 이를 새로운 내용으로 채웠다. 즉, 예수는 민족의 해방이 아니라 속죄의 죽음을 통해 하나님과 온 인류와의 사귐만이 아니라 만물과의 사귐에 이르기까지 새로운 길을 터놓은 그리스도였다. 그 후로부터 '그리스도'라는 칭호는 예수의 고유한 이름이 되었다.

### 2) 인자(人子)

인자라는 표현은 유대 묵시문학에 자주 나오는데, 다니엘서 (7:13)에서 인자는 다가올 하나님의 나라에서 심판자와 구원자의 역할을 하는 자로 등장한다. 초대교회가 예수를 인자라고 불렀다면, 예수가 그 자신의 활동과 고난을 통하여 세상의 심판자 역할을 한다는 사실을 주장한 셈이다. 범죄자로 심판을 받고 처형을 당한 예수가 이제는 하나님에 의해 심판자의 자리에 앉혀졌다. 그러므로 그를 따르느냐 따르지 않느냐에 따라서 심판과 구원이 궁극적으로 결정된다. 그렇지만 신약성서에서 인자의 칭호는 장차 올 심판자만이 아니라(마 8:38. 눅 12:8). 그의 고난(막 8:31, 9:30-32, 10:32-34)과 그의 지상 활동(막 2:10, 28, 눅 7:33-34)에 관해서도 말한다. 여기서도 심판자와 구원자는 민족적인 해방의 근거로 설명되기보다는 예수의 활동과 고난을 통해 설명된다.

### 3) 주(主)

예수는 두 가지 방식으로 주(主)라고 불리었다. 예수는 팔레스틴의 초대교회에서 다시 올 주라고 불리었고(마라나타), 이방의 헬라 교회에서는 예배 중에 교회와 세상의 주라고 불리었다. 주는 높이 들림을 받은 자로서 지금 예배 공동체 안에 현존하고 있다(롬 10:9, 고전 12:3). 이방인의 사회에서 신들이나 황제가 주라고 불리었다. 그렇다면 예수가 주라는 고백은 그의 신성, 배타적인 절대성, 유일한 통치권을 표현한다.

### 4) 하나님의 아들

고대 근동이나 로마와 그리스뿐만이 아니라 이스라엘에서도 왕은 하나님의 아들이라고 불리었다. 이런 기원을 가진 하나님의 아들이라는 칭호가 예수와 관련되어 사용되었는데, 무엇보다도 예수의 부활은 하나님의 아들로 인정된 사건으로 이해되었다(롬 1:4). 부활 외에도 그의 모습의 변화(막 9:2 이하), 세례 중에 들려진 하나님의 음성(눅 3:21-22), 동정녀 탄생(마 1:18 이하)은 예수를 하나님의 아들로 인정(확인)하는 사건으로 간주되었다. 그렇지만 예수는 이미 창조 전부터 하나님의 아들로서 출생하였으며, 창조 활동의 중개자로서도 활동하였다. 예수는 바로 그러한 하나님의 아들로서 세계 안으로 들어왔다(히 1:1 이하).

## 3. 예수의 신성과 인성(兩性論)

예수는 참 하나님임과 동시에 참 인간이다.[5] 예수는 하나님 혹은

---

[5] 오늘날 그리스도의 신성과 인성을 설명하려는 방법론적인 출발점은 대개 두 가지로 나누어진다. 이른바 '아래로부터의 기독론'은 예수의 역사적인 실존에서 출발하여, 역사적인 예수로부터 그의 신성(神性)을 인식하려고 한다. 이른바 '위로부터의 기독론'은 그와 달리 예수의 선재(先在)와 삼위일체의 제2격에서 출발하여, 여기로부터 그의 인성(人性)을 인식하려고 한다. 두 가지 방법론의 특징과 문제점은 다음과 같다.
  (1) '아래로부터의 기독론'은 신약성서의 케리그마 배후에 있는 역사에 대한 질문

주(主)라고 — 구약성서 70인역에서 주(主)라는 명칭은 하나님의 이름으로 사용되었다. — 불리었다. 그는 하나님의 속성(영원, 편재)을 지녔으며, 신적인 활동(창조, 보존, 기적, 구원)을 행하였다. 그러므로 예수는 하나님처럼 예배되었다(고전 8:6). 그리고 예수는 참 인간으로서 인간의 아들(人子)이라고 불리었고, 인간적인 몸을 가졌으며, 인간처럼 목마르고 허기지고 진노하고, 슬퍼하며, 기뻐하였

---

이 가능할 뿐만이 아니라 신학적으로 필요하다는 전제를 갖는다. 기독론의 과제는 단지 그리스도 고백을 전개하는 것만이 아니라 인간 예수에게서 그의 신성의 확실한 근거를 찾으려고 한다. 이 방법론에서는 교회의 그리스도 고백의 역사적인 전개와 역사적인 제약성이 고려되며, 그와 같은 고백의 적합성과 그 상황적인 연관성이 검토된다. 이 방법론은 예수 그리스도의 인간적인 모습을 존중하며, 예수의 신성을 미리 전제하는 것이 불가능하다는 점을 용인한다. 그리고 이 방법론은 예수의 역사와 인격으로부터 분리되는 기독론과 인간의 자의식 속으로 흡수되는 기독론을 반대한다. 바로 이와 같은 점에서 이 방법론은 신학적인 정당성을 갖는다(슬렌츠카). 하지만 이 방법론의 문제점은 예수를 윤리적인 모범이나 참된 인간 존재의 원형 혹은 영웅이나 인간성의 후원자로 간주하고, 그래서 기독교의 절대성, 신앙의 확실성을 위태롭게 한다는 점에 있다(몰트만).
(2) '위로부터의 기독론'은 신약성서의 그리스도 선포에서 예수의 역사적인 인격을 역사적으로 파악할 수 없다는 전제로부터 출발한다. 예수의 역사적인 인격조차도 그리스도 신앙의 인식 근거가 될 수 없다. 오히려 신앙은 먼저 부활한 자에 대한 증언과 선포, 성서의 부활 이후의 케리그마, 교회의 선포(하나님의 성육신, 지상의 예수와 부활한 자의 동일성)에 의존해 있다. 예수 그리스도의 신성은 인간적인 인식의 조종 가능성과 한계성 안에 있는 대상이 아니다. 그것은 다만 인식될 뿐만이 아니라 인식을 일으키고 신앙과 순종을 요구하는 행동하는 주체라는 사실이 강조된다. 신앙이나 자연신학을 역사적으로 입증할 수 있는 가능성과 필연성이 부인된다(슬렌츠카). 이 방법론의 문제점은 예수의 신성에 대한 고백의 근거를 제시하지 않은 채 미리 전제하고, 인간 예수의 역사적인 특수성을 간과한다는 점에 있다. 인간은 하나님의 입장에 설 수 없다(판넨베르크). 이 방법론은 특정한 신개념을 전제하고, 가현설(假現說)에 빠지기 쉬우며(몰트만), 예수의 인간성을 축소한다(퓔만). R. Slenczka, *Geschichtlichkeit und Personsein Jesu Christi. Studien zur Christologischen Problematik der historischen Jesusfrage* (Göttingen, 1967), 309-315, W. Pannenberg, *Grundzüge der Christologie* (Gerd Mohn, 1982), 26-31, J. Moltmann, 『십자가에 달리신 하나님』(김균진 역, 한국신학연구소, 1979), 102-108, H. G. Pöhlmann, 『교의학』(이신건 옮김, 한국신학연구소, 1989), 266-275을 참고하라.

다. 그러나 교회사에서 예수의 신성을 부인하는 자들(Origen, Arius, Paulus von Samosata, Nestorius 등)과 예수의 인성을 부인하는 자들(Sabellius, Eutyches, Apollinarius 등)이 생겨나서 논쟁이 일어나자, 니케아 회의(325년)와 칼케돈 회의(451년)는 예수가 참 하나님과 참 인간((Vere Deus et Vere Homo)임을 확정하였다.

이 교리는 고대교회의 교리의 핵심이었다. 왜냐하면 만약 예수가 다만 인간이나 반신(半神)에 불과하다면, 그가 인간을 구원할 수 없다고 생각되었기 때문이었다. 왜냐하면 인간은 자신을 스스로 구원할 수 없기 때문이다. 인간은 내부로부터 악의 감옥을 벗어날 수 없다. 그러므로 그는 하나님에 의해 외부로부터 해방되어야 한다. 그리고 예수가 인간을 구원하기 위해서는 그가 참 하나님일 뿐만 아니라 참 인간이기도 해야 한다. 왜냐하면 오직 인간의 불행한 처지로 내려와서 인간이 된 자만이 인간을 불행으로부터 건질 수 있기 때문이다. 그래서 고대교회는 예수가 참 하나님과 참 인간이라고 천명하였다.[6]

그러나 본성(Natura)이나 위격(Persona)이라는 개념들은 지금 우리가 이해하는 것과는 다소 다른 뜻을 지니고 있었다. 그렇기 때문에 우리가 이 개념들을 정확하게 이해하기가 어렵다. 그래서 우리는 이와 같은 개념들을 우리 시대에 적합한 다른 개념들로 대체할 수도 있다. 더욱이 그리스도에 대한 신앙은 특정한 언어 형태에 매여 있지 않다. 실로 신약성서에서도 이미 그리스도는 다양하게 해석될 수 있었다. 그러므로 그리스도에 대한 신앙은 특정한 기독

---

[6] 고대교회 기독론의 근본적인 핵심은 하나님의 아들의 성육신과 그로 인한 신성화(神聖化)에 있었다. 이레네우스와 아타나시우스에 이르기까지 고대교회 기독론의 근본적인 입장은 "하나님이 아들이 인간이 된 것은 인간이 그리스도의 신성에 참여하기 위함이다."라는 전제 위에 있다. B. Studer, *Gott und unsere Erlösung im Glauben der Alten Kirche*(Düsseldorf, 185), 80 이하.

론과 동일시되어서는 안 된다. 개념들은 마치 사상의 집을 짓는 장비와 같다. 그러므로 집이 완성된 후에는 건축 장비들을 계속 세워줄 필요가 없다. 그리고 개념은 사상을 잘못 설계하거나 변질시킬 수도 있다. 그렇기 때문에 우리는 예수의 신성과 인성의 비밀을 고지식하게 개념화함으로써 이를 합리적으로 풀려고 해서는 안 될 것이다.[7] 그러므로 브룬너(E. Brunner)의 말대로 우리는 예수의 두 본성을 말하기보다는 단지 "예수가 참 하나님과 참 인간이다."라고 고백하는 편이 더 나을 것이다.[8] 왜냐하면 하나님이나 인간에 관한 보편적인 개념은 구체적인 예수의 인격과 역사를 드러낼 수도 있지만, 동시에 이를 폐기할 수도 있기 때문이다.

실로 모든 기독론적인 구상은 예수의 유일회적인 인격과 역사를 가리킴으로써만 기독교적일 수가 있을 것이다. 몰트만(J. Moltmann)의 말대로 "너희는 나를 누구라고 생각하느냐?"라는 예수의 질문은 하나의 개방된 질문이었다. 그렇기 때문에 중요한 것은 "예수의 자기 이해가 어떠했느냐?", 즉 "그가 자신을 하나님의 아들이나 사람의 아들로 의식했느냐?"가 아니라 그의 독특한 미래적인 개방성이다. 그는 실로 '하나님의 나라'를 향해 살고, 말하고, 행동하였다. 그러므로 모든 전통적인 예수의 칭호들은 예수의 미래적인 개방성에 의해 능가된다. 예수를 믿는 신앙 고백은 미래의 희망과 결부되어 있다. 그러므로 종말에 이르러서야 비로소 우리는 예수를 참으로 이해하기 시작할 것이다.[9]

---

7) H. G. Pöhlmann, *Wer war Jesus von Nazareth?*, 120, H. G. Pöhlmann, 『교의학』, 297 이하.
8) E. Brunner, Dogmatik II, 423.
9) J. Moltmann, 앞의 책, 113 이하. 몰트만은 말한다: "영원한 하나님의 아들의 성육신 혹은 참된 인간성의 모범이 아니라 오히려 그 안에서, 그리고 그에게서 시작되고 있는 하나님 나라의 미래가 그의 가치를 결정한다.…… 신적인 천상계가 그 안에서 땅 위로 온다든지 혹은 자기 자신을 찾는 인간이 자기 자신에게로 오는 것이 아니라는 것이다. 이 역사 속에서 하나님과 인간과 세계를 위한 하나의 새로

운 미래가 시작되고 있다." 같은 책, 109. 이러한 입장은 '위로부터의 기독론'과 '아래로부터의 기독론'을 일방적으로 긍정하거나 부정하지 않고, '앞으로부터, 즉 열려진 미래개방성으로부터' 예수 그리스도의 인격과 역사를 이해한다. 이러한 기독론은 언제나 수정을 필요로 한다. 카스퍼도 이와 비슷하게 말한다: "예수 그리스도는, 우리가 일단 그 인물됨을 알아보려고 나서지만, 그 끝장을 볼 수 없는 분들 중의 하나이다." W. Kasper, 『예수 그리스도』(박상태 역, 분도출판사, 1977), 5.

# 제15장

# 예수의 선포와 활동

>>>>>>>>

마태와 마가는 다같이 예수가 '하나님의 나라'를 선포하면서 공적인 활동을 개시하였다고 말한다. "이때부터 예수께서 비로소 전파하여 이르시되, 회개하라 천국이 가까이 왔느니라"(마 4:17). "요한이 잡힌 후 예수께서 갈릴리에 오셔서 하나님의 복음을 전파하여 이르시되, 때가 찼고 하나님의 나라가 가까이 왔으니 회개하고 복음을 믿으라"(막 1:14-15). 하나님의 나라는 예수의 선포의 핵심으로서 그의 인격과 활동을 관통하고 있는 중심적인 개념이라고 할 수 있다. 이 개념은 신약성서에 160번 가량 나오지만, 복음서에 가장 빈번하게(80번 이상) 나온다. 예수의 비유(比喩)와 산상설교(山上說教)의 핵심적인 주제는 바로 '하나님의 나라'였으며, 그의 활동도 '하나님 나라'의 표징(表

徵) 혹은 비유라고 볼 수 있다.

예수는 일평생 오직 하나님의 나라를 위해 말하고 살았을 뿐만이 아니라, 죽음 앞에서도 하나님 나라의 희망을 포기하지 않았다. 십자가의 처형을 당하기 전날 밤에 베푼 마지막 만찬에서 예수는 여전히 '하나님 나라'의 희망을 확고히 붙들었다. "진실로 너희에게 이르노니 내가 포도나무에서 난 것을 하나님 나라에서 새 것으로 마시는 날까지 다시 마시지 아니하리라"(막 14:25). 사도행전은 예수가 승천하기 전 40일 동안에도 하나님 나라의 일을 전하였다고 기록하고 있다. "그가 고난 받으신 후에 또한 그들에게 확실한 많은 증거로 친히 살아 계심을 나타내사, 사십 일 동안 그들에게 보이시며, 하나님 나라의 일을 말씀하시니라"(행 1:3).

그렇다면 하나님의 나라란 무엇을 말하는가? 하나님의 나라는 예수가 처음 선포한 것이 아니라, 유대인들이 오랫동안 신앙하고 기대해 왔던 것이었다. 하나님의 나라와 상응하는 구약성서의 어법은 '하나님의 통치' 혹은 '하나님의 왕권'이다. 그런데 오늘날 많은 사람들이 오해하듯이, 구약성서에서 하나님의 통치는 미래나 사후에 이루어지는 것이 아니었다. 하나님의 통치는 특히 하나님의 창조 행위와 역사적인 구원 행위 속에서 언제나 실증되어 온 것이었다.[1] 그러나 하나님의 통치는 역사 속에서 아직 완전히 계시되지

---

1) 야웨 하나님을 왕(Melek)이라고 부르는 이스라엘의 신앙은 원래부터 이스라엘의 전승으로부터 유래한 것은 아니다. 부버(Buber)와 마그(Maag)는 이 칭호를 유목 시대로까지 소급시킨다. 즉, 족장을 인도한 하나님은 바로 동행하는 인도자로서 왕이었던 분이었고, 사사기의 기드온 이야기(8장)도 하나님의 왕권(Mashal) 표상을 담고 있다는 것이다. 그 외에도 부버는 야웨 보좌인 법궤, 언약 체결 속에 왕의 개념이 함축되어 있다고 보았다(M. Buber, *Königtum Gottes*, Heidelberg, 1956). 그러나 비록 이스라엘이 유목시대에 역사적 경험 속에서 하나님을 인도자, 지배자로 경험했다고 하더라도, 하나님을 왕의 칭호로 부른 적은 없다. 이 칭호는 가나안 점령 후에 가나안 전통, 특히 우가리트 전통에서 수용된 것이다. 왕이라는 술어는 신들의 왕권에 의해 유지되고 보존되는 질서 잡힌 세상(코스모스)을 표현하고 있다. 그렇기 때문에 이스라엘은 이 칭호를 간과할 수 없었다. 이 술어는 세

않았기 때문에 이스라엘 백성은 하나님의 통치가 가까운 미래 혹은 종말에 완전히 실현될 것을 기대하였다.

예수는 바로 이 희망을 다시 계승하고, 새롭게 선포하였다. 즉, 예수는 자신의 선포와 활동에서 이사야가 약속한 하나님의 나라가 가까이 왔을 뿐만이 아니라, 현재적으로 생생하게 실현된다고 확신하였다(마 11:2 이하, 눅 4:18 이하).[2] 예수가 선포했던 '하나님의 나라'를 간단히 요약하자면, 그것은 곧 하나님이 가져오시는 미래의 승리, 사탄적인 세력의 정복과 세계의 전환(보른캄), 모든 것들의 새로운 상태(슈니빈트), 돌입해 들어오는 세계의 완성(예레미아스), 기존하는 것의 급진적인 변혁과 절대적인 역사 전환(횔만)을 의미한다.

---

계보존과 야훼통치의 보편성을 포함하고 있다. 그러나 이스라엘은 신들의 투쟁과 다신론을 배격함으로써 이 숨어가 지니는 신화적인 요소를 벗겨버렸으며(탈신화화), 역사적인 경험(출애굽, 땅 점령, 전쟁의 승리 등)을 근거로 하여 하나님의 왕권을 고백하였다(역사화). 그리고 야훼의 왕권을 고백하는 시편(시 24:1-2, 93:1-2, 96:10)에서 하나님의 왕권을 창조행위로부터 설명한다. 후기로 갈수록 하나님의 왕권은 공간적으로 확장되었고(세계화, 우주화), 시간적으로도 확장되었다(미래화, 종말화). J. Kraus, *Die Königsherrschaft Gottes im Alten Testament* (Tübingen, 1951), W. H. Schmidt, *Königtum Gottes in Ugarit und Israel* (Berlin, 1966), J. Jeremias, *Das Königtum Gottes in den Psalmen* (Göttingen, 1987)를 참조하라. 그렇지만 이집트로부터의 해방경험, 야훼 하나님의 시내산 현현과 계시, 유일성과 절대성을 요구하는 야훼의 계명, 모세를 통해 전달된 많은 계약들 속에 나타난 '오직 야훼'의 신앙, 장막과 언약궤 위의 하나님의 현현, 그리고 앞에서 인도하시는 역사적인 하나님 경험 등도 야훼 왕권의 신앙을 예비했다고 볼 수 있다. R. Schnackenburg, *Gottes Herrschaft und Reich* (Herder, 1963), 1 이하. 특히 야훼 왕권 신앙의 형성에 영향을 미친 정치적인 요소(군주체제에 대한 저항)에 관해서는 J. V. Pixley, 『하느님 나라』(정호진 역, 한국신학연구소, 1986)와 이신건, 『하나님의 나라와 이데올로기』(성광문화사, 1990)를 참조하라.

2) 개념사적으로 볼 때, 예수는 제2이사야로부터 시작해서 포수기 이후의 예언자들에 의해 수용된, 그리고 유대묵시문학(다니엘)에까지 살아 있는 전승, 즉 하나님의 통치를 '가난한 자'에게 선포되는 종말론적인 현실로 이해하는 전승 속에 있는 것 같다. M. Kehl, *Eschatologie*(Würzburg, 1986), 137.

그렇다면 하나님의 나라는 구체적으로 어떻게 실현되는가? 하나님의 나라는 여전히 숨겨진 형태로—겨자씨와 누룩, 땅에 묻힌 보물로—존재하기 때문에 우리는 이를 완전히 파악할 수 없다. 그것은 여전히 역설적인 긴장과 미래적인 개방성 속에서 희미하게 파악된다. 그리고 하나님의 나라는 아직도 희망의 형태로 존재하고 있기 때문에 인간의 모든 합리적인 해명으로도 완전히 파악할 수 없다. "완전히 잡혔다."고 생각되는 나라는 우상의 나라일 따름이다. 인간의 머리로 완전히 파악되고 인간의 손 안에 완전히 장악되는 나라는 결코 하나님의 나라가 아닐 것이다. 그러므로 여기서 우리는 가급적 합리적인 설명 방식을 피한 채, 역설적 긴장과 모순 속에서나마 성서가 말하는 하나님의 나라가 무엇인지를 대략적으로 설명해 보기로 하자.

1) 하나님의 나라는 〈하나님〉의 나라이다. 즉, 그것은 하나님의 주도권에 의해 세워지고 성취되는 나라이지, 인간이 설계하거나 쟁취할 수 있는 나라(마 11:12)가 아니다. 하나님의 나라는 이 세상의 것, 즉 이 세상으로부터 나오는 것이 아니다(요 18:36). 하나님의 나라는 하나님의 독자적인 창조 행위, 구원과 심판의 행위를 통해 세워지고 관찰되는 나라이다. 그러므로 성서는 "하나님의 나라를 차지한다."고 말하지 않고, "하나님의 나라가 가까이 온다."고 말한다. 만약 하나님의 나라가 인간에 의해 쟁취될 수 있는 것이라면, 그것은 하나님의 나라가 아니라 인간의 나라가 될 것이며, 인간은 스스로 구원하는 셈이 될 것이다.[3] 그러므로 하나님의 나라는 모든 종류의 인간적, 차안적 유토피아와 대비되는 하나님의 유토

---

3) 이를 리델보스는 '하나님 중심의 하나님 나라'라고 부르고, 래드는 '신의 활동으로 현존하는 하나님 나라'라고 부른다. H. Ridderbos, 『하나님 나라』, 오광만 역 (엠마오, 1987), 54 이하, G. E. Ladd, 『예수와 하나님 나라』(이태훈 역, 엠마오, 1985), 205 이하.

피아로서 인간의 혁명마저도 철저히 전복하는 절대적인 혁명이라고 말할 수 있다.[4]

그러나 하나님의 나라는 하나님의 〈나라〉이다. 즉, 그것은 하나님의 뜻이 실현되는 것, 하나님의 통치와 주권이 성취되는 곳 혹은 그러한 영역을 의미한다. 그러므로 하나님의 나라는 바로 이 세상을 위해, 이 세상 안으로 들어온다. 인간 밖에서 돌입하는 하나님의 나라는 인간 가운데, 그리고 인간과 함께 실현된다. 그러므로 예수는 하나님의 뜻이 하늘에서와 같이 땅에서도 이루어지고, 하나님의 나라가 이 땅에 임하기를 기도하였던 것이다(주기도문). 하나님의 나라는 땅에 묻힌 보화처럼 우리가 이 땅에서 구하고 찾고 발견해야 할 것이고, 빵 속의 누룩과 같이 이 세상 속에서 이 세상을 변화시키는 하나님의 현재적인 능력이다.[5]

인간은 철저히 새로워져야 하지만, 새로워져야 할 것은 인간만이 아니라 온 세상이다. 인간은 구원을 받아야 하지만, 구원을 받아야 할 것은 영혼만이 아니라 온 인간이다. 하나님이 원하시는 것은 세계의 파멸이나 그 위에 떠도는 고독한 영혼이 아니라 온 세계의 완성 혹은 온 세계 속의 하나님의 뜻의 실현이다. 만약 그렇지 않다면, 세계를 위한 하나님의 활동과 세계 속의 인간의 수고도 모두 헛수고가 되고 만다. 하나님은 자신이 창조하신 세계에 대해 신실하시고, 이 세상을 지극히 사랑하신다(요 3:16). 그러므로 하나님의 나라는 우리로 하여금 이 땅에서 도피하게 만드는 모든 종류의 거

---

4) 바르트에 의하면, 하나님의 나라는 모든 기존적인 것 '이전'의 혁명이듯이, 또한 모든 혁명 '이전'의 혁명이다. K. Barth, Der Christ in der Gesellschaft in: J. Moltmann(Hg.), *Anfänge der dialektischen Theologie Teil 2*(München, 1977), 20. 로마서 주석 제1판에서도 바르트는 말한다: "이 혁명은 인간이 혁명이라고 부르는 것의 혁명이다." K. Barth, Römerbrief I(Zürich, 1919), 234.
5) 이를 래드는 '역동적 능력으로 현존하는 하나님 나라'(사탄의 결박, 추락, 하나님 나라의 역동적 사역, 역동적 말씀)라고 부르고(같은 책, 179 이하), 리델보스는 '역동적인 하나님 나라'라고 부른다(같은 책, 61 이하).

짓된 '종교적 아편'(K. Marx)을 철저히 비판한다.[6]

2) 하나님의 나라는 하나님의 〈선물〉이다. 즉, 그것은 하나님의 약속에 의해 주어지고 하나님의 능력에 의해 성취되는 희망이다. 하나님은 자신의 나라를 우리에게 기꺼이 주기를 기뻐하신다(눅 12:32). 바로 이러한 희망만이 인간을 절망으로부터 보호하며, 그를 실망과 좌절로부터 벗어나게 한다. 이러한 희망은 모든 것을 인간이 스스로 이룩해야 한다고 생각하면서, 매사를 폭력화하고 만인을 억누르는 전체주의(全體主義)로부터 자유롭게 한다. 미래를 희망하는 사람은 미래를 하나님에게 담담히 맡긴다.[7] 그러므로 하나님의 행동에 대한 담담한 기다림은 인간 중심적이고 세계 중심적인 모든 종류의 낙관주의, 개선주의(凱旋主義)만이 아니라 비관주의와 패배주의도 단호히 배격한다.

그러나 하나님의 나라는 인간의 〈임무〉로도 주어진다. 하나님의 나라가 하나님의 은혜와 선물이라고 해서, 그것은 인간을 다만 잠잠히 기다리게 만들지 않는다. 예수는 하나님 나라의 도래 앞에서 인간이 철저히 회개하고 세계가 철저히 변화되기를 요구하였다. 하나님의 나라는 인간에게 충격을 줌으로써 하나님의 나라를 위해 준

---

6) 마르크시즘의 도전에 맞서 '신앙으로부터 세상에 대해 책임적이길' 원하는 신학적 입장을 '하나님 나라' 신앙에서 규명한 책으로는 E. Buess, *Gottes Reich für diese Erde*(Neukirchen-Vluyn, 1981)를 참조하라.

7) G. Greshake, 『종말신앙』, 58-59. 카스퍼도 말한다: "하나님의 다스림은 오로지, 그리고 철두철미하게 하나님 자신의 일이다. 그것은 종교적, 도덕적인 성취를 통하여 획득될 수 있는 것도 아니요, 정치적인 투쟁을 통하여 강제로 지상에 끌어내릴 수 있는 것도 아니며, (묵시문학적) 공상으로 미리 계산할 수 있는 것도 아니다. …… 그것은 하나님이 선물로 하사하는 것이며(마 21:43, 눅 12:32), 유산으로 물려주는 것이다(눅 22:29).…… 하나님의 다스림의 도래는 일체의 인간적인 기대, 반항, 예상, 그리고 계획을 완전히 도외시하는 하나님만의 기적이요, 하나님만의 역사하심이며, 문자 그대로 하나님의 주님이심이다." W. Kasper, 『예수 그리스도』(박상태 역, 분도출판사, 1977), 135.

비하게 만들(열 처녀의 비유!) 뿐만이 아니라, 하나님의 나라를 향한 발걸음을 재촉하고(과부의 강청! 진주를 구함), 하나님의 나라를 위해 투신하게(제자의 길) 만든다. 하나님은 자신의 나라를 위해 인간이 협력하도록 하실 뿐만이 아니라(제자 파송), 인간을 통해 세계를 변혁하길 원하시며, 희망이 인간의 헌신을 통해 이 세상 안에서 관철되기를 원하신다.[8] 만약 기독교가 희망하는 하나님의 나라가 세계 변혁을 위한 참여를 독려하지 못한다면, 그것은 기존하는 세계와 무관한 허망한 신화(神話)가 되고 말 것이다.[9] 그러므로 하나님의 나라는 모든 종류의 체념과 방관, 숙명주의를 배격한다. 비록 하나님의 은총은 은혜로(공짜로) 주어지지만, 그것은 결코 '값싼 은총'(본회퍼)이 아니다. 행함이 없는 믿음은 죽은 믿음이듯이, 순종을 통해 받지 않은 선물도 환상에 불과할 것이다.

3) 하나님의 나라는 구원의 날, 즉 〈혼인 잔치〉와 같다(막 2:22, 5:3 이하). 하나님의 나라는 해방과 구원, 치유와 평화를 가져온다.[10] 하나님의 나라는 율법적인 의로움보다 더 나은 의로움(마 20:1 이하)을 가져오며, 죄인과 탕자를 조건 없이 용서하고 환대한다(눅 15:1 이하). 하나님의 나라는 모든 사람들을 초대하는 열린 잔치 마당이며(사 25:6 이하, 눅 14:12 이하), 가난하고 슬퍼하고

---

8) 다른 한편으로 카스퍼는 이렇게도 말한다: "신앙은 하나님으로 하여금 일하게 하는 것, 하나님으로 하여금 행동에 나서게 하는 것을 의미한다.…… 신앙은 이를테면 하나님의 다스림의 현존(現存)을 맞아들이기 위한 빈터이다. 이 응답 안에서야 하나님의 말씀도 비로소 그 의미를 띠우게 되게, 그 목표에 도달하게 된다." 앞의 책, 137.
9) 하나님의 나라와 윤리의 관계에 대해서는 이신건, 『하나님 나라의 윤리』(예안, 1991)를 참조하라.
10) 카스퍼에 의하면, 하나님 나라의 도래에 관한 예수의 메시지는 평화와 자유, 정의와 생명에 대한 인류의 갈망과 추구라는 지평 안에서 이해되어야 한다. W. Kasper, 같은 책, 19와 J. Jeremias, 『예수의 비유』(허혁 역, 분도출판사), 110 이하를 참조하라.

박해를 당하는 자들에게 선포되고 선사되는 행복이다(마 5:1 이하). 하나님의 나라는 사슬에 묶인 자를 해방하고, 눈먼 자들의 눈을 뜨게 하며, 억눌린 자를 자유롭게 한다(눅 4:18 이하). 즉, 하나님의 나라는 하나님의 궁극적인 의로움과 은총이 계시되는 나라이다. 그러므로 그것은 즐거운 소식(복음)이라고 불린다. 그렇기 때문에 하나님의 나라를 기다리거나 맛보는 자들은 금식하거나 슬퍼할 필요가 없다. 왜냐하면 종말론적인 메시아의 출현을 통해 자비와 구원의 하나님이 다가오시기 때문이다. 하나님의 나라가 오면, 인간은 하나님의 생명과 영광(눅 15:24 이하), 기쁨(마 25:21 이하)과 빛(눅 16:8)에 참여한다.

그러나 예수가 선포한 하나님 나라에는 〈심판〉의 기대도 포함되어 있다.[11] 예수는 종종 하나님을 종에게 재산을 맡겼다가 나중에 이를 계산하는 주인과 비교하였으며(마 25:14 이하), 하나님의 심판을 경고하였다(마 10:28, 25:31 이하). 예수는 메시아의 날의 징조를 깨닫지 못하고(마 16:3; 눅 12:56), 메시아의 잔치에 참여하지 않으며(막 2:19), 메시아의 초대를 거부하는 자들에게 기존질서의 전복을 경고하였다(마 19:30, 20:16, 눅 13:30).

4) 하나님의 나라는 무엇보다도 〈가난한 자들〉에게 선포되었다. 굶주리는 자들, 우는 자들, 버림받은 자들, 박해받는 자들이 바로 예수가 산상설교에서 선언한 축복의 우선적인 수신자들이다. 예수는 가난한 자들에게 복음을 전하는 것이 자신의 사명임을 분명히 천명하였다(눅 4:18). 그리고 예수는 바로 그들이 하나님 나라의 주체가 된다는 사실을 공언하였다. 이미 구약성서에서 '가난'의 개념은 항상 사회적인 차원(실제적인 곤경)과 신학적인 차원(하나님

---

[11] 예수의 소식은 구원의 선포일 뿐만 아니라, 때의 무서운 긴박감 앞에서의 파멸의 고지, 경고, 회개로의 부름이기도 하다. J. Jeremias, 앞의 책, 155.

에 대한 신뢰)을 포함하고 있었다. 신약성서에서도 마음이 가난한 자(마 5:3)는 그와 더불어 실제로 가난한 자(눅 6:20)이다. 실로 하나님의 나라는 가난한 자들을 위해서만 선포되는 복된 소식이다. 왜냐하면 예수가 선포한 하나님의 나라는 모든 것을 하나님으로부터 희망하는, 실제로 가난한 자들을 위해 옛 예언자들의 약속을 성취하였기 때문이다.[12] 예수는 죽은 후에 맛볼 영생으로 사람을 위로하지 않고, 지금 여기서 가난한 자들을 위한 하나님의 개입을 선포하였다(가난한 자들을 위한 하나님 혹은 예수의 당파성!).[13]

그렇지만 예수가 〈부자들〉을 무조건 구원에서 배제하지는 않았다. 그들을 위해서도 하나님 나라의 문은 열려 있다. 만약 하나님을 온전히 의지하고 가난한 자들의 운명에 참여할 태세를 지닌다면(삭개오), 부자들도 하나님의 나라에 들어갈 수 있다.[14]

예수는 하나님의 나라를 말로 선포하였을 뿐만이 아니라, 자신의 활동을 통해 가시적으로 보여주었다. 그러므로 그의 활동도 하나님 나라의 표징과 비유라고 할 수 있다.[15] 하나님의 나라는 예수의 인격 안에서 다가왔다. 그러므로 예수는 '인격 안에서 온 하나님의

---

12) M. Kehl, 같은 책, 145 이하. 물론 예수는 그의 선포 속에서 온 이스라엘을 염두에 두었다. 그는 모든 이스라엘을 야웨의 새로운 구원받은 12부족으로서 종말론적으로 소집하려고 했다. 그렇지만 예수에게서 이스라엘은 단순히 한 민족, 국가가 아니라 '가난한' 백성이었다. G. Lohfink, 『예수는 어떤 공동체를 원했나』(정한교 옮김, 분도출판, 1985), 24 이하.
13) J. Jeremias, 같은 책, 119 이하.
14) M. Kehl, 같은 책, 148-149. 카스퍼도 말한다: "이 가난한 사람들을 위하는 예수의 편파성은 전적으로 구약성서에 호응하는 것으로서…… 부자들에 대한 원칙적인 증오는 아무데서도 발견되지 않는다." W. Kasper, 같은 책, 142 이하.
15) 예수는 비유로 말하였을 뿐만이 아니라, 비유로 행동하기도 했다. 예수는 비유의 소식을 선포하였을 뿐만 아니라, 삶으로 이 소식을 나타내고, 그것을 그의 인격으로 구현하였다. 예수는 하나님 나라의 소식을 말할 뿐만이 아니라, 동시에 그 자신이 그 소식이다. J. Jeremias, 같은 책, 219 이하.

나라'라고 할 수 있다.[16] 예수의 말은 곧 행동이 되었고, 그의 행동은 곧 말하는 행동이었다. 예수의 언어는 행동으로 나타났고, 그의 행동은 메시아적인 비유 행위를 통해 살아 있는 언어가 되었다. 예컨대, 세리와 죄인들과의 식탁(밥상) 공동체, 병자의 치유와 귀신의 축출, 사죄의 행위, 이적과 기적, 예루살렘 입성, 성전의 정화, 마지막 만찬 등과 같은 행동을 통해 예수는 하나님의 나라를 현재 속으로 앞당겨 왔고, 종말을 예고할 뿐만이 아니라 구체적으로 드러내 보여주었다. 그러므로 행동으로 입증된 예수의 말, 말로 선포된 예수의 활동의 핵심은 "너희는 먼저 하나님의 나라와 그 공의를 구하라"(마 6:33)는 명령 속에 압축되어 있다.

---

16) K. Barth, KD IV/2, 743 이하.

# 제16장

# 예수의 죽음과 부활과 승천

>>>>>>>>

'하나님의 나라'는 예수의 선포와 활동만이 아니라 그의 운명까지도 철저히 관통하고 있다. 예수는 하나님의 나라를 예고하고 선포하였을 뿐만이 아니라, 자신의 활동 속에서 이를 미리 앞당겨 왔다. 바로 그로 말미암아 예수는 고난과 죽음에 이르게 되었다. 그러므로 부활 후의 예수의 제자들은 그의 운명을 통해 하나님 나라를 새롭게 이해하였고, 하나님의 나라를 통해 그의 운명을 해석하고, 선포하였다.[1] 그리하

---

1) 몰트만의 말대로, 만약 예수의 죽음은 그의 삶 없이는 이해될 수 없고, 그의 삶도 가난한 사람들을 위한 하나님 나라의 복음 없이는 이해될 수 없다면(김균진 역, 『십자가에 달리신 하나님』, 135), 그의 죽음도 하나님 나라의 복음 없이는 이해될 수 없다. 그렇다면 그의 죽음은 하나님과 그의 나라에 관한 그의 종말론적인 말씀의 종말을 의미하는가? 예수의 죽음과 더불어 그의 운동

여 복음을 가져온 자가 이제 복음 안에 포함되었고, 결국에는 그 자신이 복음이 되기에 이르렀다.[2] 이제 하나님의 나라가 예수 그리스도의 얼굴을 갖게 된 셈이다.[3] 그렇기 때문에 기독교 복음의 근간을 이루는 예수의 죽음과 부활과 승천을 하나님 나라의 빛 안에서 해명해 보기로 하자.

## 1. 예수의 죽음

예수는 침대에서 조용히 죽지 않고, 십자가에서 처절한 고통을 당하는 형벌을 받고 죽었다. 그는 뜻밖의 사고나 질병 때문이 아니라 자신의 선포와 활동의 결과로 죽었다. 그는 마지못해, 혹은 그 누구에게 강제로 떠밀려서 죽음을 당한 것이 아니라, 자발적으로 죽음을 감수하였다. 실로 예수의 하나님의 나라 복음은 소수(小數)를 제외하고는 거의 모든 이스라엘 백성에게 거부와 배척을 당하였다. 무엇보다도 그의 선포와 활동은 유대교 지도자들의 적대감을 초래하였다. 그것은 실로 예수가 스스로 초래한 것이었다. 예수는 때로는 율법을 공공연히 위반하였고, 때로는 율법의 근본정신을 철저히 캐물었다. 그는 하나님에게만 주어진 사죄의 권한을 공개적으

---

은 소멸되고, 그 대신에 다른 복음의 해석이 그의 운동을 전혀 다른 방향으로 이끌고 갔는가? 픽슬레이(Pixley)의 말대로 예수의 운동은 죽음과 부활 이후까지 영향을 미치지 못하고 죽음으로 그 추진력을 상실했기 때문에 우리는 그로부터 단지 실패하지 말아야 할 해방 전략의 경고만을 들어야 하는가? G. V. Pixley, 『하느님 나라』(정호진 역, 한국신학연구소, 1986), 132 이하.

2) 불트만은 "선포자가 선포의 대상이 되었다"고 함축적으로 표현하였고, 에벨링은 "왜 그리고 무엇을 통하여 신앙의 증인이 신앙의 근거가 되었는가?"고 물었으며, 쉬어만도 "왜 종말론적 구원론이 부활 후에 대속적 구원론으로 바뀌었는가?"라고 물었다. 이 문제는 기독론의 핵심적인 문제이다.

3) E. Schillebeeckx, *Jesus. Die Geschichte von einem Lebenden*(Herder, 1980), 284.

로 실천하였고, 죄인으로 낙인을 찍힌 자들과 남보란 듯이 교제하였다. 심지어 그는 성전에서 장사하는 자들을 몰아내었으며, 성전 파괴에 관한 발언(마 24:2)까지 주저하지 않았다. 이로 말미암아 예수는 하나님을 모독하는 자로 인정되었다.

정치적으로 예수는 로마의 불안을 야기하였다. 그는 헤롯을 보고 '여우'라고 비난하였고(눅 13:32), 로마제국의 지배 이데올로기를 공격하였다(마 20:25-26). 그는 열혈당원들과 가까이 지냈으며, 예루살렘 입성으로 말미암아 군중 소요와 반란의 위험을 증가시켰다. 특히 성전 파괴에 관한 예수의 발언(요 2:19)은 과격한 폭력 혁명가로 오해될 만한 빌미를 제공하였다.[4] 더욱이 성전 파괴에 관한 발언과 성전 정화의 행동(장사꾼을 몰아냄)을 통해 예수는 백성의 생존권까지 위협하였다.[5]

예수가 건전한 상식을 지닌 자라면, 자신의 위험한 발언과 과격한 행동이 어떤 결과를 가져올지를 전혀 몰랐을 리가 없다. 그리고 갈등의 정도가 심해질수록 머잖은 장래에 자신이 체포되고 죽음을 당할 것이라고 예측하지 못하였을 리도 없다. 그러므로 예수가 죽음을 앞두고 자신의 운명을 하나님 나라의 복음과 전혀 결부시키지 않았다고 생각하기 어려우며, 그래서 자신의 죽음에 아무런 의미도 부여하지 않았다고 단언하기도 어렵다. 그러므로 우리는 예수의 죽음이 갖는 구원적인 의미를 단순히 부활 후의 교회가 내린 사후의 해석으로만 여길 필요는 없다. 즉, 예수의 죽음이 갖는 구원적인 의미가 어떤 방식으로든 예수의 자의식(自意識)에 이미 뿌리를 내리고 있었다고 보아야 한다.[6]

물론 예수의 죽음에 관한 신약성서의 설명은 부활 후의 교회의

---

4) J. Moltmann, 『십자가에 달리신 하나님』, 133 이하.
5) 예루살렘 성전의 경제적인 중요성과 비중에 관해서는 J. Jeremias, 『예수시대의 예루살렘』(한국신학연구소, 1988), 131 이하, 181 이하를 참조하라.
6) H. Schürmann, *Gottes Reich-Jesu Geschick*(Herder, 1983), 187.

선포에 의해 착색(着色)되었기 때문에 원래의 역사 자료를 정확히 재구성하기란 쉽지 않다.⁷⁾ 그리고 예수의 죽음에 대한 초대교회의 여러 해석들(의인의 고난, 예언자의 운명, 하나님의 숨겨진 구원계획, 모범적인 헌신)은 처음부터 분명한 구원론적인 의미를 포함하고 있지 않았다.⁸⁾ 그러나 시간이 흐를수록 점차로 예수의 죽음에 대한 이해는 구원적인 의미를 띠기 시작했다.

물론 구원이 예수의 죽음을 통해서만 실현된 것으로 보거나, 그것을 순전히 희생제사, 대리적인 속죄로만 이해하는 것도 지나치게 협소한 생각이다.⁹⁾ 그러나 종말론적인 하나님 나라의 표상은 고난의 표상과 밀접히 결합되어 있다.¹⁰⁾ 특히 섬김의 동기는 예수의 생애와 죽음을 관통하는 구원적인 의미를 갖고 있다. 그의 죽음은 죄

---

7) J. Knox, 『그리스도의 죽음』(채위 역, 대한기독교서회, 1971), 11 이하. 존 녹스는 복음서의 전승 안에는 세 가지 경향이 있다고 주장한다: (1) 예수의 사형사건을 굉장히 중요시하고, 그 사건을 의미화하려는 노력이 엿보인다. (2) 로마인의 역할을 경시하고, 은연중 유대인의 역할을 강조하려는 경향이 있다. (3) 그 사건의 정치적 의의를 깎아 내리려는 경향이 있다.
8) E. Schillebeeckx, 같은 책, 242 이하와 조순, 『그리스도론』(한들출판사, 2004), 180 이하를 참조하라.
9) H. Schürmann, 같은 책, 186. 몰트만은 예수의 죽음을 단지 속죄물의 표상과 관련시켜서 해석하려는 경향을 비판하며, 십자가의 대리하는 구원의미는 속죄표상을 넘어서야 한다고 주장한다. 왜냐하면 속죄표상은 부활의 케리그마와 아무런 내적인 신학적 관련성을 제시할 수 없고, 속죄제물의 부활에 대해서 말하기도 어렵기 때문이다. 속죄는 언제나 소급적인 성격을 가지고 있다. 그 미래적 의미는 원상태의 복귀에 있지, 하나의 새로운 삶의 시작에 있지 않다. 예수는 단지 희생제물로만 죽은 것은 아니다. 그는 우리 '죽은 자들'을 그의 부활의 새로운 삶과 영원한 생명의 미래에 참석하도록 하기 위하여 '우리를 위하여' 죽었다. J. Moltmann, 같은 책, 190 이하. 여기서 몰트만은 예수의 죽음을 메시아의 죽음, 하나님 자녀의 죽음, 유대인의 죽음, 노예의 죽음, 살아 있는 것의 죽음으로 이해함으로써 이전의 죽음이해의 지평을 넓힌다, 같은 책, 239 이하.
10) 슈바이처에 의하면, 하나님 나라의 도래와 종말론적 재난, 메시아의 도래와 그 메시아의 고난의 시대는 서로 결합되어 있다. A. Schweitzer, *Das Messianitäts- und Leidensgeheimnis*, 81-88.

인을 위한 사랑의 섬김으로서 새로운 친교를 가능케 하였다.[11] 살아 있을 때에 예수의 사명이 섬김에 있었다면, 그의 죽음도 섬김의 행위로 이해될 수 있다.[12] 그의 고난과 죽음은 분명히 낮아지고 숨겨진 하나님 나라의 모습에 속한다. 즉, 그의 죽음은 무능력 속에 숨겨 있는 하나님의 나라, 죽음 속에 숨겨 있는 생명, 시대의 제약 아래 있는 하나님 나라의 실현 형태라고 볼 수 있다.[13] 특히 죽음의 세례(막 10:38-39)에 관한 발언, 성만찬 전승은 이러한 방향을 강하게 지시한다. 더욱이 예수는 자신의 죽음을 성만찬과 결합하였을 뿐만 아니라, 성만찬을 구원의 희망과 결합하였다. 예수는 죽을 때까지, 아니 죽음 속에서도 자신의 운명이 갖는 구원적인 의미를 포기하기는커녕, 더욱 강하게 확신하였다.[14]

그래서 초대교회는 구약성서의 전승(지혜 전승과 종말론적, 묵시적 전승, 특히 이사야 53장의 '고난을 당하는 하나님의 종'의 전승 등)의 도움을 받아, 예수의 죽음을 '우리를 위한 죽음'(눅 22:19), '많은 사람들을 위한 죽음'(막 14:22), '우리의 죄를 위한 죽음'(고전 15:3)으로 선포하기 시작하였다. 그리하여 예수의 하나님의 나라 표상이 그의 삶으로 구체화되었듯이, 그의 죽음도 하나님 나

---

11) E. Schillebeeckx, 같은 책, 268 이하. 그에 의하면, 예수의 섬김(제자들의 발을 씻김)의 동기는 특히 만찬 전승에 깊이 뿌리박고 있다. 예수의 섬김은 그의 죽음의 구원론적인 동기를 이미 보여 주고 있다. 종말의 하나님 나라의 잔치에서도 지상의 예수와 종말의 예수의 동일성이 생겨난다. 보른캄도 예수의 고별만찬을 하나님의 계약의 갱신 혹은 '새로운 계약', 곧 하나님의 새로운 구원질서의 창설이라는 의의를 가진다는 점에 동의한다. G. Bornkamm, 『나사렛 예수』(강한표 역, 대한기독교서회, 1973). 163.
12) 카스퍼는 말한다. "과연 예수는 그의 삶과 죽음에서 다른 사람들을 위하는 인간이다. 이 위타존재(爲他存在)야말로 그의 가장 심오한 본질을 이룬다. 그는 이 위타존재에서 인간에 대한 하나님의 사랑의 인격적 화신(化身)이기 때문이다." W. Kasper, 『예수 그리스도』(박상태 역, 분도출판사, 1977), 213.
13) 앞의 책, 209.
14) M. Kehl, *Eschatologie*(Würzburg, 1986), 150 이하.

라의 구원을 실현하는 통로가 되었다.[15]

그렇지만 예수의 죽음에 대한 초대교회의 이해는 매우 다양한 설명 방식과 상징(희생양, 계약의 희생제물, 속죄제물, 속량, 채무로부터의 해방, 화해)을 통해 표현되었고, 더욱이 이를 우리 시대에 적절히 선포하기란 쉽지 않다.[16] 그리고 역사적으로 속죄론(贖罪論)은 대체로 세 가지 유형(고전적 유형, 라틴적 유형, 주관적 유형)으로 나타났으며, 이것들은 나름대로 장점과 단점을 지닌다.[17]

여하튼 예수의 죽음은 상황적, 수동적인 사고가 아니라, 자발적이고도 능동적인 희생이었다. 그리고 예수의 죽음은 죄의 대가로, 혹은 하나님의 진노를 풀기 위한 방법으로 인간이 하나님에게 바친 희생 제물이 아니었다. 그것은 오히려 사랑의 하나님의 능동적인 행위였다(요 3:16). 하나님도 자신의 아들을 기꺼이 버리셨으며(롬 8:32), 예수도 아버지에게 순종하여 자신의 몸을 기꺼이 버렸다(갈 2:20). 그러므로 예수의 죽음은 또한 하나님 안의 죽음, 즉 삼위일체적인 사건으로도 이해되어야 한다.[18] 즉, 예수의 죽음은 삼위일체 가운데서 제1위가 제2위를 배척하여 죽인 죽음이며,[19] 인성(人性)과 합일한 하나님의 죽음이었다.[20]

---

15) H. Schürmann, 같은 책, 197.
16) G. Friedrich, 『예수의 죽음 - 신약성서의 이해』(박명옥 역, 한국신학연구소, 1988)와 B. Janowski, 『대속』(김충호 옮김, 한국신학연구소, 2005)를 참조하라.
17) G. Aulen, 『속죄론 연구』(전경연 편, 복음주의신학총서 4, 1970). 마지막 각주 뒤의 도표를 참조하라.
18) J. Moltmann, 『십자가에 달리신 하나님』, 154 이하, J. Moltmann, 『삼위일체와 하나님의 나라』, 104 이하.
19) W. Popke, *Christus traditus. Eine Untersuchung zum Begriff der Dahingabe im Neuen Testament*(AThANT 49, 1967), 286 이하.
20) M. Luther, *Von den Konziliis und Kirchen*(WA 50, 1539), 13 이하: "우리를 위해 죽으신 분이 하나님이 아니라 단지 인간에 불과하다면, 우리는…… 잃어버린 바 된 것이다. 하나님은 그의 본성상 죽을 수 없으나 신성과 인성이 한 인격 안에서 결합되었으므로, 하나님과 한가지이거나 한 인격이신 분이 죽었을 때, 그것을 하나님의 죽음이라고 부르는 것은 옳다."

하나님은 아들의 고난 속에서 친히 인류의 고난을 지셨고, 이를 통해 인류의 고난에 동참하실 뿐만이 아니라, 이를 극복하기를 원하셨다. 즉, 하나님의 아들 예수는 '심판을 받은 심판자'(바르트)로서 섬김의 행동을 통해 인류의 구원자가 되었다. 그러므로 십자가는 하나님의 은총의 상징이다. 그렇지만 십자가는 또한 그리스도인의 임무의 상징이기도 하다.[21] 즉, 그리스도인의 고난은 예수의 고난의 연속(連續) 혹은 보완(補完)은 아니지만, 그의 고난에 참여함으로써 그의 삶과 일치하는 삶을 살아야 한다.[22] 예수의 고난은 우리의 고난을 면제해주는 값싼 은총이 아니라, 예수를 뒤따르게 하는 값비싼 은총이다(막 8:34). 이것이야말로 본회퍼의 말대로 참다운 제자의 길이다(눅 14:27).

## 2. 예수의 부활

예수의 죽음은 그의 생애의 종말이 아니라 새로운 시작이었다. 왜냐하면 그는 죽음에서 좌초하지 않고, 죽음을 통과하면서 죽음을 극복하였기 때문이다. 예수의 부활은 역사적 사건이지만, 역사에서

---

21) J. Knox, 같은 책, 161.
22) K. Barth, KD IV/2, 676 이하.
23) J. Moltmann, 『희망의 신학』, 192 이하. 몰트만에 의하면, 계몽주의 이후의 인간의 역사 이해는 유비(類比)의 전능성에 입각해 있고, "모든 역사적 사건이 원칙적으로 비슷하다"는 절대적 법칙성, 공통된 통일성의 전체에 의존해 있기 때문에 부활의 현실성을 파악할 수 없다. 또 한편으로 역사적 질문을 포기하고 부활증언의 주관적 성격(인격적인 만남, 객관화할 수 없는 체험, 실존적인 결단)에 집착하는 것도 부활선포를 공중에 뜨게 만든다. 역사를 필연적인 것이 아니라 개연적인 것, 개별적인 것, 새로운 것으로 파악할 때, 비로소 부활 이해는 시야에 들어올 수 있다. 그리스도의 부활은 우리에게 잘 알려진 역사 안에서 유사한 것을 갖지 않지만, 바로 그렇기 때문에 '역사를 만드는 사건'으로 간주될 수 있다. 그것은 종말론적인 미래를 열어주기 때문에 역사적이다. 같은 책, 195 이하.

유비(유례)를 찾을 수 없는 새로운 하나님의 행위였기 때문에 역사적으로 입증하거나 반증할 수 있는 사건은 아니다. 그렇지만 그것은 제자들의 환상(슈트라우스)이나 십자가의 의미의 연장(불트만)이 아니라, '종말론적으로 새로운 것', '새로운 창조'였다.[23] 무엇보다도 뿔뿔이 흩어졌던 제자들이 다시 모여든 것과 선교의 사명을 품고 온 세상 안으로 흩어져 나간 것은 예수의 현현(顯現)과 파송(派送)이 없이는 이해하기 어렵다.[24] 부활한 예수를 예기하지 못하게 목격한 것은 물론 믿음의 목격이었다. 하지만 그것은 믿음이 낳은 목격이 아니라, 오히려 믿음을 낳은 목격, 믿지 못하는 완고하고 반항하는 마음들을 압도한 목격이었다.[25] 그러므로 부활사건은 그리스도에 대한 고백의 출발점, 기독교 신앙의 영원한 초석(礎石)이다.[26] 그렇다면 부활의 본질과 의미는 무엇인가?

  1) 부활은 예수의 주장을 정당한 것으로 입증한 사건,[27] 그의 복음에 대한 하나님의 인정,[28] 예수에 대한 하나님의 긍정이었다.[29]

  2) 부활은 돌입해 들어오는 종말의 표징, 하나님 나라의 궁극적인 수립의 시초, 하나님 나라의 완성을 향한 질주였다.[30]

---

24) 초기 교회의 선교적인 열심을 '인지적 부조화 이론'(The theory of cognitive dissonance)으로써 설명해 보려는 시도는 기독교의 특수성을 외면한 것으로서 지극히 심리주의적인 가설일 수밖에 없다. 이 이론에 따르면, 하나의 중요한 신앙이 부정당함으로써 오는 고뇌와 회의적인 상황인식에 대한 반응으로 열성적인 선교적 활동을 벌일 수도 있다는 것이다. 즉, 예수의 죽음은 예수가 메시아라는 신앙을 반증하는 것으로 생각된 인지적 부조화감을 배태시켰고, 이 고뇌감이 합리화 혹은 개종주의를 낳게 했다는 것이다. J. G. Gager, 『초기기독교 형성과정연구』(김쾌상 역, 대한기독교서회, 1980), 68 이하.

25) H. Grass, *Osterglauben und Osterberichte*(Göttingen, 1964), 233 이하.

26) W. Pannenberg, *Das Glaubensbekenntnis*(Gerd Mohn, 1982), 104.

27) W. G. Kümmel, 『주요 증인들에 따른 신약성서신학』(박창건 역, 성광문화사, 1985), 118.

28) U. Wilckens, 『부활』(박창건 역, 성광문화사, 1985), 160 이하.

29) G. Bornkamm, 『나사렛 예수』(강한표 역, 대한기독교서회, 1983), 188.

30) E. Schweizer, *Jeus Christus*, 55, G. Bornkamm, 앞의 책, 188. W. Kasper,

3) 부활은 하나님에게 버림받은 상태의 극복, 심판과 저주의 극복, 죽음 안에서 죽은 것의 극복, 부정적(否定的)인 것의 부정, 하나님의 부정의 부정이었다.[31]

4) 부활은 증인들에게 선교를 위한 파송과 소명을 가능케 한 체험이었다. 만약 이 체험이 없었다면, 기독교는 발생하지 못하였을 것이다.[32]

5) 부활은 예수를 하나님의 유일한 아들, 우리와 세계의 주님으로 입증한 사건,[33] 예수를 만물의 통치자로 들어 올린-하나님의 우편에 앉힌-사건이었다.[34]

6) 부활은 예수의 재림을 기대할 수 있게 만든 사건,[35] 죽은 자들의 부활을 미리 앞당긴 사건이었다.[36]

7) 부활은 시체의 단순한 소생, 생명의 회복이 아니라 전혀 새로운 변화였다. 부활은 철저한 변화로서 이전의 몸 대신에 전혀 다른 것이 나타난 사건이 아니라, 바로 그 몸에 일어난 변화였다.[37]

8) 하나님은 인간의 영혼만이 아니라 인간의 몸도 구원하시며, 인격적인 존재만이 아니라 비인격적인 우주도 구원하시며, 십자가

---

같은 책, 250.
31) J. Moltmann, 희망의 신학, 232.
32) U. Wilckens, 같은 책, 168.
33) W. Pannenberg, 같은 책, 104.
34) E. Schweizer, 같은 책, 68 이하.
35) W. Pannenberg, 앞의 책, 105.
36) W. Kasper, 같은 책, 274. 카스퍼에 의하면, "예수의 부활은…… 단순히 이미 지나가버린 유일회적이며 마감된 사건이 아니다. 그것은 인간의 전인적 완성, 새 인류와 새 세상이라는 종말론적 완성을 내포하고 있다.…… 그것은 미래의 자유의 왕국에서 바쳐오는 서광이요, 그 첫 출현이다." 빌켄스도 부활을 이미 지나간 것이 아니라 현재적인 것에서 활동하는 진리로 보고 있다. U. Wilckens, 같은 책, 169. 몰트만도 말한다: "부활은 거짓된 위로를 주는 '피안의 아편'이 아니라, 이 삶을 다시 태어나게 하는 힘이다.…… 부활은 매일 일어난다." J. Moltmann, 『예수 그리스도의 길』, 343.
37) W. Pannenberg, 같은 책, 106-107.

안에서 받아들이신 온 세상을 부활 안에서 복귀시키기를 원하신다. 그러므로 부활은 신체적인 특성(영적인 몸, 신령한 몸)을 갖는다.[38]

## 3. 예수의 승천

예수가 부활 속에서 계시되고 효력을 나타낸 종말적인 하나님 나라의 통치자로 들림을 받은 사건은 하나님의 우편에서 앉힘으로 계속 전개되었다. 그렇다면 이 사건은 하나님의 나라와 무슨 상관이 있으며, 하나님의 나라에 어떤 의미를 주는가?

1) 예수는 원래 하나님에게만 속해 있는 권세와 위치에 앉히게 되었다. 이로 말미암아 하나님의 나라(통치)는 이제부터 그리스도의 나라(통치)와 동일한 것이 되었다. 높이 들림을 받은 인자(人子)의 통치는 궁극적인 화해, 세상의 변혁, 인간의 갱신과 인간화를 지향한다.[39]

2) 하나님을 통해 세워지는 왕권 통치는 이제 예수의 통치 형식 속에서 실현된다. 그렇기 때문에 초대교회는 점차로 '하나님의 나라'를 선포하기보다는 그 대신에 '그리스도의 주권'을 선포하기 시작하였다(어휘 변화). 즉, 초대교회에서 하나님의 나라는 높이 들린 예수의 통치 속에서 새롭게 활성화되었다.[40] 그렇지만 초대교회가 더 이상 하나님의 나라를 선포하지 않거나, 이를 뒷전으로 밀쳐놓았던 것은 아니다. 초대교회는 오히려 하나님의 나라 선포를 중심으로 형성되었다고 할 수 있다. 기독론의 발전이 그 어디서도 하나님의 나라 선포를 뒷전으로 밀쳐놓지 않았다. 하나님의 나라 선포는 오히려 더 강한 교훈적, 개념적인 특징을 지닌 가운데서 초대교

---

38) H. G. Pöhlmann, 『교의학』, 290.
39) R. Nordsieck, *Reich Gottes, Hoffnung der Welt*, 91.
40) R. Schnackenburg, *Gottes Herrschaft und Reich*(Herder, 1963), 186.

회를 형성한 중요한 동기가 되었다.[41]

---

41) G. Dautzenberg, *Der Wandel der Reich-Gottes-Verkündigung in der urchistlichen Mission in: zur Geschichte des Urchristentums*(Herder, 1979), 여기서 다우첸베르크는 Q자료에 근거하여, 50-60년대의 신학에서 역사적 예수와 케리그마적 그리스도를 구분해 온 방식에 이의를 제기하고, "하나님 나라의 복음이 사도의 구원선포에서 분명히 퇴조하고, 메시아와 주로서의 예수에 관한 메시지가 중심을 차지하게 되었다."는 슈나켄부르크(R. Schnackenburg)의 입장에도 제동을 건다. 비록 초대교회의 신학에서 변화와 재해석이 나타나긴 하지만 광범위한 접촉과 공통성이 존재하며, 여전히 하나님의 나라의 선포가 고유한 중심을 차지하고 있다고 그는 주장한다.

아울렌의 분석에 따른 속죄론의 세 가지 유형

| | 고전적 유형 | 라틴적 유형 | 주관적 유형 |
|---|---|---|---|
| 신관 | 모든 것의 지배자로서 인간에게 오셔서 인간을 구원하는 일에 몸소 관여하여 일하는 하나님. | 멀리 계시다고 느끼는 하나님. | 변치 않는 하나님의 사랑. 하나님은 더 멀리 계시고, 사람이 하나님에게로 움직임. |
| 죄관 | 사람 배후에 객관적 세력이 존재함(악의 실재성). 죄를 무인격적 세력으로 취급함. | 죄를 심각히 취급하지 못하고(도덕주의, 율법주의) 물체화함. 그리스도의 만족행위의 공로가 전달됨. | 죄의 관념이 약화됨. 악에 대한 하나님의 철저한 적대, 심판을 불신함. |
| 구원관 | 그리스도의 단 한번의 승리가 성령의 역사 속에서 계속 열매를 거둠. 속죄와 칭의는 같은 사실임. 그리스도의 영원한 승리가 강조됨. | 속죄는 그리스도의 만족행위와 하나님의 용납임. 사람은 그 행위와 무관함. 칭의는 이 차적(전가하는) 행위임. 그 다음에 오는 성화는 두 개념과 유기적 연관이 없음. | 그리스도의 영향으로 사람 속에서 일어나는 변화가 강조됨(조화, 마음의 평화, 자기실현). |
| 성육신과 속죄의 관계 | 성육신과 속죄 간의 긴밀한 관계를 강조함 성육신은 전제이고 속죄는 완성임. | 성육신과 속죄의 관계의 참 의미는 없음. | 그리스도는 추상적, 비현실적 인물, 이상화된 인간, 신인 간의 중간 존재임. 성육신 교리를 무시함. |
| 구조 | 하나님의 활동의 계속성을 보장 함. 잠정적으로 이원론적임(악과 하나님의 싸움). 신인의 관계를 정의, 공로가 아니라 은총의 빛에서 봄. | 법적 질서의 계속성을 강조함. 하나님의 활동의 계속성이 상실됨(요구된 만족이 치러짐). 합리적 설명함. | 속죄는 하나님의 업적이 아니라 사람에게서 일어난 계속적인 사실의 결과임(회심, 개선). 완전한 모범, 이상적 인간인 그리스도의 업적이 신인 사이에 영향을 끼침. |
| 대표자 | 이레네우스, 오리게네스, 키릴, 크리소스톰, 루터, 아울렌. | 터툴리안, 키프리아누스, 아우구스티누스, 안셀름, 칼빈, 바르트, 브룬너. | 아벨라드, 슐라이어마허, 리츨. |

## 제17장

# 성령은 누구인가?

>>>>>>>>

교리사적으로 볼 때, 성령은 대체로 두드러진 비중을 갖지 못하였으며, 교회와 신학의 자의식(自意識)에서도 중요한 역할을 하지 못하였다. 교회는 362년(알렉산드리아 공의회)에 이르도록 성령의 본질에 관한 고유한 이론을 갖지 못하였으며, 그리스도의 본질에 관해서는 오랫동안 논쟁하고 교리적인 발전을 이룩하였던 것과는 달리 성령에 관한 논쟁과 교리적인 발전은 매우 미미하였다.[1] 오늘날에도 오순절

---

1) W. Dantine, *Der Heilige Geist und unheilige Geist*(Stuttgart, 1973), 1. 엄밀한 의미에서 교리적인 성령론은 삼위일체의 제3위격으로서의 성령에 관한 교회의 교리와 함께, 다시 말하면, '하나님 자신'으로서의 성령 이해와 함께 역사의 무대에 나타난다. 이 사건의 전환점을 이룬 알렉산드리아 공의회는 아타나시우스의 지도력 아래 성령의 신성을 배격한 자들과 논쟁한 이후

교회에 속하거나 부흥운동과 관련된 사람들을 제외하면, 대부분의 사람들에게 성령은 여전히 관심 밖의 일이다. 신학은 오랫동안 '급성 성령 망각증'을 앓아 왔다고 할 수 있다. 수세기 동안 교리적 논쟁이 기독론에 집중된 나머지, 성령의 활동은 무관심 속에 방치되어 왔다.[2] 이러한 원인을 카스퍼(Kasper)는 두 가지로 설명하고 있다.[3]

1) 하나는 일찍부터 전개되기 시작한 열광주의와의 논쟁이다. 비록 바울은 은사의 자유를 높이 평가하였지만, 성령 충만의 믿음 속에서 예수에 대한 신앙, 교회 질서에 대한 순종이 없이 육감적인 황홀현상에 빠진 열광주의자들과 논쟁하여야만 했다. 열광주의자들은 "모든 것을 할 수 있다"(고전 6:12, 10:13)고 생각하였던 것 같다. 하지만 바울은 주관적인 경험과 개인의 자유 과시를 성령의 척도로 삼을 순 없었다. 그는 객관적인 척도, 즉 그리스도에 대한 신앙과 교회의 건덕(健德)을 강조하였다(고전 12:3 이하).

그 후에도 객관적인 문자주의와 주관적인 열광주의 간의 긴장은 잘 유지되지 못하였다. 비록 교회사의 위대한 성자들이 거듭 성령의 은사를 강조하여 왔지만, 몬타누스(Montanus)를 비롯한 이단들과 열광주의자들과 논쟁하는 과정에서 성령은 교회의 제도에 점점 더 매이게 되었다.[4] 그리하여 성령은 교회에 길들여졌고, 성령

---

에 하나님의 삼위일체를 완성할 수 있었다. 그리고 19년 후에 열렸던 제2공의회(콘스탄티노플, 381년)에서 이 교리는 처음으로 온 교회의 교리로 채택되었다. 물론 니케아 공의회(325년) 때에도 삼위일체론이 언급었지만, 성령의 신성은 분명히 포함되지 못하였다. 그런 점에서 볼 때, 오랫동안 성령론은 불확실한 채로 남아 있었다.

2) O. A. Dilschneider, *Der Geist führt in die Wahrheit*(Ev. Komm. 6, 1973), 336 이하.

3) W. Kasper, G. Sauter, *Kirche-Ort des Geistes*(Herder, 1976), 14 이하.

4) 몬타누스는 방언으로 말하고, 예수가 약속한 성령이 그를 통해 말하고 있다고 선언하였다.

의 은사는 매우 강력한 교권적인 구조로 말미암아 질식되곤 하였다. 그러는 동안 성령은 성직계급적인 교회의 영으로 이해되었다.

2) 성령이 망각된 또 다른 이유는 특히 서방교회의 삼위일체론의 발전에 있다. 특히 아우구스티누스의 영향을 받은 라틴교회의 삼위일체론은 '그리스도를 통해 성령 안에서 활동하시는 아버지의 구원의 역사'로부터 출발하지 않고, 성서와는 달리 '하나이면서 셋으로 파악되는 신적인 본질'로부터 출발하였다. 그리하여 원래의 구원사적인 찬송("그리스도를 통해 성령 안에서 활동하시는 아버지께 영광을 돌릴지어다.")이 교리적인 찬송("아버지와 아들과 성령께 영광을 돌릴지어다.")으로 대체되었다.[5] 이로 말미암아 세 신적인 위격(位格)의 특별한 구원사적인 활동이 간과되었으며, 성령의 인격적인 내주(內住)와 그 역사적인 역할도 무시되었다.

이러한 이유 때문에 성령은 교회 안에서 푸대접을 받게 되었으며, 성령에 대한 관심은 교회 밖에서 인정을 받기에 이르렀다. 그와 같은 결과로 성령은 점점 더 세속화(世俗化)되었으며, 성령론은 점차로 불분명해졌다. 그로 말미암아 성령은 마치 카멜레온처럼 수많은 색깔을 지니게 되었다.[6] 그러나 오늘날에는 다시금 성령의 중요

---

5) J. A. Jungmann, *Die Stellung Christi im liturgischen Gebet*(Münster, 1962), 151 이하.
6) K. Gutzkow, *Der Ritter vom Geiste,* 1850. 성령은 교회로부터 세상 안으로 들어가서 완전히 새로운 의미를 얻게 되었고, 거듭 다시금 억압되고 망각된 고유의 진리의 요소들을 관철해 나갔다. 이러한 세속화의 예는 종교개혁 당시의 좌익(정치적 이데올로기에 큰 영향을 미침), 유럽에서 미국으로 건너간 좌파 프로테스탄트(아메리카 혁명과 인권 선언에 큰 기여를 함), 유럽의 대교회의 중압감 아래서도 존속해 간 경건운동(교회의 지반을 내적으로 침식함), 유럽의 계몽주의 등이 있다. 계몽(Aufklärung)이라는 개념은 라틴어 조명(Illuminatio)이라는 개념의 번역어인데, 이 개념은 이 운동의 대변자들이 선호한 개념이었지만, 교회의 성령론의 교리적 핵심 용어였다. W. Dantine, 같은 책, 32.

성이 강조되고 있다. 한편으로는 새로운 성령 운동 혹은 오순절 운동, 명상 운동, 영성 운동 등이 이에 기여하였고, 다른 한편으로는 성령론의 재발견을 통한 교회갱신과 교회일치 운동도 여기에 기여하였다.

그렇다면 성령은 누구인가? 먼저 영(靈)의 어원을 고찰해 보자. 구약성서에서 영은 '루아흐'(ruah)라고 일컬어진다. 루아흐는 바람 혹은 호흡의 의미를 가진 것으로서 본질적으로 정체해 있는 게 아니라, 호흡과 바람처럼 볼 수 없는 힘, 출처와 방향을 알 수 없지만 다른 것을 움직이는 힘, 호흡 속에서 나타나는 활력을 뜻한다. 후기로 갈수록 루아흐는 점차 보편화되어서, 평상시의 호흡이나 인간 속의 의지와 행위의 중심을 뜻하기도 하였다. 그렇지만 루아흐는 육체와 대립되는 뜻을 가지지는 않았다. 왜냐하면 구약성서는 몸과 영의 대립을 모르기 때문이다. 세속적으로 루아흐는 바람, 숨, 그 특별한 움직임을 뜻하였다.[7]

신약성서는 '루아흐'를 번역하기 위해 그리스어 '프뉴마'(Pneuma)를 빌려왔다. 이 개념의 뿌리에도 공기의 에너지 운동, 생명력, 자연의 힘(질료나 과정)이라는 뜻이 들어 있다(物活論).[8] 그렇지만 일반적인 영 이해는 '하나님의 영'에 관한 성서의 독특한 설명과는 근본적으로 다르기 때문에 성서의 '영' 이해를 올바르게 이해하기 위해서는 이를 산출한 배경을 살펴보아야 한다. 영에 관한 성서의 설명은 그와 유사한 영 이해와 구분되어야 한다. 그렇기 때문에 우리는 요한의 말대로 "영이라고 모두 믿을 것이 아니라,

---

7) THW zum AT, 726 이하. 고대 이스라엘 사람들이 바람을 신학적으로 사용하게 된 이유는 바람의 특성 때문이다. 바람의 형태와 활동은 하나님의 존재방식과 유사하다. 그러므로 바람은 비가시적인 하나님에 대한 일종의 계시 형태를 보여준다. 이처럼 바람과 하나님의 호흡, 즉 영과의 관련은 희랍인의 영혼 신앙에서 발전된 것이 아니라, 자연 관찰에서 비롯된 것으로 보인다. 김희성, 『부활신앙으로 본 신약의 성령론』(대한기독교서회, 2000), 27 이하.

8) TBL zum NT, 479 이하.

오직 영이 하나님에게 속하였는지를 시험해 보아야 한다"(요일 4:1).⁹⁾ 그렇다면 성서는 성령을 누구라고 말하는가?

## 1. 하나님의 영

성서에서 하나님이 거룩한 영이시라는 사실은 자명한 것이다. 먼저 성령에 관한 진술은 하나님에 관한 진술과 교환되어 사용된다(행 5:3-4, 고전 3:16-17, 6:19-20). 그리고 성령은 하나님의 속성 혹은 특성을 가진다. 성령은 전지(全知)하다(고전 2:10-11, 요 16:13). 성령은 영원하다(히 9:14). 그리고 성령은 하나님에게 속한 활동을 수행한다. 성령은 세계 창조와 새 창조, 만물의 유지와 갱신에 관여한다(창 1:2, 시 104:30, 요 3:5-8). 특히 성령은 아버지와 아들과 나란히 언급된다(마 28:19, 고후 13:13).

하나님의 영은 지성적, 종교적 혹은 초자연적인 세계에서 나오는 영과는 비교할 수 없는 진리의 영으로서 다른 영들과 투쟁하며, 사랑의 영으로서 하나님의 피조물에 유익을 주면서, 모든 것 안에서 빛을 발한다. 우리가 하나님을 영이라고 말할 때, 하나님은 누구신가? 하나님은 익명적인 형태를 가진 어떤 초세계적인 존재를 가리키는 일반적인 개념이 아니라, 이스라엘의 하나님이시다. 하나님은 추상적, 초지상적인 존재가 아니라, 인간을 사랑하시기 때문에 세계 안으로 들어오셔서, 세계를 구원하시는 분이시다. 그러므로 하나님은 오직 구원 행위와 더불어 자신을 중재하시는 분으로서 인식된

---

9) 그리스 세계에서 프뉴마는 물질적이거나, 물질과 비물질 간의 중간 혹은 비인격적인 영매(靈媒)이다. 세속적인 그리스어는 독립적이고 신적인 실체로 이해되는 인격적인 성령 개념을 모른다. 세속 그리스어의 프뉴마 개념은 생리학적, 우주론적, 예언적, 열광적으로 혹은 영적으로 이해될지라도, 신약의 개념과 다르다. 신약의 배후에 계시는 하나님은 '절대타자'(絕對他者)이다. 김희성, 같은 책, 23 이하.

다. 하나님은 사랑 가운데서 권능을 실증하시고, 지상 활동 가운데서 거룩함을 실증하신다. 그러므로 이스라엘은 "여호와여, 신 중에 주와 같은 자 누구니까? 주와 같이 거룩함에 영광스러우며, 찬송할 만한 위엄이 있으며, 기이한 일을 행하는 자 누구이니까?"(출 15:11)라고 고백한다.[10]

"하나님은 영이시다"(요 4:24)라는 요한의 진술은 기도의 경험과 결합되어 있다. 하나님의 영은 인간을 깨우고 활동하게 만드는 영, 인간에게 힘주고 기도하도록 영감을 주며 인간을 꿰뚫어 보는 영이다. 이러한 영 속에서 하나님은 자신을 인간에게 열어 보이시고, 사랑과 능력 속에서 자신을 알리신다. 그러므로 '영'은 곧 "하나님이 얼굴을 지니신 분이시다."는 사실을 요약한다. 영으로서의 하나님은 항상 세상과 인간에게 관심을 가지고 참여하시는 열린 하나님, 즉 하나님의 개방성, 역동성, 관계성을 의미한다.[11]

## 2. 예수 그리스도의 영

성령은 하나님의 영으로서 또한 예수 그리스도 안에서 행동하는 하나님의 영이다. 그런 점에서 성령은 또한 예수 그리스도의 영이기도 하다. 성령은 예수 그리스도의 행위의 형태, 그의 삶의 표현과 확증이다. 성령은 그리스도를 참으로, 효과적으로 증거하고 현재화하며 증거하는 영이다.[12] 예수 그리스도의 역사는 예수 자신과 함께 시작하지 않고, 성령과 함께 시작한다. 예수는 성령 안에서 탄생하고, 성령 세례를 통해 자신의 소명을 인식하며(막 1:10), 성령에 의해 광야로 인도되고 보호를 받으며(막 1:12), 성령의 충만함 속

---

10) H.-J. Kraus, *Heiliger Geist*(Kösel, 1986), 13 이하.
11) C. Schütz, *Einführung in die Pneumatologie*(Darmstadt, 1985), 190 이하.
12) K. Barth, KD IV/7, 18 이하.

에서 하나님 나라의 복음을 힘차게 선포하며(요 3:34), 새 창조의 표징(이적과 기적)들을 보인다. 예수는 성령 안에서 '아빠' 아버지에게 기도하며, 영원한 영을 통하여 자신을 십자가의 죽음에 내어주며(히 9:14), 성령의 능력으로 죽은 자들로부터 일어난다(벧전 3:18). 그리하여 예수는 '살리는 영'이 되었다(고전 15:45). 부활한 그리스도는 영원한 성령으로부터, 성령 안에서 산다. 즉, 신적인 생명의 영이 그리스도 안에서, 그를 통하여 활동한다. 이처럼 예수 그리스도의 역사(歷史)는 온통 그의 영, 즉 성령의 역사(歷史)라고 할 수 있다.[13]

그래서 바울은 "주는 영이시다"(고후 3:17)라고 고백한다. 이것은 예수와 성령이 내적으로 서로 침투하며 함께 결합되어 있고, 하나님은 그리스도 안에 계시다는 사실을 뜻한다.[14] 특히 누가는 교회를 예수 그리스도와 결합하고, 예수 그리스도를 영과 밀접히 결합한다. 비록 누가는 영과 높이 들림을 받은 그리스도를 구분하지만, 영을 그리스도의 사건과 긴밀히 결합한다. 높이 들림을 받은 예수는 성령 안에서 활동하였을 뿐만이 아니라, 성령을 소유한 성령의 주(主)로서 성령을 주는 자이다(행 2:33).

## 3. 신적인 위격(位格)

성령은 단지 능력 있는 하나님의 영, 그리스도의 영만이 아니라, 하나의 신적인 위격(位格), 즉 하나의 신적인 주체(主體)이기도 하다. 예수는 아버지의 관련성 외에도 성령과의 관련성도 의식적으로 표현하였다(마 12:28-29, 막 1:9-11). 물론 예수는 분명하게 삼위

---

13) J. Moltmann, 『생명의 영』(김균진 옮김, 대한기독교서회, 1992), 91 이하.
14) H.-J. Kraus, 같은 책, 35.

일체의 세 위격에 관해 말하지 않았다. 그렇지만 교회가 하나님의 세 위격성에 대한 인식에 도달한 것은 허공 속의 사색의 결과가 아니라, 예수 그리스도 안에서 이루어진 계시 사건, 즉 예수 안에서 활동하고 부활 후에 그리스도인들에게도 주어진 하나님의 능력에 대한 경험 때문이다.

마태복음에서 예수는 "아버지와 아들과 성령의 이름으로 세례를 주라."(요 28:19)고 명한다. 요한복음도 아버지와 아들과 성령의 위격성을 분명하게 거론한다. 요한에 의하면, 예수는 성령을 설명하기 위해 여러 번 위격적인 대칭 언어, 즉 '그'를 사용한다. 그는 진리의 영으로서 제자들과 함께, 제자들 속에 거할 것이다(요 14:17). 그는 제자들에게 모든 것을 가르치고, 예수가 그들에게 말한 모든 것을 생각나게 할 것이다(요 14:26). 그는 예수를 증거할 것이다(요 15:26). 이것은 성령이 다만 하나님 혹은 예수 그리스도의 능력에 불과한 것이 아니라. 독자적인 주체 혹은 위격임을 말한다.[15]

그런데 요한복음에서 예수는 성령을 지칭하기 위해 중성 대명사가 아니라 남성 대명사를 사용한다. 이로써 예수는 성령이 하나의 사물이 아니라 인격적인 존재임을 드러내고 있다. 성령의 인격성은 무엇보다도 성령의 활동이 인간의 활동과 연계되어 있다는 사실에서 입증된다. 여기서 보혜사(요 14:26, 15:26, 16:7)는 일종의 추상적인 영향력이 아니라 인격적인 존재로 묘사된다. 성령은 지성적이고(요 14:24), 의지적이며(고전 12:11), 감정적이다(엡 4:30, 롬 8:26). 그래서 성령은 조형적 은유들(에너지, 공간, 형태)과 활동의

---

15) 몰트만에 의하면, 성령은 신적인 위격(位格)으로 이해되어야 한다. 바울에게서는 성령이 위격화할 수 있는 가능성은 결여되어 있으나, 요한의 문헌에서는 위격으로서의 성령에 대한 표상이 서서히 시작되고 있다. 성령은 영화롭게 하는 하나님, 하나가 되게 하는 하나님이다. 이러한 면에서 볼 때, 성령은 아버지나 아들로부터 나오는 능력이 아니라, 하나의 주체이다. 성령은 아들과 아버지를 영화롭게 하고, 아들과 아버지를 화합시키는 주체이다. J. Moltmann, 『삼위일체와 하나님의 나라』 (김균진 역, 대한기독교서회, 1982), 155 이하.

은유들(폭풍, 불, 사랑)과 신비적 은유들(빛의 원천, 물, 풍요성) 외에 인격적 은유들(주님, 어머니, 심판자)로도 묘사된다.[16]

성령의 위격적, 인격적 이해는 대면적 신앙을 표현한다. 즉, 그것은 하나님이 사랑 가운데서 자유로운 주체로서 다가오신다는 사실을 표현한다. 하나님은 항상 자신을 초월하심으로써 존재하신다. 그러므로 성령은 삼위일체 안에서 아버지와 아들의 대화를 실현하는 자 혹은 자신을 초월하는 아버지와 아들의 자유라고 할 수 있다.[17] 그런 점에서 성령은 하나님의 탈아성(脫俄性) 혹은 외향성(外向性)이라고도 일컬어진다.[18]

---

16) J. Moltmann, 『생명의 영』, 358 이하. 만약 성령 체험이 '거듭남'이나 '새로 태어남'으로 이해된다면, 성령을 위해 어머니의 상(像)이 권장된다. 초대교회, 특히 시리아 교회는 이에 매우 친숙하였지만, 가부장적인 로마 제국에서는 이것이 실종되어 버렸다. 요한복음에서 성령이 '위로자'라고 한다면, 그는 "어머니가 위로하듯이" 위로한다. 이런 경우에 그는 자신의 자녀들을 위로하는 여성이다. 그래서 마카리오스(Makarios, 일명 Symeon)는 '성령의 어머니 직분'을 말하였고, 친첸도르프(Zinendorf)도 '성령의 어머니 직분'을 선포하였다. 이와 비슷하게 요한 야콥 쉬츠(J. J. Schütz)는 "성령은 항상 어머니의 손을 갖고서 당신의 백성을 이리 저리로 이끄신다."라고 설명하였다. 오늘날의 여성신학도 '성령의 여성됨'을 재발견하고, 재해석하려고 노력한다. J. Moltmann, 『생명의 샘』(이신건 옮김, 대한기독교서회, 2000), 53 이하.
17) C. Schütz, 같은 책, 202.
18) H. Mühlen, Der Heilige Geist als Person(Münster, 1966), 157.

# 제18장

# 성령의 활동과 은사

>>>>>>>>

성령은 무엇을 행하는가? 성령의 개념과 활동에 관한 성서의 보도는 이미 그 자체 안에 다양성과 긴장을 내포하고 있고, 역사와 함께 강조점이 변하는 과정을 거치기 때문에 성령이 행하는 일을 간단하게 설명하기란 쉽지 않다. 그리고 성령은 하나님의 영으로서 바람처럼 임의로 활동하기 때문에(요 3:8) 가장 신령하다고 하는 자들도 성령을 독차지하지는 못하며, 어떠한 당파도 하늘의 비둘기를 잡아 놓을 수 없다.[1] 성령은 하나님의 능력만이 아니라 하나

---

1) H. U. von Balthasar, *Klarstellungen*(Herder, 1971), 17. 발타자르는 말한다: "성령은 날카롭고 예리한 바람으로서 우리의 이빨을 덜덜 떨게 만들 수 있다. …… 누가 성령을 가졌다고 건방지게 주장할 수 있겠는가? 가장 신령하다고 하는 자들도 성령을 독점하진 못한

님의 자유, 파악불가능성을 나타내기 때문에 세계와 역사 안에서 성령의 활동을 직접 읽어낼 수는 없다. 그러므로 우리는 말씀에 주목해야 하고, 특히 그리스도의 계시에 주목해야 한다. 왜냐하면 성령은 오직 그리스도의 계시 안에서만 중재되며, 오직 그리스도만을 통해서 계시되는 하나님의 종말론적인 선물이기 때문이다.[2]

## 1. 창조 안에서 활동하는 성령

구약성서에는 하나님의 영의 활동을 하나님의 창조활동과 일치시키는 본문들이 많다. 천지 창조의 사건 속에는 하나님의 영이 강력하게 활동하였다(창 1:2). 만물은 하나님의 입김(영)으로 생겨났다(시 33:6). 신약성서는 창조 안의 영의 활동을 거의 말하지 않지만, 이를 부정하지도 않는다.[3] 그 대신에 신약성서는 궁극적인 새 창조를 언급하고 있다(롬 8:18-23).

모든 생명, 특히 인간적인 생명도 역시 하나님의 영의 활동으로

---

다. 성령은 주장과 반박을 헤집고 다닌다. 전통의 옹호자들도 성령 없이 메마른 자들이 될 수 있다. 진보의 주창자들도 허공으로 진군할 수 있다. 어떠한 당파도 하늘의 비둘기를 잡아 놓을 수는 없다. 그 비둘기는 날라 왔다간 날라 간다. 그 비둘기는 아래로 비행하지만, 앉지는 않는다. 바람은 제가 불고 싶은 대로 분다."

2) H. G. Pöhlmann, 『교의학』(이신건 옮김, 한국신학연구소, 1989), 350.

3) 창조자라는 말이 예수의 메시지에서는 거의 나타나지 않는다. 그러나 예수가 얼마나 직접적으로, 자명하게 또 인상적으로 청중을 창조물로 향하게 하며, 어떻게 창조물로 하여금 말하게 하고, 이를 하나님에 관한 설교자로 삼고 있는가하는 것은 누구나 알고 있는 사실이다. 비유들이 이를 보여 주고 있다. 예수는 세계의 시작에 관한 말씀을 사용한 적이 거의 없지만, 창조물에 생명을 부여하고 이를 돌보고 지배하는 창조자와 주님이신 하나님에 대한 구약성서의 신앙을 모든 유대인과 더불어 공유하였다. 즉, 공중의 새, 들의 백합화, 무화과나무, 곡식의 성자, 작은 참새, 해와 비, 저녁놀과 남풍, 번개, 들개, 좀과 동록, 독수리, 밀, 포도, 가시나무, 엉겅퀴와 같은 피조물에 관한 예수의 말씀은 창조 신앙을 구체적으로 표현한다. G. Bornkamm, 『나사렛 예수』(강한표 역, 대한기독교서회, 1983), 18.

이해되었다(창 2:7, 시 33:6, 욥 33:4, 34:14). 모든 인간은 항상 전능자의 기운 덕분에 생명을 유지하고 있다. 이는 생명이 인간의 소유가 아니라 하나님의 소유, 선물임을 의미한다.[4] 하나님은 자신의 영 안에서 세계를 창조하시고, 보존하시고, 유지하시며, 갱신하신다.[5]

그러나 하나님의 영은 인간이 파악할 수 있는 세계에만 매여 있지 않다. 왜냐하면 이 영은 새 창조의 영이기 때문에 황무지를 낙원으로 만들 수 있고(사 32:15 이하, 44:3), 새 인간만을 창조할 뿐만이 아니라, 죽은 자들도 일으켜 세울 수 있기 때문이다(겔 37:1 이하). 하나님은 새 마음과 새 영, 새 세계를 창조할 능력이 있다. 예수와 함께 완전히 새로운 세계(하나님의 나라)가 이미 도래했기 때문에 누구든지 그 안에 있는 자는 새로운 피조물이다(고후 5:17). 그는 성령 안에서 거듭난 자이다(요 3:3 이하).

## 2. 개인 안에서 활동하는 성령

### 1) 신앙의 영

성령은 낯선 하나님을 우리에게 선사하는 영이다. 그러므로 영은 육과 투쟁한다. 여기서 육이란 영과 대립되는 악한 실체를 뜻하는

---

4) E. Schweizer, 『성령』(김균진 역, 대한기독교서회, 1982), 30 이하.
5) J. Moltmann, 『창조 안에 계신 하나님』(김균진 역, 한국신학연구소, 1987), 28. 몰트만은 말한다: "하늘과 땅의 '창조자' 이신 하나님은 그의 '우주적 영'을 통하여 그의 모든 피조물들과 그의 창조의 사귐 '안에' 임재하여 있다.…… 영의 힘들과 가능성들을 통하여 창조자는 그의 피조물 안에 거하며, 그들을 생기있게 하고, 그들을 유지하며, 그들을 그의 나라의 미래로 인도한다"(28-29). 바울도 말한다: "우주와 그 가운데 있는 만유를 지으신 신께서는 천지의 주재시니…… 이는 만인에게 생명과 호흡과 만물을 친히 주시는 자이심이라.…… 우리가 그를 힘입어 살며 기동하며 있느니라"(행 17:24-28).

것(이원론)이 아니라, 인간의 허약성과 사멸성과 함께 하나님으로부터 멀어지려는 인간의 노력과 행위를 뜻한다. 그와 달리 영은 하나님을 지향하는 삶, 우리 안에서 활동하시는 하나님 자신의 행위, 권능을 의미한다. 육이 인간의 갈망과 자기 신뢰를 뜻한다면, 영은 생명과 봉사, 기쁨과 책임을 선사하시는 하나님에 대한 신뢰를 뜻한다. 그런 의미에서 영은 투쟁, 즉 신앙의 투쟁이다.

### 2) 사랑의 영

육을 신뢰하는 삶으로부터 해방된 성령 안의 삶은 곧 사랑 안의 삶이다. 사랑은 활동하는 신앙이다.[7] 성령은 우리를 타인을 위해 개방시킨다. 그래서 자기 자신으로부터 자유롭게 된 사람은 자기의 사랑을 필요로 하는 사람에 대해서도 자유롭다. 그는 더 이상 모든 것을 인색하게 움켜쥐려고 하지 않고, 남을 위하여 자유로운 공간을 갖는다(예루살렘의 공동체를 보라!).[8] 그러므로 바울의 '사랑의 예찬'에서 사랑은 성령의 가장 높은 은사라고 불린다(고전 12:31 이하).

### 3) 자유의 영

"주의 영이 있는 곳에 자유가 있다"(고후 3:17). 성령은 육, 자

---

6) H.-J. Kraus, *Heiliger Geist*(Kösel, 1986) 106 이하. E. Schweizer, 같은 책, 35. 특히 바울에게서 영은 신앙을 창조하고 신앙으로 부르고 신앙을 가능케 하는 하나님의 영이다(갈 4:14, 고전 12:9). 이 신앙은 일반적인 혹은 중립적인 행동양식을 의미하는 것이 아니라, 특정한 인식을 포함한다. 즉, 신앙은 신성의 깊이(고전2:10), 비밀스러운 하나님의 지혜(고전 2:7), 십자가 위에서 일어난 하나님의 구원행동과 주님인 예수에 대한 고백, 양자(養子)로서의 삶, 새로운 의(義), 그리스도의 몸에 속함 등에 관한 특정한 지식을 포함한다.
7) C. Schütz, *Einführung in die Pneumatologie*(Darmstadt, 1985), 165.
8) E. Schweizer, 같은 책, 148-149. 쉬츠는 영을 '하나님과 이웃을 위하는 감성'이라고 부른다. 그에 의하면, 아가페는 영 안의 삶과 다르지 않다. C. Schütz, 같은 책, 164 이하.

기 자신, 율법과 노예의 신분으로부터 자유롭게 한다(롬 8:15 이하, 갈 4:6 이하, 5:1 이하). 성령은 죄로부터 자유롭게 한다(요 20:22-23). 성령은 갇힌 삶, 눈먼 삶, 억압과 착취로부터 자유롭게 한다(눅 4:18 이하). 그런데 성령이 주는 자유는 말씀과 봉사를 위한 자유이다(고전 9:19 이하).

### 4) 진리의 영

예수는 고별설교에서 진리의 영인 보혜사(παρακλητος)가 임할 것임을 약속한다. 성령은 진리의 영으로서 모든 거짓에 맞선 참 진리의 대변자, 변호자 혹은 협력자이다. 성령은 예수가 떠남으로써 야기되는 세상의 미움과 박해, 유혹으로부터 제자들을 지켜 주는 사명을 갖고, 보냄을 받았다. 보혜사는 계시의 말씀을 깨닫게 하고, 지켜 준다(요 14:16 이하). 보혜사는 예수의 말씀을 가르치고, 생각나게 한다(14:26). 보혜사는 세상과 논쟁할 때에 제자들 편에서 예수를 증거한다(15:26). 보혜사는 죄, 의, 심판에 대하여 세상을 책망한다(16:7 이하). 보혜사는 교회 안에서 예수 대신에 와서 계시의 진리와 신앙의 깊이로 인도한다(16:13 이하).

### 5) 기도의 영

성령은 우리에게 기도하는 것을 가르친다. 성령은 우리로 하여금 하나님을 '아빠'로 부르게 한다(롬 8:14 이하, 갈 4:6-7). 성령은

---

9) 그리스도인의 자유는 자신에게나 다른 사람들에게 속해 있는 것이 아니라, 그리스도에게 속해 있는 것이다. 그가 자유로운 것은 바로 그가 그리스도에게 속해 있기 때문이다(고전 6:19 이하, 7:23, 갈 3:13, 4:5). 그리스도인의 자유는 그리스도의 현존 안으로 부르고, 이 현존 안에서 그는 자신, 이웃, 세계와 창조에 대해 책임적이게 된다. 그리스도를 믿는 자는 하나님의 현존 안으로 놓여지고, 하나님이 현존하면 할수록 인간은 더욱 더 자유로워진다. 그러므로 그리스도인의 자유는 개인적이거나 공적인 자유가 아니라 말씀을 위한 자유이며, 하나님과 인간을 섬기기 위한 자유이다. C. Schütz, 같은 책, 244 이하.

인간을 위해 하나님에게 대신 기도한다. 즉, 우리가 어떻게 기도해야 옳은 것인지조차 알지 못할 때, 성령은 우리의 어리석은 기도를 번역하여 하나님에게 듣게 한다. 성령 안에서 우리는 하나님이 우리의 삶 한가운데서 살고자 하시며, 우리를 매우 사랑하신다는 사실을 배운다.[10]

### 6) 성화의 영

우리는 성령 안에서 성령을 통하여 성화(聖化)의 은총을 경험한다. 그러므로 성령은 언제나 성화의 성령이기도 하다. 그런데 성령 안에서 거룩하게 되는 목적은 이방인을 위하여 그리스도의 일꾼이 되는 것이다(롬 15:16). 이사야도 성화의 체험 속에서 죄 많은 백성으로 보냄을 받는 소명을 받았다(사 6:1 이하). 그러므로 성화는 세상 안으로 파송되는 가운데서 일어난다. 성화는 인간 존재의 종교적인 상승이 아니라, 하나님의 피조물로 지음을 받은 인간의 의미를 성취하는 것이다.[11] 하나님은 인간이 거룩하기를 원하신다(살전 4:3).

### 7) 희망의 영

성령은 언제나 미래를 가리키는 약속으로서(갈 3:14) 하나님의 미래에 완성될 올바른 세계에 대한 희망으로서 우리에게 새롭게 온다(갈 5:5). 그러므로 성령에 참예한 자는 하나님의 미래의 능력을 미리 맛본다(히 6:4). 여기서 성령은 개인과 사회와 정치의 영역에서 해방하고 변혁하며 치유하는 능력으로 나타날 수밖에 없다. 예수 그리스도는 성령의 능력 안에서 구원과 해방과 치유를 선포하였을 뿐만이 아니라, 이를 앞당겨 실현하였다. 성령의 권능 행위 가운

---

10) E. Schweizer, 같은 책, 145.
11) H.-J. Kraus, 같은 책, 124 이하.

데서 하나님의 나라가 이미 우리 가운데 임하였다(마 12:28). 바로 이 점에서 성령은 더 큰 미래의 은사에 대한 약속의 성령이다(엡 1:13). 성령은 약속된 미래의 일의 첫 열매(롬 8:23), 선수금(고후 1:22, 5:5), 미리 맛봄, 미리 주어진 선물 혹은 전조(前兆)이다. 그런 의미에서 '아빠'와 '아멘'처럼 '마라나타'(고전 16:22)도 성령으로 말미암아 기도의 언어이다.[12]

## 3. 하나님의 백성 안에서 활동하는 성령

### 1) 구약성서의 증언

만약 우리가 구약성서에 나타난 영의 역사를 알지 못한다면, 신약성서에서 영이 무엇을 뜻하는지 올바로 이해하지 못한다.[13] 그러므로 먼저 구약성서의 하나님의 백성 안에서 활동한 성령의 역사를 잠깐 고찰해 보자.

사사기 시대에 영은 탁월한 지도력과 관련되었다. 하나님의 백성이 매우 위급한 상황에 처할 때, 영은 갑자기 임하여 인간 안에서 구원 활동을 행한 다음에 사라진다. 초기 시대에 영은 황홀경과도 관련되었다(삼상 10:10, 19:18 이하, 민 11:25 이하). 그러나 여기서 영의 활동은 하나님의 말씀이나 역사적인 행동과 결부되어 있지 않다. 그렇기 때문에 일반적인 종교현상에서도 이와 비슷한 현상을 찾아볼 수가 있다. 그러므로 이와 같은 현상은 이스라엘 백성에게 특별한 의미를 주지 못하였다.

포로기 전의 문서 예언자들의 시대에는 영의 개념이 거의 나타나지 않는다. 왜냐하면 예언자의 사명은 능력을 과시하는 것이 아

---

12) C. Schütz, 같은 책, 242.
13) 구약성서의 영 이해를 위하여 본인은 여기서 C. Westermann, *Geist im Alten Testament*(EvTh 41Jg., 1981), 223 이하를 참조한다.

니라 하나님의 말씀과 뜻을 알리는 것이었기 때문이다. 예언자의 진정한 본질에 속하는 것은 오히려 박해와 순교였다(렘 15:10 이하, 20:9 이하, 사 21:3 이하, 겔 4:12 이하).

왕조 시대에 영은 왕의 신분과 관련되어 점점 더 정태적, 고정적, 추상적인 개념으로 변해갔다. 영은 왕의 행동이나 말보다는 왕의 지혜와 결부되어 사용되었다. 그리고 영은 미래의 구원의 왕, 즉 메시아에게도 적용되었는데(사 11:2, 42:1 이하, 61:1 이하), 여기서 메시아는 왕이 아니라 종의 모습으로 나타난다.

후기 예언자들에게는 개인적인 영 임재 외에 집단적인 영 임재도 강조되었다(욜 3:1 이하, 겔 36:26 이하). 후기 시대에 영은 매우 일반적 개념이 되었다. 그리하여 영은 하나님의 신성(神聖)과 동일한 것으로 여겨지게 되었다(시 139:7, 느 9:30).

2) 신약성서의 증언

신약성서에서도 교회의 활동은 성령과 함께 시작한다. 성령은 교회의 공동 창설자이고, 교회에 생기를 주는 영이다.[14] 교회는 성령의 중재자이고,[15] 성령의 전(殿)이다. 그런 의미에서 성령은 교회의 생활원리이다.[16] 성령의 각성(覺醒) 속에서 교회는 소집되고, 성령의 생동(生動) 속에서 교회는 성장하고 보존되고 갱신되며, 성령의 조명(照明) 속에서 교회는 세상 안으로 파송된다.[17] 성령은 교회를 만들고, 교회를 일치시키며(공동체 원리), 교회를 거룩하게 하며(성화 원리), 모든 시대를 통해 교회를 전진시키며(보편성 원리), 교회

---

14) Y. Congar, *Der Heilige Geist*(Herder, 1982), 157 이하.
15) W. Kasper, 같은 책, 44 이하.
16) C. Schütz, 같은 책, 249 이하. 몰트만도 말한다: "교회라는 그리스도의 공동체는 '성령 안에서' 일어난다. 영은 이 친교이다.…… 교회는 역사적 그리스도 공동체로서 종말론적인 영의 창조이다." J. Moltmann, 『성령의 능력 안에 있는 교회』(박봉랑 외 4인 역, 한국신학연구소, 1980), 47.
17) K. Barth, KD IV/1, 718 이하, IV/2, 695, IV/3, 780 이하.

를 사도적인 교회로 보존한다.[18]

　성령은 교회에 풍성한 은사들을 선사한다. 그러므로 성령은 모든 믿는 자들에게 주어진다. 성령의 은사와 열매들은 자신의 유익만을 위해서가 아니라 모든 사람의 유익, 교회의 덕을 위해서 주어진다(고전 12:7). 만약 성령이 사귐으로 인도하지 않고 공동체를 전체로서 형성하지 않는다면, 거기에 하나님의 영은 더 이상 존재하지 않는다. 성령을 소유하고 있다고 자랑하며, 은사를 가졌다고 과시하며, 교회의 질서를 따르지 않고 자기의 영역을 만드는 자는 성령을 받은 자가 아니다. 그는 '육의 사람' 이다(고전 3:1 이하).

　그리고 성령은 우리에게 활동하고 현재적으로 임하시는 하나님이므로 우리는 성령을 결코 독점할 수 없으며, 성령을 우리의 소유물로 삼을 수도 없다. 하나님은 언제나 새로운 인간들과 새로운 세계를 향한 도상에 계시기 때문에 우리는 하나님을 한 곳에 붙들어 놓을 수 없고, 하나님을 외부에서 관찰할 수도 없으며, 이제 하나님이 누구이신지를 완전히 알게 되었다고 생각할 수도 없다. 그러므로 교회는 언제나 기도를 필요로 한다.[19] 창조자 성령이여 오소서, 거룩한 영이여 오소서!

---

18) Y. Congar, 같은 책, 167 이하.
19) E. Schweizer, 같은 책, 126, 130.

# 제19장

# 성례전이란 무엇인가?

>>>>>>>>

성례전(聖禮典)이란 무엇을 뜻하는가? 성례전이란 고대교회에서 어떤 비밀스러운 것을 그리스도교적인 내용과 결합하는 모든 행위들, 표지들과 의식들을 뜻하였다.[1] 그러나 라틴어(Sacramentum)로 번역된 헬라어(Musterion)는 원래 세례와 주의 만찬이 아니라 종말론적인 하나님의 비밀을 뜻한다. 이 단어는 묵시문학적 개념으로서 성령의 은사를 통하여 계시되는 하나님의 결의(決意)를 뜻한다.[2] 그런 의미

---

1) '성례전'이란 보통 '은혜의 방편들', 볼 수 없는 것을 매개하여 볼 수 있게 하는 표지들, 그리스도의 성례전 제정과 약속에 따라 구원을 인간에게 전달하고 구원의 확신을 주는 '거룩한 의식'을 의미한다.
2) 신약성서에는 세례와 주의 만찬 혹은 교회의 다른 의식의 과정을 표현하기 위해 '사크라멘트'의 개념이 사용되지 않는다. 원래 '무스테리온'은 다니엘에서 처음으로

에서 이 단어의 사용은 기독론을 넘어서 성령론, 교회론, 종말론으로까지 확대된다.[3]

그러나 바르트는 성례전을 기독론적으로 이해하였다. 바르트에 의하면, 성육신이야말로 기독교의 위대한 신비와 성례전이다.[4] 예수 그리스도의 인간성 자체가 최초의 성례전이다.[5] 그러나 가톨릭 신학자 라너에 의하면, 교회가 바로 원초적 성례전이다.[6]

가톨릭교회는 전통적으로 롬바르두스(P. Lombardus)의 이론에 따라서 일곱 개의 성례전(세례, 견진, 성체, 고해, 종유, 사제서품, 혼인)을 가르쳐 왔고, 종교개혁자들은 말씀과 신앙에 집중하여, 성례전을 세 가지(설교, 세례, 성찬)로 축소하였다. 특히 설교와 성찬은 구원의 수단으로서 널리 인정받게 되었다.

---

종말론적 신비, 즉 하나님에 의해 정해진 미래 사건들의 숨겨진 통고하는 의미를 가졌다. G .Bornkamm, μυτήοιον. ThW IV, 821.
3) W. Pannenberg, *Thesen zur Theologie der Kirche*(München, 1974), 39.
4) K. Barth, Die Lehre von den Sakramenten in: *Zwischen den Zeiten* 7(1929), 439.
5) K. Barth, KD II/1, 58. 바르트에 의하면, 영원한 말씀의 성육신은 유일회적인 사건으로서 계속적, 보편적인 연속성을 갖지 않는다. 그러나 인간 예수의 존재에 의한 성육신의 증언은 전후의 연속성을 갖는다. 즉, 뒤로는 이스라엘 백성의 존재와 앞으로는 사도와 교회의 존재와 성례전적인 연속성을 갖는다. 예수 그리스도는 최초의 성례전으로서 피조물 그 자체의 최고의 가능성의 실제적 근거와 총괄이다. 피조물은-그 자체로부터가 아니라 하나님의 뜻과 은총으로부터-하나님의 성전, 기관, 표징이 될 수 있다(58). 그리하여 바르트는 교회에 대한 그리스도의 질적인 우선성을 보존하고, 말씀, 세례, 주의 만찬을 통한 증언을 배타적으로 그리스도 안에서 주어진 하나님 자신의 약속과 관련시킨다. 이를 통해서 바르트는 가톨릭교회의 '연장된 그리스도'(Christus Prolongatus), 즉 그리스도의 성육신이 교회 안에서 계속된다는 사상을 배격한다. J. Moltmamm, 『성령의 능력 안에 있는 하나님』(박봉랑 외 4인 역, 한국신학연구소, 1980), 223 이하.
6) K. Rahner, *Was ist ein Sakrament?*(Freiburg, 1971), 71. 라너에 의하면, 교회는 구원의 원초적인 사크라멘트, 공간과 시간 속의 예수 그리스도의 영속적인 현존이다. 교회는 구원 그 자체는 아니지만, 구원의 효력 있는 표징, 하나님의 자기전달의 역사적 현상이다. K. Rahner, *Grundkurs des Glaubens*(Herder, 1984), 397 이하.

그러나 시간이 흐름에 따라 가톨릭교회는 말씀을 경시하는 경향에 흘렀다. 그리하여 말씀은 단지 성례전을 장식하는 언어의 화환(花環)처럼 취급되었다. 그와 달리 개신교는 성례전을 경시하는 경향에 빠졌다. 그리하여 성례전은 단순히 말씀을 둘러싸고 있는 제의적인 장식(裝飾)으로 여겨졌다. 그렇지만 말씀이 '들리는 성례전'이라고 한다면, 성례전은 '보이는 말씀'이라고 할 수 있다.[7] 그러므로 말씀과 성례전은 모두 효과적인 은총의 수단으로 인정되어야 한다. 비록 서로 다른 방법으로나마 양자는 하나의 동일한 은총을 전달한다.[8] 여기서는 성찬과 세례의 신학적인 의미를 살펴보고자 하자.

## 1. 성찬

성찬은 주의 만찬, 성체성사(축복, 감사), 최후의 만찬, 희생제사라고 불리기도 한다. 성찬의 기원은 네 가지의 뿌리를 갖고 있다.

1) 첫째는 유대인의 전통에서 찾아 볼 수 있는데, 가장 보편적인 견해는 출애굽 전의 유월절 만찬에서 그 뿌리를 찾는다(최후의 만찬, 저녁, 빵과 포도주, 축복과 나눔의 유사성). 그러나 성찬의 기원을 랍비와 제자들이 매 주일 가졌던 식탁(키두쉬)에서 보는 자도 있으며(W. Maxwell), 유월절 24시간 전에 행했던 우정의 공동식사(카버락)에서 보는 자도 있다(Dom G. Dix).

2) 둘째는 예수가 잡히기 전날 밤에 베풀었던 최후의 만찬이다(마 26:26-29, 눅 22:15-20, 고전 11:23-26). 이것은 성찬의 가장 중요한 뿌리라고 할 수 있다.

---

7) H. G Pöhlman, 『교의학』(이신건 옮김, 한국신학연구소, 1989), 359, 364.
8) P. Althaus, *Die christliche Wahrheit*(Gütersloh, 1948), 542 이하.

3) 셋째는 예수가 제자들과 특히 세리들과 죄인들과 함께 가졌던 공동식사이다(눅 15:2). 그러므로 우리는 성찬을 이러한 공동식사의 반복으로도 이해할 수 있다.

4) 넷째는 예수의 부활 후에 마지막 날을 기대하며 기쁨으로 떡을 떼었던 식사이다(눅 24:30-31).

성찬의 기원보다 더 중요한 것은 성찬의 신학적인 의미라고 할 수 있다. 여기서 우리는 특히 세계교회협의회가 세계 교회의 의견을 수렴하여 공포한 역사적인 "리마문서"(1982년)를 중심으로 성찬의 의미를 살펴보자.[9]

1) 성찬은 하나님 아버지에게 드리는 감사와 찬양의 제사이다. 그러므로 성찬은 신약성서에서 이미 '감사'(유카리스티)라는 이름을 갖고 있다. 예수가 빵과 포도주를 취하여 하나님에게 감사를 드렸듯이, 교회도 예수 그리스도, 그의 죽음과 부활에 대해 감사하고, 찬양한다. 그뿐만이 아니라 교회는 성찬 속에서 하나님의 모든 은혜에 감사한다. 특히 땅과 인간의 노동의 산물인 빵과 포도주를 믿음과 감사의 마음으로 하나님 아버지에게 바친다. 그러므로 성찬은 기쁨의 잔치이다.

2) 성찬은 그리스도의 고난과 죽음을 현재화하는 회상(기념)의 표징(表徵)이다. 하지만 여기서 기념은 단지 과거의 사건과 그 의미

---

9) 1960년대에 이르러 교회일치 운동이 특히 세계교회협의회(WCC)의 '신앙과 직제 위원회'의 노력의 결과로 무르익어 갔다. 이 운동의 일환으로 WCC는 나이로비대회(1975년)에서 세례와 성찬과 교역에 관해서 세계교회의 의견을 수렴하고 조정한 후에 남미 페루의 수도 리마에서 열린 '신앙과 직제 위원회' 총회에 합의 문서를 제출하기에 이르렀고, 한 차례 수정을 거친 다음에 공식문서로 채택하게 된 것이다. 이 문서의 핵심주제가 세례, 성찬 및 교역(Baptism, Eucharist and Ministry)이기 때문에 '리마문서'는 약칭으로 'BEM문서'라고도 불린다. 이 문서는 16세기 종교개혁으로 말미암아 교회가 갈기갈기 찢긴 지 실로 460여년 만에 교회일치를 향해 거보를 내디던 쾌거라고 할 수 있다. 리마문서 "성찬", 세계교회협의회 신앙과 직제 위원회 편, 정양모 역, 1982년(『신학사상』 68호, 1990, 봄)을 참조하라.

를 마음속으로 되새기는 것만을 뜻하지 않는다. 이 기념은 과거의 사건이 우리에게 현재화되어, 바로 우리의 시간 안으로 들어온다는 것을 뜻한다. 그렇지만 성찬은 그리스도의 희생의 반복은 아니다. 성찬 속에서 예수 그리스도는 십자가에서 일어난 하나님과 인간의 화해 안으로 우리를 받아들이며, 우리에게 사죄를 선사한다. 그리하여 우리는 하나님과의 평화, 생명과 희망을 갖는다.

3) 성찬은 높이 들림을 받은 그리스도의 지상적인 임재의 표징이다. 그리스도의 현존은 분명히 성찬의 핵심이다. 그러나 그리스도의 현존의 방식을 둘러싼 논쟁은 신교와 구교의 분열만이 아니라 신교들 간의 분열도 낳았다. 가톨릭교회가 빵과 포도주가 그리스도의 살과 피로 변화된다는 화체설(化體說)을 주장하였다면, 루터는 빵과 포도주 안에 그리스도의 몸과 피가 함께 한다는 공재설(共在說)을 주장하였다. 그와 달리 쯔빙글리는 성찬은 그리스도의 구속 활동을 회상하고 감사하는 기념적인 행위라는 기념설(紀念說)을 주장하였으며, 깔뱅은 물체 안에 그리스도가 실재할 수는 없지만 성령의 활동으로 말미암아 상징물이 그리스도의 본체와 연결되고, 신앙인들은 이를 먹음으로써 그리스도와 결합된다는 영적 임재설(靈的 臨在說)을 주장하였다. 교파와 학파 간에는 아직도 견해가 엇갈리지만, 중요한 것은 그리스도가 성령 안에서 실재적, 인격적으로 임재한다는 점이다. 그러므로 우리는 성찬 속의 그리스도의 현존을 단순히 정신적인 것으로 추상화해서는 안 된다.

4) 성찬은 그리스도와의 친교일 뿐만이 아니라, 그리스도인들 상호 간의 친교이기도 하다. 성찬은 일치와 사귐의 성례전이다. 즉, 성찬은 화해와 나눔, 연대성의 표현이다. 그런 의미에서 성찬은 세계를 향해 개방된 초대이기도 하다. 예수가 하나님 나라의 은총의 표징으로서 세리들과 죄인들과 함께 공개적인 사귐의 식사를 나누었듯이, 교회가 행하는 성찬도 세례를 받은 자들만의 폐쇄적인 비밀식사가 아니라, 하나님의 은혜롭고 무조건적이고 주도적인 부름,

화해와 사귐과 나눔을 위한 초대가 되어야 한다.

5) 성찬은 종말론적인 희망의 표징, 메시아 시대의 표징이다. 성찬은 하나님 나라에서 거행될 민족들의 위대한 평화의 잔치와 우주적인 잔치의 시작, 메시아 잔치를 미리 맛보는 것, 희망의 전조(前兆), 희망을 경축하고 앞당기는 잔치(마 26:29, 고전 11:26)라고 할 수 있다. 그러므로 성찬에서 우리는 창조물의 궁극적인 갱신, 즉 하나님 나라의 완성을 대망한다. 그런 의미에서 성찬을 축하하는 무리들은 삶의 축제와 사귐 안에서 실현되는 세상의 평화와 공의에 대한 희망을 현재화하고, 이를 실천적으로 증언하고, 퍼뜨린다. 메시아 잔치를 중재하는 성찬은 신앙의 자유와 희망의 용기와 사랑의 사귐을 강화하고, 보존한다.

## 2. 세례

세례의 기원은 세례 요한의 예언적인 회개운동과 예수의 세례에 뿌리를 두고 있다. 이스라엘의 할례나 신비종교들의 정결예식은, 비록 유사한 점을 갖는다고 하더라도, 초대교회의 세례의 기원과는 아무런 직접적인 연관성을 지니지 않는다.

세례 요한이 요단강에서 시행한 세례는 불의로부터의 회개, 예속으로부터의 탈출, 약속된 하나님 나라에 대한 종말론적인 참여를 상징한다. 그것은 기존 공동체에 들어가기 위한 입교식이 아니라, 이미 다가와 있는 하나님 나라의 자유 속에서 온갖 억압에서 탈출시키는 종말론적인 신호였다. 그런 의미에서 요한의 세례는 종말론적인 회개의 성례로서 심판 앞에서 구원을 보증하였다.

예수도 세례 요한의 임박한 하나님 나라의 종말론을 받아들였지만, 심판의 위협 대신에 은총의 복음을 선포하였다. 예수에게서 하나님의 나라는 바로 종말론적인 기쁨의 소식이었다. 그런 의미에서 기독교의 세례는 예수 그리스도 안에서 은총으로 다가오시는 하나님의 도래와 미래를 향한 전향(轉向)의 표징, 메시아적인 갱신의 상징, 새로운 피조물의 상징이다.[10]

구원을 받기 위해서는 반드시 세례를 받아야만 하는가? 바르트는 세례가 구원을 가져온다는 것을 부정하지만,[11] 슐리어는 세례가 성례전적인 행위로서 구원을 가져온다고 주장한다.[12] 성서의 증언에 따르면, 세례는 죄를 씻어내고(고전 6:11, 히 10:22), 중생을 선사하고(요 3:3-4, 딛 3:5), 성령을 수여하고(고전 12:12, 고후 1:32, 엡 1:13), 그리스도의 죽음과 부활에 참여시키며(롬 6:3 이하), 그리스도의 사람으로 확신시켜 주며(고후 1:22), 그를 주에게 넘겨주고, 주의 몸과 하나가 되게 한다(고전 12:13 이하).

그러나 신앙이 없다면, 세례는 아무것도 창조하지 못한다. 세례가 하나님의 나라를 위한 소명의 사건인 한, 신앙은 필요하다. 복음의 부름은 신앙을 통해 인식되고 포착되어야 한다. 신앙이 소명의 과정인 한, 세례는 필요하다. 그러나 세례가 구원을 위해 절대적으로 필요하다고 말할 수는 없다.[13]

이와 관련하여 제기되는 또 하나의 문제는 '유아세례'의 문제이

---

10) J. Moltmann, 같은 책, 255 이하.
11) K. Barth, *Die kirchliche Lehre von der Taufe*(ThEx4, 1947)를 참조하라. 성령의 능력 안에서 세례는 완전히, 그리고 배타적으로 그리스도 사건과 관련되고, 그래서 바로 이 사건의 모형, 증언, 표징과 조명으로 이해되어야 한다. 그것은 그 자체와 그 자체의 사건을 떠나서 오로지 그리스도만을 지시한다. 그런 의미에서 그것은 인식적인 의미를 가진다. 그래서 바르트는 세례가 구원을 보충하거나 연장하는 수단의 성격을 갖는다는 점을 부정한다.
12) 슐리어에 의하면, 세례는 구원 자체를 초래하지 않지만, 세례 받는 사람에게 구원을 가져다 준다. 세례는 참으로 그리스도의 이름 안에서 이루어지는 표징적인 행위이지만, 도구적인 표징으로서 그 실시를 통하여 그것이 표시하는 것을 가져온다. H. Schlier, Zur kirchliche Lehre von der Taufe in: *Die Zeit der Kirche*, 107 이하.
13) J. Moltmann, 같은 책, 262.

다. 초대교회가 어린이와 유아에게 세례를 주었는지는 확실히 알 수 없다. 유아세례를 알려주는 가장 분명한 문서는 대략 주후 2세기 이후부터 나타난다. 신약성서는 온 가족이 세례를 받았다는 사실을 여러 곳에서 증언하기도 하는데(행 16:15,33, 고전 1:16), '온 가족'이라는 개념은 분명히 유아를 포함하는 가족 전체를 의미한다. 그리고 신약성서에는 유아세례를 반대하는 본문은 없다. 그래서 종교개혁자들은 유아세례의 지속을 찬성하였다.

그렇지만 유아세례는 신학적, 정치적으로 계속 비판을 받고 있다. 칼(J. Kahl)은 유아세례를 강제적인 선교로 보고, 이를 반대한다.[14] 바르트는 신학적으로 이를 배격한다. 성령세례는 하나님의 선물인 반면, 물세례는 인간의 임무이다. 유아세례는 인간의 자유로운 결단, 순종과 응답적인 특징을 결여하고 있기 때문에 매우 너저분한 세례시행일 뿐이다.[15] 그러나 유아세례를 순전히 하나님의 수납행위, 단독적인 은총의 활동으로 보고, 이를 찬성하는 자들도 적지 않다.

여하튼 유아세례를 받은 자도 성인이 된 다음에는 자신의 세례에 대한 입장을 인격적으로 결정해야 한다. 부모의 신앙이 자신의 신앙을 대신할 수는 없으며, 부모의 결단이 자신의 결단을 면제해 줄 수도 없다. 유아세례는 이처럼 인간을 신앙의 결단 앞에 세우기 때문에 더 많은 자들을 신앙의 결단으로 인도할 수 있고, 그래서 효과적이고 지속적인 복음 전도의 방편이 될 수 있다. 그러나 유아세례는 정치적, 이데올로기적으로 오용되거나 악용되어서는 안 된다.

---

14) J. Kahl, *Das Elend des Christentums*(968), 121. 칼에 의하면, 유아세례는 헌법에 위해되며, 인권에 배치된다. 자신을 방어할 수 없는 유아는 은연중에 종교적인 행위를 하도록 강요를 당하고 있다. 몰트만에 의하면, 유아세례는 기독교 사회의 틀 안에서 정치적인 의미를 가진다. 즉, 유아세례는 종교의 사회화와 통합의 기능을 수행한다. 그리고 교회는 종교적인 의미체계를 통하여 삶의 의미를 지배하고, 관리하고, 보호한다. J. Moltmann, 앞의 책, 253.

15) K. Barth, KD IV/4, 213 이하.

# 제20장

# 누가 교회인가?

>>>>>>>>

교회는 신앙 고백의 대상인가? 아마도 최초의 신앙고백서들에서는 교회가 아직도 신앙의 주제가 되지 않았던 것 같다. 로마 교회의 장로였던 히폴리트(Hipployt, 주후 235년 사망)의 세례문답서는 다음과 같은 표현을 보여준다: "너는 거룩한 교회 안에 있는 성령을 믿는가?" 여기서는 교회가 신앙의 항목이 아니라 성령이 활동하는 장소로 여겨지고 있다. 그렇지만 언어가 조금만 바뀌어도, 성령의 장소인 교회가 신앙의 대상으로 변할 수 있다. 이러한 변화를 우리는 이미 로마 교회의 세례신조에서 볼 수 있다. 2세기까지 소급될 수 있는 이 신조는 다음과 같이 고백하고 있다: "나는 성령, 거룩한 교회, 죄의 용서와 육신의 부활을…… 믿는다."

그러나 교회에 대한 신앙 고백이 하나님의

세 위격들에 대한 신앙 고백과 어떻게 나란히 등장할 수 있겠는가? 비록 사도신경에도 교회가 성령과 나란히 등장하고는 있지만, 성령에 대한 신앙은 교회에 대한 신앙과 다르게 해석되어야 한다. 왜냐하면 사도신경은 "나는 거룩한 교회를 신뢰한다."(신뢰적인 신앙)라고 하지 않고, "나는 거룩한 교회를 믿는다."(인식론적인 고백)라고 기록하고 있기 때문이다. 여기서 교회는 하나님과 성령과 성자와 함께 나란히 신앙의 대상으로서 등장하지 않는다. 오히려 사도신경은 교회가 하나님에 의해 소집되고 조직되었을 뿐만이 아니라, 하나님으로 말미암아 존재하고 보존된다는 사실을 고백한다. 이로써 사도신경이 강조하려는 점은 교회가 하나님의 약속 아래 있다는 사실이다.[1]

실로 교회는 신앙 항목의 주어(主語)가 아니라 술어(術語)이다. 즉, 하나님을 먼저 말함으로써 교회도 비로소 말할 수 있게 되었다. 그렇지만 머잖아 교회사에서 교회를 신앙 항목의 주어로 믿는 현상이 드러나기 시작하였다. 이것은 대체로 두 가지 형태로 나타났고, 그래서 두 가지 문제점을 드러내고 있다.

그중의 하나는 가톨릭교회에서 볼 수 있다. 교회사에서 일정한 시간이 흐름에 따라 신학적, 정치적인 패권을 장악한 로마 교회는 교황제도를 신학적, 법적으로 확립하기 시작하였고, 결국 모든 지역

---

[1] W. Huber, Kirche, 『교회』(이신건 역, 한국신학연구소, 1990), 87. 큉은 "교회를 믿을 필요는 없다. 그러나 우리는 교회를 믿는다고 말할 수도 있다."라고 말한다. 우리가 교회를 믿을 필요가 없는 것은 교회가 하나님이 아니라 하나님을 믿는 신앙과 순종의 공동체이기 때문이며, 우리가 바로 교회이고 교회가 우리이므로 교회는 자기 자신을 믿지 않는, 들음과 믿음의 인간 공동체이기 때문이다. 그러나 우리가 교회를 믿는다고도 말할 수 있는 것은 하나님의 은총에서 오는 교회가 신앙에 의해·이루어지고, 하나님의 은총에서 오는 신앙이 교회에 의해 이루어지기 때문이다. 이런 의미에서 교회는 신앙의 대상이요, 신앙의 터전과 고향이다. 그러나 신앙과 교회는 오직 자비로운 하나님의 구원 행위 안에 그 근원을 가지기 때문에 절대화될 수 없다. 이런 의미에서 교회에 대한 신앙은 하나님에 대한 신앙과 구분된다. H. Küng, 『교회란 무엇인가』(이홍근 역, 분도출판사, 1978), 56 이하.

공동체를 자신의 영향권 안으로 통합하기에 이르렀다. 로마 교회의 감독이 최초의 교황(敎皇)일 뿐만이 아니라 법적으로 사도 베드로의 수위권(首位勸)을 계승한다는 그럴듯한 주장은 실로 로마 교회가 역사 속에서 점차로 쟁취하였던 주장일 따름이지, 역사적으로나 신학적으로 결코 자명한 것이 아니다.[2] 이러한 주장은 하나님으로부터도, 그리고 예수로부터도 결코 도출할 수 없는 것이다. 그러나 불행하게도 이러한 주장을 근거로 가톨릭교회는 교회의 머리가 되는 그리스도를 대신하여, 혹은 종종 그리스도를 억압하는 가운데서 스스로 교회와 세상의 머리로 자처하는 어리석음과 위험에 빠지곤

---

[2] 가톨릭교회는 마태복음 16장 18-19장을 근거로 교황직이 하나님에 의해 제정된 것이라고 주장해 오고 있다. 그러나 고대교회에서 베드로의 권세(열쇠)는 오늘날의 가톨릭교회의 교리문답과는 전혀 다르게 이해되었다. 베드로는 로마의 감독이 아니었다. 고대교회는 자율적으로 운영되었다. 교회는 감독, 장로, 집사의 직분을 뽑아 교회의 운영을 맡겼다. 그러나 2세기에 이르러 감독이 교회의 주도권을 갖게 되었고, 사도들이나 그 제자들이 활동했기 때문에 존경을 받게 되었던 에베소, 예루살렘, 알렉산드리아, 안디옥, 로마의 교회 중에서 로마는 바울과 베드로의 순교지로서, 세계의 수도로서, 그리고 정치적, 경제적으로 영향력을 지닌 도시로서 특별히 존경을 받았다. 주후 150년 이래로 로마에 군주적인 감독이 있었으나, 모든 교회에 대한 지도력을 행사하지는 않았다. 그러나 레오 1세(440-461년)는 사도직 계승을 내세워 스스로 모든 교회의 아버지(교황)임을 주장하였으며, 이러한 주장은 황제 발렌티안 3세의 칙령(445년)을 통하여 정치적으로 합법화되었다. 이로써 사도직의 권위에 대한 비판은 금지되었으며, 교황이 베드로의 의자에서 한 말은 모두 신적으로 오류가 없다는 교서가 발표되었다. 그러나 베드로는 자신을 예수의 종과 사도로 칭하였고, 장로는 지배하지 말고 모범적인 자가 되라고 권면하였다 (벧전 5:1-3). 교황직은 그리스도에 의해 제정된 것이 아니라, 인간에 의해 제정된 제도이다. O. Markmann, *Irrtümer der Katholischen Kirche*(Berlin, 1976), 6 이하.
큉도 사도적인 사명의 반복, 계승은 인정하지만, 사도직의 계승과 반복은 부인한다. 이것은 법적, 사회적인 의미의 계승이 아니며, 소수의 개인이 아니라 온 교회의 계승이다. 이것은 영적인 계승으로서 은혜인 동시에 과업이다. 그리고 베드로 수위권도 역사적으로 입증하기 어렵다. 중요한 것은 권리, 권한이나 계승의 연쇄 자체가 아니라 수행, 실천, 현실의 봉사이다. 그러므로 베드로의 직책은 오직 봉사로서만, 그리고 남에 대해 배타적으로 주장되지 않는 한에서만 용인될 수 있다. H. Küng, 같은 책, 200 이하, 238 이하.

하였다. 잘 알다시피, 이러한 입장은 종교개혁에 의해 가장 강력한 도전을 받았을 뿐만 아니라, 자체적으로도 종종—예컨대—한스 큉에 의해—비판을 받곤 하였다.

그렇지만 가톨릭교회를 개혁함으로써 새롭게 출발하였던 개신교회도 이러한 위험을 피해가기는커녕, 가톨릭교회보다 더 심각하고 광범위하게 이런 위험에 노출되었다. 구체적으로 말한다면, 개신교회는 제각기 자신만의 고유한 체험과 신학, 인물과 전통성 등을 주창함으로써 그리스도의 몸을 나누었을 뿐만 아니라, 그 결과로 온갖 이단과 사이비 교파를 양산하기에 이르렀다.[3] 그러므로 우리는 지금까지 교회에 관하여 던져 온 질문의 방식을 바꾸는 것이 바람직하다. 만약 우리가 여전히 "교회란 무엇인가?"라고 묻기 시작한다면, 앞에서 말한 위험을 벗어나기 어렵다. 그보다는 먼저 "누가 교회인가?"라고 묻는 것이 옳다.

그렇다면 누가 교회인가? 성도들이 교회인가? 물론 이것은 가장 건전한 대답이지만, 충분한 대답은 아니다. 왜냐하면 이와 같은 대답을 통해 우리는 다시금 제도적으로 "사제, 목사, 감독 혹은 교황이 있는 곳에 교회가 있다."라고 주장하거나, 신앙적으로 "성도들이 모인 곳에 교회가 있다."라고 주장할 위험에 빠질 수 있기 때문이다. 만약 그렇게 되면, 교회를 교회로서 세우고 구성하고 보존하는 것은 바로 사람이 되는 셈이다. 그렇지만 정치적, 법적인 구속력이 교회를 구성하지 않거니와, 인간과 집단의 욕망이 교회를 만드는 것도 아니다. 더욱이 오늘날 우리가 흔히 오해하듯이, 교회당이나

---

[3] 바르트에 의하면, 교회는 하나님의 계시로부터 인간에게 흘러들어 왔다고 믿어지는 인상, 경험, 자극을 보호하기 위해 자유롭게 결성된 단체, 종교적인 단체, 경건한 인간들의 교회가 아니라, 예수 그리스도의 교회이다. K. Barth, *Eine Schweizer Stimme*(Zürich, 1945), 307 이하. 바르트에 의하면, 교회는 예수 그리스도가 말씀과 성례전 속에서 성령을 통하여 주님으로서 현존하면서 행동하는 형제들의 공동체이다. K. Barth, *Texte zur Barmer Theologischen Erklärung* (Zürich, 1984), 3.

성당(건물)이 교회를 만드는 것도 아니다. 교회를 만들고 교회를 교회답게 하는 것은 오직 그리스도일 뿐이다.

그러므로 그리스도가 곧 교회라고 말할 수 있다. 다시 말하면, 본회퍼의 말대로 교회는 '공동체로 존재하는 그리스도'이고,[4] 바르트의 말대로 교회는 예수 그리스도의 지상적, 역사적인 실존형태이다.[5] 물론 교회는 그리스도가 아니다. 하지만 가톨릭교회는 종종 스스로 성육신의 연속이나 그리스도의 대리자(Christus Prolongatus: 연장된 그리스도)라고 주장하곤 하였다.[6] 더욱이 그리스도인이 그리스도인 것도 아니다. 하지만 개신교인들 중에서는 종종 '자칭 그리스도'가 출현하곤 하였다. '공동체로 존재하는 그리스도'가 곧 교회이다. 즉, 그리스도가 존재하는 바로 그곳에 교회가 존재한다. 하지만 거꾸로 말할 수는 없다. 즉, 교회가 존재하는 곳에 항상 그리스도가 존재하는 것은 아니다. 교회의 주체와 주님은 오직 그리스도이다. 교회는 주님에게 속해 있다. 교회(Church,

---

4) 본회퍼는 그리스도와 교회의 동일성을 배격하지만, 교회가 집단인격으로서 그리스도이기도 함을 역설한다. 그리스도는 교회로서 존재한다. 그리스도는 교회의 전체 인격이다. 그리스도는 말씀, 성례전으로서 교회이기도 하다. D. Bonhoeffer, *Sanctorum Communio*(München, 1960), 92 이하. *Akt und Sein* (München, 1976), 90 이하와 *Nachfolge*, (München, 1981), 37 이하도 참조하라.

5) 바르트에 의하면, 예수 그리스도는 천상적, 역사적인 실존형태와 지상적, 역사적인 형태라고 하는 두 종류의 실존형태를 지닌다. 예수 그리스도는 교회의 주, 머리일 뿐만 아니라 몸이기도 하다. 예수 그리스도는 교회이다. K. Barth, KD IV/2, 739.

6) 특히 피오 12세가 발표한 교서 Mystici Corporis Christi(신비한 그리스도의 몸)는 교회가 '두 번째 그리스도'(alter Christus)임을 주장함으로써 마치 그리스도가 교회와 동화되는 듯한 인상을 불러일으킨다. Mystici Corporis Christi (Freiburg in Breisgau, 1947), 57, 66 이하, 80. 큉에 의하면, "교회를 그리스도의 생애의 연장, 강생(성육신)의 계속이라고 말하는 것은 이만저만한 오해가 아니다. 여기서 주님과 머리로서의 그리스도는 교회에 양위되고, 교회 자신이 대신하여 자율적인 전권 대리자가 되며, 그리스도는 결국엔 실권이 없는 존재가 되고 만다." H. Küng, 같은 책, 145 이하.

Kirche)의 어원(라틴어 Kyriake)은 '그리스도에게 속한'이라는 뜻을 지니고 있다. 그러므로 그리스도인은 오직 그리스도에게만 속한 자로서 오직 그리스도만을 따르는 자가 되어야 한다(행 11:26).

## 1. 하나님 안의 예수 그리스도의 공동체성

예수 그리스도는 이미 그의 신성(神性) 안에서 공동체로 존재하는 분이었다. 이것을 고대교회는 '삼위일체'의 교리로 설명하였다. 그러므로 삼위일체 하나님의 공동체성은 모든 피조물의 공동체성의 원형이라고 할 수 있다. 고대교회는 하나님의 유일성을 강조하려고 세 위격을 희생시킨 양태론(Modalism)도 배격하였지만, 세 위격을 강조하려고 신성 안에 서열을 인정한 종속론(Subordniationism)도 배격하였다. 삼위일체의 위격들은 공통된 신적인 본질 가운데서 실재할 뿐만이 아니라, 다른 위격들과의 관계 속에서 실존한다. 세 위격들은 주체적이고 동등한 위격이지만, 끊임없이 서로 순환하고, 서로 사귐을 나눈다.[7]

## 2. 하나님의 백성 안의 예수 그리스도의 공동체성

하나님의 백성은 원래 기독론적인 술어가 아니라, 신론적인 술어였다. 즉, 하나님의 백성은 하나님의 선택과 소명의 차원을 지니고 있다. 선택은 하나님의 절대적인 행위, 즉 하나님의 주권과 은총의 표현이다. 선택된 백성은 하나님의 소유이며, 하나님과의 친밀한 사귐(계약) 속으로 들어간다. 선택 속에서 주어진 하나님의 약속은 하

---

7) 이에 관해서는 본서 제6장을 참조하라.

나님의 백성의 역사를 구원사로 만든다. 심판, 완고, 멸망은 구원의 신실의 부정적 측면으로 이해되어야 한다. 선택은 본질적으로 하나님과의 대화적인 성격을 갖는다. 즉, 하나님의 선택은 선택받은 백성의 응답(신앙)을 요구한다. 하나님의 백성의 역동적인 특색은 바로 신앙의 순종, 즉 하나님의 말씀과 부름에 대한 신뢰에 있다. 신앙과 불신앙은 하나님의 백성의 역사에서 참된 백성과 거짓 백성 사이를 구별한다.

하지만 하나님의 백성의 선택은 폐쇄적인 것이 아니라, 미래를 지향하시는 하나님의 종말론적인 개방성을 포함한다. 그러므로 하나님의 백성의 선택은 하나님의 포괄적인 세계구원의 틀 안에서 이해되어야 한다. 즉, 하나님의 백성은 온 세상에 하나님의 나라를 증언할 소명을 지닌다. 그렇기 때문에 하나님의 백성은 하나님의 말씀의 대변자로서 온 세계로 파송된다.[8]

신약성서에서도 교회는 자신을 종말론적인 하나님의 백성으로 고백한다(벧전 2:9-10, 고후 6:16, 히 8:10, 계 1:6, 5:10, 21:3). 즉, 신약성서에서도 구약성서가 말하는 하나님의 백성의 특징인 구원과 선택이 여전히 중요한 역할을 한다.[9] 그렇다면 예수 그리스도

---

8) M. Keller, *Volk Gottes als Kirchenbegriff*(Benzinger Verlag, 1970), 252쪽 이하. N. A. Dahl, *Das Volk Gottes*(Darmstadt, 1963), 5 이하를 참조하라. 구약성서에서 야웨 하나님과 이스라엘의 관계는 야훼의 아들, 야훼의 아들들과 딸들, 혼인, 포도나무, 포도원, 양의 무리 등과 같은 다양한 상들을 통해서 묘사된다. 그리고 이스라엘이 야웨의 소유, 백성이라는 것은 이스라엘의 하나님, 우리 하나님, 너의 하나님, 아브라함과 이삭과 야곱의 하나님, 조상의 하나님, 이스라엘의 거룩한 자, 이스라엘의 주, 이스라엘의 아버지, 이스라엘의 심판자, 이스라엘의 왕, 이스라엘의 창조자, 이스라엘을 도우시는 자, 이스라엘의 구원자, 이스라엘의 방패와 보호와 산성과 바위 등과 같은 다양한 용어들로서 표현된다,
9) 신약성서의 교회관의 구약성서적인 요소는 특히 행 9:15, 15:14, 18:10, 고전 1:26-31, 엡 1:4, 벧전 2:10 등에서 선택 신앙을 통해 계승된다. 그러나 신약성서의 교회론에는 새로운 점이 추가된 사실도 인식되어야 한다. 즉, 신약성서에는 '새로운' 하나님의 백성이라는 말은 없지만, '새로운' 계약이 언급된다(눅 23:20, 고전 11:25, 고후 3:6, 히 8:13 등). 이제 하나님의 백성은 민족의 한계를 넘어선다.

는 하나님의 백성과 무슨 관계가 있는가? 다시 말하면, 구약성서가 말하는 하나님의 백성과 신약성서가 말하는 하나님의 백성을 잇는 고리는 무엇인가? 그것은 바로 인자(人子)라고 할 수 있다. 다니엘서 7장 13절에서 인자는 하나님의 백성을 대리하는 집단적인 인격으로 나타난다. 예수와 초대교회가 예수에게 적용한 인자의 어원은 바로 여기서 유래한다. 다니엘서에서 인자는 그의 백성과 함께 하나님 앞으로 나아가고, 하나님에게서 받은 권세와 영광과 나라를 하나님의 백성에게 넘겨준다(단 7:27).

이것은 종말론적인 희망이다. 그러므로 하나님의 백성은 예수와 더불어 가까이 온 하나님의 나라를 증거하고, 하나님의 나라를 앞당겨 생활하며, 아직 완전히 오지 않은 하나님의 나라를 바라보며 산다. 즉, 예수가 선포하고 가까이 가져온 하나님의 나라는 교회의 기원과 근거와 희망이다. 달리 말하면, 교회는 하나님 나라의 인격으로 온 예수 그리스도의 공동체, 인격 안에서 가까이 온 하나님 나라의 전위적인 형태이다. 교회는 하나님 나라에 대한 회상, 하나님의 나라 안의 실험적, 모범적인 생활, 하나님의 나라에 대한 소망으로 살아간다. 이와 같은 본질과 사명에 충실하지 않는 교회는 예수 그리스도의 교회라고 말할 수 없다. 왜냐하면 예수 그리스도는 바로 하나님의 나라를 선포하는 사도직(마 28:18 이하)과 하나님의 나라를 대망하며 거행하는 성만찬(고전 11:23 이하)과 하나님의 나라를 신앙하는 형제적인 사귐(마 18:20) 속에서 공동체로 현존하기 때문이다.[10]

그러나 바울은 그리스도가 공동체로 현존하는 형식을 '그리스도의 몸' 이라는 개념을 통해 표현한다.[11] 바울이 교회를 '그리스도의

---

이제는 할례라고 하는 옛 계약 표지가 아니라 세례(그리스도의 할례, 골 2:11)가 하나님의 백성의 자격이 된다.
10) J. Moltmann, 『성령의 능력 안에 있는 교회』(박봉랑 외 4인 역, 한국신학연구소, 1980), 138 이하.

몸'이라고 부르는 것은 교회가 그 자체로서 일종의 유기체적인 특성을 지니는 사회단체이기 때문이 아니라, 그리스도가 죽음과 부활을 통해 교회를 자신의 몸으로 구성하고 조직하고 유지하기 때문이다.[12] '그리스도의 몸'이라는 개념이 어디서 유래한 것이든, 이 개념을 통해 바울은 교회가 지금 여기서 살아 계신 주님과 결합되어 있다는 사실을 고백한다. 교회는 그리스도 안에서 그리스도와 하나가 되었다. 그리스도인은 세례를 통해 그리스도의 운명에 참여하며, 그리스도의 지체가 된다(롬 6장). 그리스도와 함께 죽고 사는 것은 신앙 가운데서 일어나는 선물이면서, 매일 매일의 윤리적인 생활 속에서 구현되는 임무이다(롬 12:1-2).

그러므로 그리스도와 결합되어 있는 교회는 자신의 주님인 그리스도의 운명에 참여해야 한다. 교회의 진정성은 바로 여기서 결정된다. 즉, 바르트의 말대로 "교회가 참된 그리스도의 교회인가 아닌가?"에 대한 결정적인 해답은 오랜 전통, 역사, 업적, 성공, 외적인 확장에 있지 않다. 그것은 오직 예수 그리스도가 교회 안에서 힘차게 들려지고 있고, 그분에 대해 활발하게 질문되고 있는지에 달려 있다.[13]

---

11) 몸(soma)이라는 단어는 신약성서에서 바울에 의해서만 자주 언급된다. 바울은 몸을 경멸하는 고린도교회의 열광주의자들에 맞서 몸의 중요성을 변호했다. 몸은 하나님과 이웃에 대한 개방성, 상호 교류 속에 있는 인간을 표현한다. 인간은 자신 속에서가 아니라 하나님과 이웃에 대한 개방성 속에서 완성된다. E. Schweizer, Die Leiblichkeit des Menschen: Leben-Tod-Auferstehung in: EvTh. 29(1969), 174 이하. 바울의 '그리스도의 몸' 교회론의 기원은 스토아 사상, 영지주의 신화, 구약성서의 집단적인 인간이해, 랍비의 아담사상, 기독교의 성만찬 이해, 몸의 성전에 관한 예수의 발언 등으로 다양하게 설명된다. 여하튼 바울이 이 개념을 사용한 것은 이것이 신앙을 실천하는 구체적인 몸인 교회의 특성을 표현하기 적합하기 때문이다. 교회는 그리스도의 몸으로서 그리스도가 세계를 만나고 세계를 위해 섬기는 장소이다. E. Schweizer, Die Kirche als Leib Christi in den paulinischen Homologumena in Neotestamentica(1963)를 참조하라.

12) K. Barth, KD IV/1 738 이하.

13) K. Barth, *Gotteserkenntnis und Gottesdienst nach reformatorischer*

## 3. 세상과 우주 안의 예수 그리스도의 공동체성

성서는 예수 그리스도가 공동체로 존재하는 형식을 삼위일체론적, 교회론적으로만 말하지 않는다. 그리스도는 우리가 생각하는 것보다 '항상 더 큰 분'이다. 성서는 그리스도가 내재적인 삼위일체와 교회를 포괄하면서도, 그 밖에서, 그리고 그보다 더 크게 존재하는 또 다른 방식을 말하고 있다. 하나는 가난한 자들 속의 그리스도의 현존이다. 마태복음 25장 31-26장에서 장차 도래할 세계의 심판자인 인자(人子)는 세상 안에서 가장 작은 형제들, 즉 주린 자들, 목마른 자들, 나그네들, 헐벗은 사람들, 병든 사람들, 옥에 갇힌 자들 가운데서 숨은 모습으로 현존한다. 그리고 예수 그리스도는 자신을 그들과 동일시한다. 그러므로 가장 작은 자들을 향해 요구되는 것은 단순한 사랑(자선)이 아니라 신앙이다. 즉, 작은 자들은 그리스도를 대신하여 의로운 행동을 기다린다는 신앙을 요구한다. 즉, 비참한 자들은 단지 이웃 사랑과 도덕의무의 대상들이 아니라, 장차 도래할 구원자와 심판자가 숨어 있는 모습으로 현존하는 방식이다. 따라서 가난한 자들 속의 인자의 현존은 먼저 교회론에 속하고, 바로 그 다음에 비로소 윤리에 속한다.[14]

예수 그리스도가 더 크게 존재하는 또 다른 방식은 '우주적인 그리스도'이다. 즉, 그리스도는 우주로서 실존한다. 에베소서(1:22 이하)와 골로새서(1:17 이하)는 온 우주를 포괄하는 그리스도의 구원능력에 관해 말한다. 만약 그리스도가 죽은 자들로부터 일어난 장자라면, 그는 새로운 인간성을 대변하는 새 아담일 뿐만이 아니라, 모든 창조의 장자로도 이해될 수 있다.[15]

---

*Lehre*(Zürich, 1938), 170 이하.
14) J. Moltmann, 같은 책, 142 이하.
15) J. Moltmann, 『예수 그리스도의 길』(김균진, 김명용 역, 대한기독교서회, 1990), 389.

그러므로 바르트는 하나님 안의 그리스도의 존재와 공동체 안의 그리스도의 존재 밖에 '예수 그리스도의 제삼의 실존 방식'을 질문하였던 것이다: "그는 이미 지금 만유의 통치자로서, 모든 것의 머리로서, 처음으로, 또 마지막으로 홀로 권능 있는 자로서, 비록 우주 안에 은폐되어 있지만, 그리고 그의 공동체가 그를 인식하는 것처럼—아직!—그를 인식하지는 못하지만, 우주 안에서, 또한 최고의 실재성 속에서 아버지 하나님의 오른편과 그의 공동체 안에서와 같이 실제로 우주 안에서 실존하시며, 작용하시며, 창조하시며, 활동하시지 않는가?"[16] 그래서 바르트는 놀랍게도 세계를 '예수 그리스도의 공동체'라고 부른다.[17]

그런 의미에서 교회는 하나님의 성전(聖殿)이 된 대우주를 대변하는 소우주이다. 즉, 교회는 그리스도의 몸으로서 언제나 온 창조의 교회라고 할 수 있다. 그러므로 교회는 자신을 넘어서 하늘과 땅을 충만케 할 하나님의 영광을 가리킨다.[18] 그리스도의 화해는 인간과 하나님과의 화해, 인간 상호 간의 화해, 인간 자신과의 화해만이 아니라 인간과 자연과의 화해를 포괄한다. 그러므로 인간은 자연과 더불어 정의의 공동체(생태학적 권리)를 형성해야 한다.[19]

---

16) K. Barth, KD IV/3, 865-866.
17) 앞의 책, 872.
18) J. Moltmann, 『예수 그리스도의 길』, 398.
19) 앞의 책, 426 이하.

## 제21장

# 교회는 어떤 질서를 갖는가?

>>>>>>>>

우리 주위에는 지금 수많은 교파들과 교회들이 서로 경쟁하듯이 활동하고 있다. 이들은 신학과 교리 면에서 서로 다른 입장을 표방할 뿐만이 아니라, 조직과 체계의 면에서도 다양성을 드러내고 있다. 이러한 사실은 한편으로는 교회 성장과 선교에 기여한 점이 적지 않지만, 다른 한편으로는 일치된 복음 증거와 연합 사업의 장애가 되기도 한다. 심지어 같은 교파와 한 교회 안에서도 직무에 대한 서로 다른 이해가 존재함을 볼 수 있다. 이러한 사실은 목회자와 평신도 간에, 그리고 교인들 간에도 불화와 갈등의 요인이 되며, 급기야는 심각한 투쟁과 불행한 분열의 씨앗이 되기도 한다. 그렇기 때문에 교회의 본질과 더불어 교회의 직무를 올바르게 이해하는 일은 매우 중요한 과제가 아닐 수 없다. 왜냐하면 교회의 직무는 교회의 본질과 분리될 수 없기 때문이다. 그렇다면 성서는 직무를 어떻게 이해하는가?

## 1. 교회의 본질과 직무의 상관관계

예수의 사명은 온통 하나님의 나라에 집중되어 있었다. 그렇기 때문에 예수는 처음부터 이스라엘 백성과 분리된 별다른 종교 집단을 설립하지 않았다. 오히려 예수는 온 이스라엘을 향해 하나님 나라의 도래를 선포하였으며, 그들로 하여금 자신의 인격 안에서 가까이 다가온 하나님의 나라 앞에서 결단하고 회개하게 함으로써 새로운 이스라엘 백성을 소집하기를 원하였다. 물론 예수는 자신의 주위로 제자들을 불러 모았다. 즉, 예수는 도래하는 하나님의 나라를 맞이하고 증언할 무리(눅 12:32, 막 14:27)를 소집하였다. 그런 점에서 제자들의 무리 가운데서 교회가 이미 싹트고 있다고 보아야 한다(함축적인 교회론).[1]

그러나 실제적인 교회는 예수의 부활과 성령 강림 후에 모인 제자들의 모임으로부터 형성되기 시작하였다. 그들은 십자가에 달렸다가 다시 살아난 예수를 세상의 주님으로 고백하였으며, 예수의 고난을 회상하는 가운데서 예수의 말씀을 전파하고, 성찬식을 행하였다. 하지만 제자들도 처음부터 회당과 분리되는 것을 원하지는 않았다. 그들은 예수 그리스도를 이스라엘의 메시아로 선포하였으며, 자신을 참 이스라엘 혹은 새로운 이스라엘로 이해하였다. 하지

---

1) 이 문제에 관해서는 특히 W. G. Kümmel, *Kirchenbegriff und Geschichtsbewußtsein in der Urgemeinde und bei Jesus*(Göttingen, 1943)과 G. Lohfink, 『예수는 어떤 공동체를 원했나』(정한교 옮김, 분도출판사, 1985)를 참조하라. 큉도 말한다: "예수의 생애에는 교회설립이 없다.…… 그러나 예수의 생애 없이는 교회도 없다." H. Küng, 『교회란 무엇인가』, 72 이하.

만 시간이 흐를수록 회당과 제자들 간의 갈등은 더욱 깊어져 갔고, 박해와 추방으로 말미암아 제자들은 서서히 독자적인 모임과 모습을 가질 수밖에 없었다. 이방인을 위한 선교가 전개되는 가운데서 제자들은 그리스도를 따르는 자들, 즉 회당과 분리된 무리(교회)로 인정을 받게 되었다.[2]

하지만 교회의 사명은 자신의 존립과 확장에 있지 않았다. 교회는 그리스도의 통치 안에서 새롭게 다가온 하나님의 통치를 전파하는 사명을 띠고 부름을 받았다. 그런 의미에서 교회는 하나님 나라의 표징(表徵)과 전조(前兆)라고 할 수 있다.[3] 하지만 하나님의 나라는 여전히 미래적, 종말론적인 희망이었고, 그래서 교회는 예수의 재림을 통한 하나님 나라의 궁극적인 실현을 기다려야만 했다. 즉, 교회는 중간 시대, 예수의 초림과 재림 사이에 존재하고 있다는 자의식 속에서 선교 활동을 전개하였다. 그러므로 역사 속에 존재하고 있는 교회는 현실적으로 조직과 직무를 요청할 수밖에 없게 되었다. 예수의 활동 당시를 보아서 알 수 있듯이, 하나님 나라를 기다리는 제자들의 무리는 특별한 조직을 필요로 하지 않았다. 하지만 하나님의 나라를 기다리는 무리로서 이 땅에 발을 딛고 사는 동안 교회는 자연스럽게 일정한 임무를 할당하고 조직하는 일을 회피할 수 없었다.

---

2) 이에 관해서는 J. Finkelzeller, *Von der Botschaft Jesu zur Kirche Christi* (München, 1974)를 참조하라. 큉도 말한다: "교회의 근원은 그리스도 사건 전체에 있지만, 교회는 살아 있는 분에 대한 현실의 체험에서 출발하였다." H. Küng, 같은 책, 79 이하.

3) 큉도 교회를 하나님 나라의 전조, 하나님 나라를 기다리는 사람들의 공동체라고 부른다. 그러나 교회는 하나님 나라의 전단계는 아니다. H. Küng, 같은 책, 96 이하. 그러나 핑켈첼러는 교회가 비록 하나님 나라의 출현형태, 지금의 형태는 아니지만 그 전단계, 지시, 표징이라고 말한다. J. Finkelzeller, 같은 책, 48 이하. 바르트는 말한다: "하나님의 나라는 교회이다. 그러나 교회는 하나님의 나라가 아니다. 교회는 하나님 나라의 선행적 형태, 그 비유, 반영, 복사이다." K. Barth, KD IV/2, 742, IV/3, 906 이하.

하지만 신약성서는 확고한 조직 체계를 보여 주지 않는다. 초대 교회가 서 있는 자리와 신학적 입장에 따라서 신약성서 안에는 매우 다양한 직무 이해와 형태가 나타난다. 그런 점에서 하나의 '신약성서의 교회조직'이라는 것은 없다. 즉, 신약성서의 책들마다 교회의 직무 이해는 서로 다르게 나타나고 있다. 그럼에도 불구하고 신약성서의 교회 직무는 대체로 다음과 같은 세 가지 모델로 요약될 수 있을 것이다.[4]

## 2. 교회 직무의 세 가지 모델

### 1) 팔레스타인 교회의 모델

팔레스타인 교회는 아직도 유대교의 옛 형태와 조직 안에 강하게 머물러 있었다. 여기서는 베드로(기둥, 반석)와 야고보가 특별한 역할을 수행하였다. 유대교의 직무인 서기관, 랍비, 장로와 사제도 교회 안으로 들어 왔다. 그렇지만 그들은 남다른 특권을 가지지 않았다. 아니 교회 안에서는 모든 잘못된 권위와 위치는 배격되었다. 비록 베드로가 교회의 반석으로서 특별히 맺고 푸는 권한을 부여받았지만(마 16:19), 모든 제자들에게도 동일한 권한이 주어졌음을 알 수 있다(마 18:18 이하). 사도행전에는 사도 다음으로 아나니아와 빌립도 세례의 권한을 가졌으며, 사도들이 없어도 스스로 성찬식을 거행하곤 하였다(행 2:46).

그러나 팔레스타인 교회는 하나님의 나라가 아직 오지 않았으므로 율법과 조직이 교회의 존속과 생존을 위해 필요하다는 생각을 지니고 있었다. 그래서 직무 담당자는 특별한 역할을 담당하였다.

---

4) E. Schweizer, *Gemeinde und Gemeindeordnung im Neuen Testament* (Zürich, 1959), 148 이하.

여러 은사들, 특히 병자 치유는 주로 그들에 의해 이루어졌고, 안수를 통해 성령을 받게 하는 일도 사도들에게만 허락되었던 것 같다(행 8장).

이처럼 강한 유대교적, 직무적인 전통을 이어받은 교회는 마태복음, 누가복음, 목회서신 등에서 볼 수 있으며, 지금은 가톨릭교회에 의해 강하게 계승되고 있다. 가톨릭교회는 특히 로마법, 전통의식과 결합되어 직무, 조직, 계승을 강하게 내세우게 되었다. 특히 이단들을 방어하는 가운데서 감독의 권위가 강하게 관철되었으며, 시간이 흐를수록 오늘날처럼 견고한 성직계급적인 형태를 갖추게 되었다.

### 2) 요한 교회의 모델

요한이 이해하였던 교회는 팔레스타인 교회와 완전히 다르다. 요한에 의하면, 교회는 성령을 소유하기 때문에 직무와 조직은 별로 중요하지 않다. 성령으로부터 다시 태어난 자는 율법이나 규칙에 종속될 필요가 없다. 왜냐하면 성령은 임의로 불기 때문이다(요 3:8). 보혜사 성령은 예수가 떠난 동안 교회와 함께 하며, 예수를 대신해서 교회를 다스린다(요 14:16-18). 교회는 완전히 자유로운 무리, 성령의 기름부음으로 말미암아 살아가는 무리이기 때문에 특별직무가 필요하지 않다. 교회는 성령의 기름부음을 받아서 모든 것을 알고 있다(요일 2:20). 아마도 요한 교회는 교회를 지배하려는 감독(요삼 9)과 종종 투쟁하고 있는 것처럼 보인다.

요한 교회의 모델은 오늘날 조직과 법과 체계보다는 자유로운 성령과 성도의 자율성을 더 강조하는 무교회주의자, 자유교회, 바닥공동체, 형제교회, 회중교회 등에서 볼 수 있다.

### 3) 바울 교회의 모델

바울 교회는 중간적인 입장을 대변한다. 극단적인 경우에 팔레스타인 교회는 경직된 직무교회, 율법주의에 기울어질 수 있는 위험을 지닌다. 그와 달리 요한 교회는 교회의 존재 그 자체를 부인하는 개인주의, 방종주의에 기울어질 위험을 지닌다. 바울 교회는 중도적인 입장을 보인다. 그래서 슈바이처(E. Schweizer)는 바울 교회를 중세기 마을의 시장(市場)에 비유한다. 평화의 시기에는 시장은 마을의 중심이 된다. 그러나 만약 전쟁이 일어나면, 적이 어디로 공격하느냐에 따라서 중심이 달라질 수 있다. 상황에 따라서 갑자기 동쪽 벽이 중심이 되거나, 서쪽 문이 중심이 될 수도 있다.

바울은 성직자와 평신도의 구별을 알지 못한다. 왜냐하면 모든 그리스도인들이 교회를 섬기도록 부름을 받았기 때문이다. 그리스도인들은 모두 성령을 소유하고 있다. 교회의 모든 지체들은 제각기 은사를 소유하고 있고, 자기의 은사를 통해 교회 안에서 나름대로 고유한 임무를 수행하고 있다. 그럼에도 불구하고 특별히 부름을 받은 직무가 존재할 수 있다(고전 12:28).

바울 교회는 직무와 은사를 모두 인정하는 가운데 양자를 서로 조화시키려는 모습을 보여주고 있다. 여기서 공적인 직무와 영적인 은사는 서로 대립하지 않는다. 양자는 하나를 이루면서, 서로 긴장관계를 이룬다. 이와 같은 교회의 모델은 극단을 피하고 중간적인 입장을 택하는 대다수 개신교회들 속에서 나타난다.

신약성서의 교회들은 이처럼 세 가지 형태의 직무 모델 간에 서로 역동적인 긴장관계를 이루는 가운데서 하나의 교회를 이루고 있다. 그러므로 신약성서의 교회는 고정되어 있는 것이 아니라, 활발한 운동과 과정 속에 있다. 적의 공격 방향에 따라서 교회는 때로는 직무적인 팔레스타인 교회가 되기도 하고, 때로는 은사적인 요한 교회가 되기도 한다. 그렇지만 양쪽 방향의 공격을 막기 위해서는 항상 바울적인 교회로 돌아가야 한다. 그러므로 신약성서에 드러난 교회의 직무는 고정된 것이 아니라, 언제나 양 극단을 조정하는 가운데서 중심을 잡으려는 과정에 있다. 즉, 교회의 직무는 경직된 규칙이 아니라, 다양한 견해들 가운데서 항상 새롭게 창조해야 할

'평화'(고전 14:33)로 이해될 수 있다. 평화는 신약성서의 역동적인 교회 직무의 본질이다.[5]

## 3. 교회 직무의 복음적 이해

그렇다면 교회의 직무는 아무래도 괜찮다는 말인가? 다시 말하면, 교회는 주어진 조건과 현실적인 상황에 따라서 임의로 직무를 세워갈 수 있다는 말인가? 그렇지 않다. 그렇다면 교회의 직무 형태는 어떻게 결정되어야 하는가? 교회의 직무 형태는 오로지 복음으로부터, 그리고 복음의 일부로서 이해되는 직무 이해로부터 결정되어야 하고, 바로 그렇게 갱신되어야 한다.[6]

예수 그리스도가 선포한 복음의 핵심은 '하나님의 나라'이다. 오직 하나님만이 세상을 다스리신다. 그러므로 어떤 인간도 인간 위에서 인간을 지배하거나 억눌러서는 안 된다. 하나님의 통치 아래서 모든 그리스도인들은 다같이 형제와 자매이다. 그러므로 예수의 말씀대로 높은 자가 되려는 자는 도리어 낮은 자가 되고, 섬기는 자가 되어야 한다(마 20:25-28). 섬김의 정신, 섬김으로부터 나오는 권위야말로 교회 직무의 진정한 본질이다.

초대교회는 예수 그리스도가 세상과 교회의 주가 되었다고 고백

---

5) 케제만에 의하면, 신약성서 속의 교회론의 부단한 발전, 변화와 긴장은 조직적인 발전의 필수적인 단계로서 개인, 단체, 시대의 다양한 관점으로부터 설명될 수 있다. 일치는 항상 분화를 전제로 삼기 때문에 그것은 결코 획일성이 아니다. 획일성은 공동체의 황폐화, 죽음을 초래할 것이다. 성령 안의 삶과 친교는 긴장에 찬 일치로 표현될 수 있다. E. Käsemann, Einheit und Vielfalt in der neutestamentichen Lehre von der Kirche in: *Exegetische Versuche und Besinnungen* (Göttingen, 1964), 265.
6) 케제만은 말한다: "역사적인 것의 다양성을 즐거워하고 하나님의 모든 피조물들과 함께 하려고 한다고 해서, 어디서나 성령이 요청되고, 영을 시험하고 구분하는 척도가 포기되는 결과로 빠져서는 안 된다." E. Käsemann, 앞의 글, 265.

하였다. 오직 예수 그리스도만이 세상을 통치한다. 그러나 그는 권력과 힘으로써가 아니라 희생, 용서, 부활의 능력, 성령의 임재를 통해서 통치한다. 그렇기 때문에 초대교회는 최초의 직무를 설명하기 위해 세상적인 용어인 디아코니아(Diakonia)를 빌려 왔다. '디아코니아' 란 식탁에서 하인이 주인을 섬기는 행위를 의미한다. 그러므로 교회의 직무는 그 어떠한 권한이나 특권, 계급의식과 명예를 지니지 않는다. 이처럼 초대교회의 최초의 직무도 예수의 가르침처럼 자신을 낮추는 섬김의 특징을 갖고 있다.[7]

바울의 신학에서 교회의 모든 봉사와 기능을 포괄적으로 표현하는 개념은 '카리스마' (은사)이다(롬 6:23). 예수 그리스도 안에 있는 유일한 종말론적인 은사는 영생이다. 그리스도는 생명, 은혜, 영 그 자체이다. 그러므로 '은사'를 가진다는 것은 곧 그리스도의 생명, 은혜, 영에 참여한다는 것을 말한다. 그런데 이와 같은 참여는 봉사와 소명 속에서 나타난다. 봉사는 은사가 드러나고 실현되는 곳이다. 즉, 영생은 이 땅에서 새로운 순종으로 나타난다.

그런데 바울에 의하면, 교회의 모든 지체들이 은사를 갖고 있다. 다양한 은사들은 크게 세 가지로 나뉜다. 먼저 '선포의 은사' 로서는 사도, 예언자, 전도자, 교사, 권고자가 있다. 영감, 환상도 이에 속한다. '봉사와 은사' 로서는 신유, 악귀추방이 있다. '치리의 은사' 로서는 감독 등이 있다. 그렇지만 고난, 남모르는 사랑 행위, 기술적인 봉사, 결혼, 순결 등도 은사로 열거된다. 주님에 의해 부름을 받은 모든 자들은 은혜의 분량대로 은사를 지닌다(롬 12:3, 고전 7:7).

이처럼 다양한 은사의 척도는 주 안에서 주를 위한 행동, 즉 그리스도인의 순종에 있다. 그러므로 그리스도와 결합되지 않은 모든

---

7) 그리스에서 직무를 뜻하는 단어들은 다양하게 사용된다(아르케/지도, 통치, 티매/고위직, 텔로스/직무의 완전한 권한, 레이투르기아/시민들의 봉사 행위). 그러나 신약성서는 '디아코니아' 를 가장 보편적으로 교회 안의 봉사의 직책을 표현하기 위해 사용한다. E. Schweizer, 같은 책, 154 이하.

은사는 광신주의에 빠질 위험이 있다. 모든 은사들은 오직 교회의 머리인 예수 그리스도에게 순종함으로써만 그리스도 안에서 한 몸이 될 수 있다. 바울에 의하면, 다양한 은사들은 다음과 같은 질서를 갖는다. (1) 모든 지체들은 하나님으로부터 받은 믿음의 분량 안에 머물러야 한다(롬 12:3, 고전 3:5, 엡 4:7). (2) 모든 지체들은 사랑 가운데서 모든 자들의 종이 되어야 한다(롬 12:10, 갈 5:13, 엡 5:2), (3) 모든 지체들은 그리스도를 경외하는 가운데서 서로 복종하고 존경해야 한다(롬 12:10, 빌 2:3, 엡 5:21).[8]

결론적으로 요약하자면, 교회의 직무는 항상 역동적인 것이다. 즉, 교회의 직무는 다양한 즐거움 속에서 항상 긴장을 내포하고 있다. 교회의 일치는 종말론적인 것으로서 주의 음성을 듣는 가운데서 늘 새롭게 파악되어야 한다. 교회는 '순례하는 하나님의 백성'으로서 항상 새롭게 탈출함으로써 그리스도의 통치에 순종해야 한다. 하지만 그리스도의 통치는 우리가 사로잡을 수 있는 실체가 아니다. 오히려 그리스도의 통치가 우리를 늘 새롭게 사로잡으며, 우리를 그의 증인으로 삼는다. 그러므로 교회는 이와 같은 예수 그리스도의 왕적인 자유와 통치를 인정하고, 그의 말씀을 자유롭게 전하며, 그를 뒤따르는 가운데서 남을 섬겨야 한다. 교회 직무의 본질과 유익은 여기에 달려 있다.[9]

---

8) E. Käsemann, Amt und Gemeinde im Neuen Testament in: 같은 책, 109쪽 이하.

9) 케제만에 의하면, 그리스도론은 모든 교회론의 영원한 척도이다. 그분의 말씀을 모든 청중들에게 자유롭게, 직접적으로 전하는 것은 모든 교회 권한의 최고의 관심, 넘어갈 수 없는 한계, 교회 친교의 결실이어야 한다. 모든 교회의 전통, 직무는 우리로 하여금 그리스도의 음성을 듣게 하는 한에서만 권위를 소유할 수 있다. 십자가에 달린 자는 우리의 자의(恣意)의 마지막, 모든 은총의 원천, 신앙의 심판자, 불경한 자의 구원자이다. 세리와 죄인들을 찾아가고 불경한 자를 위해 죽은 그분을 뒤따르는 것만이 교회론의 척도일 뿐이며, 경건, 도덕, 제의, 조직, 깊은 명상, 넓은 영향력이 그 척도일 수는 없다. E. Käsemann, Einheit und Vielfalt in der neutestamentlichen Lehre von der Kirche in: 같은 책, 226 이하.

## 제22장

# 세상 안에 있는 교회의 임무

>>>>>>>>

교회는 누구에게나 인지될 수 있는 실체는 아니다. 왜냐하면 교회는 믿는 자들의 공동체로서 오직 믿음에 의해서만 인지되고, 성령의 활동 가운데서 일어나기 때문이다. 그런 의미에서 교회는 '보이지 않는 교회'이다. 그러나 믿음은 행함 속에서 드러나고, 성령의 활동은 구체적인 지상적, 역사적인 형태 안에서 드러나기 때문에 교회는 '보이는 교회'이기도 하다. 보이지 않는 교회는 '보이는 교회'와 나란히 있거나 그것과 분리되어 있는 초자연적인 영혼의 나라가 아니라, 바로 '보이는 교회' 안에 있고, 그 안에서 자신을 드러낸다. 그러므로 우리는 기독론적인 가현론(假現論)과 꼭 마찬가지로 교회론적인 가현론도 경계해야 한다. 인간은 '보이지 않는 교회'에 대한 신앙 속에서

'보이는 교회'라는 활동 영역, 투쟁 영역으로 들어간다. 교회는 다른 것들과 같이 역사적 실체로서 모든 사람들에게 보일 수 있다.[1] 교회는 현실과 동떨어진 유토피아적인 나라가 아니라, 그리스도를 주로 고백하는 형제들과 자매들의 공동체이다.[2] 그런 의미에서 교회는 세상 한복판에 위치해 있다. 그렇다면 교회와 세상의 관계는 어떠하며, 세상 안에서 교회가 감당해야 할 임무는 무엇인가?

## 1. 세상에서 부름을 받은 공동체

교회는 세상에서 부름을 받아 소집된 하나님의 백성이다. 신약성서에서 교회의 명칭으로 사용된 '에클레시아'(Ecclesia)는 원래 그리스 사회에서 공동체의 문제를 논의하기 위해 지도자가 소집한 시민들의 공적인 모임을 뜻했다. 그러나 신약성서는 이 단어에 하나님의 선택과 부름이라는 신학적인 의미를 부여하여, 새로운 신앙 공동체에 적용하였다. 원래 이 단어는 구약성서의 '카할'(Qahal)의 70인역(LXX)에서 유래한 것이다. '카할'은 제의, 전쟁 혹은 재판을 위해 소집된 이스라엘 백성의 모임을 나타내는 일반적 용어였다. 특히 제의(예배)를 위해 소집된 '카할'은 백성의 삶에 결정적인 의미를 가졌다. 제의의 축제적인 즐거움은 이스라엘의 두드러진 특징이었다(민 23:21, 시 89:16).[3]

---

1) K. Barth, KD IV/1 728 이하.
2) 이것은 칼 바르트가 고백교회의 투쟁기에 작성한 '바르멘 신학선언'(Barmer Theologische Erklärung, 1934)의 교회론적인 정의이다. 바르멘 신학선언에 따르면, 교회는 예수 그리스도가 말씀과 성례전 속에서 성령을 통하여 주로서 현존하면서 행동하는 형제들의 공동체이다. 여기서 형제의 개념은 남녀의 성적인 구분을 전제하지 않는다. 이신건, 『칼 바르트의 교회론』(성광문화사, 1989), 146 이하를 참조하라.
3) N. A. Dahl, Das Volk Gottes, 8.

제의를 위해 하나님 앞에 모인 이스라엘은 하나님의 말씀을 듣는 공동체였고(시 50:7, 81:9), 기도와 찬양, 감사, 간구로서 응답하는 공동체였다(시 80:5, 149:2, 22:4 이하, 28:9).[4] 이스라엘은 하나님을 섬기기 위해 선택된 제사장의 나라, 이방인들과 구별된 거룩한 백성이었다(출 19:6).

신약성서의 교회는 구약성서의 하나님의 백성과는 달리 더 이상 같은 풍습, 법률, 민족에 매인 백성이 아니라 유대인과 이방인으로부터 소집된 범세계적인 하나님의 백성으로 등장함으로써 새로운 계약에 의해 옛 계약을 갱신한 새로운 공동체가 되었지만, 구약성서의 예배의 기본요소들을 받아들였다(행 2:42-47). 교회는 부활한 예수 그리스도에 의해 소집된, 종말론적인 부름을 받은 자들의 공동체이다.

그런 의미에서 특히 요한복음에서는 세상은 자주 부정적인 세력, 그리스도와 교회에 맞선 미움의 세력으로 묘사된다(요 14:17, 15:18 이하, 16:33, 17:14, 요일 2:15, 5:4-5). 세상과 교회는 순전히 대립된 실체이다. 그리스도를 알지 못하는 세상은 미혹하는 세력이다. 그래서 세상과 짝을 맺는 것은 하나님에 대한 원수행위로 설명된다(롬 12:2, 고전 7:31, 빌 2:15, 갈 6:14, 골 2:20, 약 1:27, 4:4, 벧전 1:14, 4:1-3).

## 2. 세상을 위해 존재하는 공동체

세상과 교회의 엄격한 분리는 물론 세상 도피, 세상 은둔을 요구하지는 않는다. 만약 교회가 세속화(世俗化)를 거부한다는 명분으로 세상을 등지려고 한다면, 이것은 또 다른 위험인 교회의 성역화

---

[4] H.-J. Kraus, *Theologie der Psalmen*(BKAT Bd. XV/3, 1979), 83 이하.

(聖域化)를 낳는다.[5] 교회는 세상과 구분되어야 하지만, 세상과 분리될 수는 없다. 비록 교회가 세상과 적대하더라도, 바로 세상을 위한다는 원칙 아래서만 가능한 것이다. 교회는 세상을 위해 존재한다. 이것은 교회의 존재의 의미, 방향, 목적이다. 세상과의 분리와 세상 안으로의 지향은 하나의 운동이다. 그리스도인이 됨의 본질은 특권을 향유하는 것, 자기목적을 달성하는 것에 있는 것이 아니다. 교회는 자신을 위함으로써 동시에 남을 위해, 즉 외향적으로 존재한다.[6] 교회는 오직 남을 위해 존재할 때에만 교회라고 할 수 있다.[7]

교회는 현세를 추구하거나 현세에 탐닉해서도 안 되지만, 현세에서 도피하거나 현세를 적대해서도 안 된다.[8] 우리는 교회가 보냄을 받는 세상에 관해 말하지 않고서는 교회에 관해서도 말할 수 없다. 왜냐하면 하나님의 백성의 선택도 바로 남들을 위한 것이고, 선택된 백성은 다른 자들에게 세상에 대한 하나님의 계획을 지시하는 표지가 되어야 하기 때문이다. 교회가 세상 속에서 자신의 얼굴을 가져야 하지만, 어디까지나 남들을 위해, 남들 때문에 그렇게 해야 한다.[9]

## 3. 세상을 위한 교회의 임무

세상 안에서 세상을 위해 감당해야 할 교회의 임무는 무엇인가?

---

5) K. Barth, KD IV/2, 756 이하.
6) K. Barth, KD IV/3(2H), 872.
7) D. Bonhoeffer, *Widerstand und Ergebung*(München, 1970), 306.
8) H. Küng, 『교회란 무엇인가』, 272 이하.
9) G. Lohfink, 『예수는 어떤 공동체를 원했나』(정한교 옮김, 분도출판사, 1985), 218쪽 이하. 로핑크는 교회를 대조사회(對照社會)라고 부른다. 교회는 세상의 소금, 세상의 빛, 산 위의 도시(마 5:13-14)이다.

여기서 가장 본질적인 사항만을 살펴보기로 하자.

### 1) 기도

교회는 세상을 알고 있고, 세상과 연대적이며, 세상에 대해 의무를 지고 있다.[10] 그렇기 때문에 교회는 그 무엇보다 먼저 세상을 위해 기도해야 한다. 교회는 세상 사람들이 "아무도 멸망하지 않고 모두가 회개하기를"(벧후 3:19) 기도해야 한다. 바울은 임금들과 높은 지위에 있는 모든 사람들을 위해 기도할 것을 권면했는데, 이는 그들이 특히 평화를 유지하고 신앙의 자유를 보장할 수 있기 때문이다(딤전 2:2). 특히 국가가 위기에 처하게 될 때, 교회는 전심으로 기도해야 하며(에스더), 세상에서 하나님의 질서가 위협받거나 인권이 침해받을 때, 특히 세상에서 소외받은 자들을 위해 교회는 중보 기도를 드려야 한다. 교회는 제사장의 나라로서 자신과 민족의 아픔만이 아니라 세계와 우주의 고통을 안고 하나님 앞에 나가서, 이를 대변하고 호소해야 한다.[11]

### 2) 복음 증언

교회는 예수의 선교의 명령 아래 있다(막 16:15, 행 1:8, 마 28:19-20). 교회의 모든 봉사들은 교회의 증언 안에서 총괄적으로 요약된다. 그러므로 교회의 존재는 이러한 증언봉사와 함께 서고 넘어진다.[12] 선교를 위한 파송은 그리스도인의 존재와 생활의 뿌리이다. 그러므로 교회는 항상 '선교하는 교회'이다. 선교의 목적은

---

10) K. Barth, 바르트에 의하면, 이 세 가지 점들(인식, 연대, 의무)은 바로 교회가 세상을 위해 존재해야 할 예비형태와 뿌리이다. KD, IV/3 878 이하.
11) 이를 J. A. Wharton은 예언자적 증언의 대변과 함께 '이중적 대변'(Double vulneralibility)이라고 부른다. 은준관, 『한국교회, 이대로 좋은가?』(신앙과 신학 제3집, 전환기에 선 한국교회와 신학, 한국기독교학회 편, 1988), 33 이하.
12) K. Barth, KD IV/3, 967 이하.

하나님의 영광과 인간의 구원을 위하는 것이지, 특정 종파의 권력 확장이나 선지문명의 확산이 아니다. 또 선교는 말로써만이 아니라 행위(치유와 봉사와 교육)를 통해서도 나타나야 한다.[13]

교회는 세상 앞에서 증언을 하지 않고서는 달리 존재할 수가 없다. 교회의 본래적 임무는 종말론적인 하나님 나라의 복음을 전하는 것이다. 복음은 하나님의 은총과 자비의 소식이요, 타락한 인류의 칭의와 성화와 소명에 관한 소식이며, 율법과 죄와 죽음에서 해방된 새로운 자유 속에서 신앙과 사랑과 희망 속에서 만물의 완성을 바라보면서 살아가야 한다는 기쁜 소식이다.[14]

### 3) 사회비판

교회는 봉사활동과 정치개입을 통하여 기본적인 생활수단을 박탈당한 자들과 스스로 권리를 획득할 수 없는 자들을 대변해야 한다. 교회는 인권을 위하여 옹호해야 한다.[15] 공적인 생활 가운데서 특히 하나님의 계명이 무시되고 하나님의 의도가 위협받을 때, 교회는 강한 목소리를 내어야 한다. 이와 같은 교회의 파수꾼 임무, 모든 생활 영역에 대한 그리스도의 통치권에 관한 선포는 세상에 대해 책임을 지는 교회의 임무이다.[16] 만약 교회의 비판적 임무가 제대로 실천되지 않는다면, 교회는 소비사회 안에서 적응하지 못한 자들의 종교적인 욕구를 채워주는 제도로 전락하고 만다. 교회는 종교적 내면세계로 후퇴해서, 기존적인 것을 무조건 두둔해서는 안 된다. 그렇게 되면 교회는 사회의 지배체제의 고정화의 수단으로 이용당하고 만다.[17] 만약 교회가 사회악의 뿌리와 대결하고 이를

---

13) 앞의 책, 1002 이하.
14) H. Küng, 『교회란 무엇인가』, 282 이하.
15) W. Huber, 『Kirche, 교회』(이신건 역, 한국신학연구소, 1990), 174.
16) H. Berkhof, Die Verantwortung der Kirche für die Welt nach der Bibel in: *Die Autorität der Bibel heute*(Zürich, 1951), 294 이하.

공격하기를 주저한다면, 짖지 못하는 개처럼 지배세력을 섬기는 자가 되고 말 것이다.[18]

### 4) 사회봉사

사회비판은 물론 사회로부터의 고립과 혼동되어서는 안 된다. 교회는 기존하는 정치적, 사회적인 생활 형태에 진지하게 참여해야 하며, 오고 있는 하나님의 나라를 위해 봉사해야 한다. 이와 같은 봉사는 바로 사회의 진정한 복리를 증진하는 것을 의미한다. 교회는 종교적인 욕구충족을 위한 기구가 아니라 하나님 나라의 선취로서 하나님 나라의 정의, 평화, 사랑, 인간의 공존을 지시하고 매개하는 기구가 되어야 한다.[19] 교회의 모든 분야는 봉사의 행동인데, 봉사의 의미는 곤궁한 자를 돕는 것에 있다. 그러므로 교회는 특히 가장 작은 자들과 연대해야 한다. 이것은 화해, 하나님의 나라, 하나님 사랑과 이웃 사랑의 우주적인 특징을 구체적으로 드러내는 행위이다.[20] 이러한 행위를 통하여 교회는 세상을 변혁할 수 있다. 교회는 세계사를 위한 분명한 희망을 지니고 있으므로 확고한 신뢰 속에서 미래를 향해 전진해야 한다.[21]

---

17) W. Pannenberg, *Theologie und Reich Gottes*(Gerd Mohn, 1971), 42 이하.
18) K. Barth, KD IV/3, 1023 이하.
19) W. Pannenberg, 같은 책, 31 이하.
20) K. Barth, 같은 책, 1021 이하.
21) 앞의 책, 815 이하.

# 제23장

# 종말신앙의 근거와 준거

>>>>>>>>

오늘날 우리는 인간의 삶이 역사적인 사건들의 과정 속으로 점점 더 깊이 얽혀 들어가게 되고, 그래서 인간을 지배하는 숙명과 같은 힘들에 의해 무력하게 좌우되어 간다는 사실을 종전의 세대보다 더 심각하게 느끼며 살아간다. 문명이 진보하고 발전하면 할수록 그와 동시에 인간은 예기치 못한 더 큰 불행도 맛보고 있으며, 삶을 더 많이 조종할수록 역사의 과정에서 의도와는 빗나간 성취들도 초래한다는 사실을 절실히 느끼게 된다. 바로 그렇기 때문에 오늘날 인간은 역사를 매우 민감하게 받아들이며, 인간의 역사성에 특별히 주목하게 되었다.[1]

---

[1] R. Bultmann, 『역사와 종말론』(서남동 역, 대한기독교서회, 1968), 9 이하.

특히 프랑스 혁명 이후로 현대의 역사의식은 일반적으로 위기의식으로 나타난다. 종래의 전통적인 수단으로써는 극복할 수 없는, 끝없이 새로운 가능성 앞에서 현대인은 위기의식을 느끼게 되었다. 인간의 삶을 떠받칠 수 있었던 문화적, 정신적인 자명성(自明性)과 공통성(共通性)은 사라져 버렸다. 프랑스 혁명과 함께 모든 역사는 인간 세계의 총체적인 위기로 의식되었다. 그 이후로 역사는 영원한 위기 혹은 멈출 수도 없고 제어할 수도 없는 영속적인 혁명으로 경험되었다. 그 이후로 세계를 우주론적, 형이상학적으로 바라보는 관점은 현재를 역사철학적으로 바라보는 관점으로 바뀌었다.[2]

특히 우리 시대의 불확실성, 좌절감과 두려움의 감정은 역사의 종말에 관한 관심을 폭넓게 유도하고 있으며, 이런 감정에 편승하여 온갖 종류의 종교적, 세속적인 종말론 운동이 확산되고 있다. 20세기의 마지막 해, 두 번째 천년 시대를 마감하는 해가 가까워 오면서, 전 세계적으로 종말신앙이 다시 기승을 부렸다. 1999년에 지구가 멸망할 것이라는 노스트라다무스의 예언, 2000년에 예수가 예루살렘에 재림한다는 예루살렘 신드롬, 새천년에 일어난 컴퓨터 장애(Y2K)에 대한 불안, 지구 곳곳에서 일어나고 있는 지진, 태풍, 가뭄, 홍수, 화산 폭발과 같은 자연 재난은 지구의 종말에 대한 믿음을 더욱 확산하였다. 그리하여 세계적으로 1,200개 정도의 종말론 집단이 생겨났으며, 국내에도 70개 이상의 종말론 집단이 있다고 한다.

종말이란 무엇인가? '종말론'이란 전통적으로 '마지막 일들에 관한 가르침'으로 이해되어 왔다. 그래서 교리문답들이나 신학서적들은 역사의 마지막에 일어날 사건들을 다루기 위해 항상 마지막 장을 할애해 왔으며, 이 글도 이러한 전통을 따르고 있다. 그렇지만 종말론은 교의학의 마지막 부분에 가서야 비로소 관심을 가져야 할

---

[2] J. Moltmann, 『희망의 신학』(이신건 옮김, 기독교서회, 2002), 252 이하.

항목이 아니며, 특정한 시대의 분위기에 맞춰 내어놓아야 할 특별한 상품도 아니다. 더욱이 종말론은 인류의 미래와 종말에 관해 한가하게 호기심을 보이는 사변적인 성찰의 대상도 아니다.

실로 종말론은 처음부터 교회의 선포, 그리스도인의 실존, 온 교회의 성격을 지배하던 것이었다. 바르트에 의하면, "전적으로, 실로 그리고 철저히 종말론이 아닌 기독교는 그리스도와 아무런 상관이 없다."[3] 몰트만에 의하면, 기독교는 다만 부록에서만이 아니라 전적으로, 그리고 완전히 종말론과 희망이며, 앞을 바라보는 전망(前望)과 앞으로 나아가는 행진이다. 종말론적인 것은 기독교에 속해 있는 그 어떤 것이 아니라 전적으로 기독교 신앙의 매체(媒體)요, 그 신앙 안에서 모든 것을 조율하는 음(音)이며, 세상 만물이 녹아드는, 기대된 새로운 날의 여명의 색깔이다. 그러므로 종말론은 마땅히 올바른 신학의 마지막이 아니라 그 시작이 되어야 한다.[4]

## 1. 종말신앙의 근거

그렇다면 종말론을 믿게 된 근본적인 경험은 무엇이며, 그와 같은 경험을 표현하는 신학적인 개념들은 무엇인가? 여기서 성서적으로 가장 중요한 세 가지 요소만을 살펴보기로 하자.

1) 약속 신앙

이스라엘의 역사는 처음부터 희망의 역사였다. 희망은 이스라엘 백성 개인의 미래에 관해 생각하고 부활이나 불멸의 영혼에 관해 말하기 훨씬 전부터 존재해 왔다. 이것은 구약성서의 약속 신앙과

---

3) K. Barth, *Der Römerbrief 2 Aufl*(München, 1922), 298.
4) J. Moltmann, 같은 책, 21 이하.

더불어 시작되었다.[5] 유목민이었던 이스라엘 백성은 농경민처럼 파종(播種)과 추수(秋收)의 순환 속에서 산 것이 아니라, 철따라 움직여 다니며 그들과 함께 움직이시는 하나님의 약속 안에서 살았다. 이와 같은 하나님은 현재를 단순히 반복하시거나 확증하시지 않고, 약속을 통해서 현재의 사건들을 미래의 목표로 이끄시는 분으로 경험되었다.

바로 이 약속의 신앙 속에서 우리는 종말론의 최초의 원동력을 발견할 수 있다. 약속은 모든 경험과 역사를 초월하는 '아직 존재하지 않는 것'을 희망하게 하고, 이 희망의식 속에서 약속은 계속 재해석될 뿐만이 아니라, 시간이 흐르는 가운데 미래적, 종말론적인 특징을 띠게 되었다. 다시 말하면, 하나님의 약속의 불변적인 잉여가치는 이스라엘 백성으로 하여금 어떠한 역사적 현실에도 만족하거나 실망하지 않도록 긴장과 개방성을 유지시켜 주었고, 새롭고 역사적이며 종말론적인 미래의 지평을 드러내 주었다.[6]

### 2) 야웨 왕권 신앙

야웨 하나님을 왕으로 칭하고 신앙하는 전승은 처음부터 종말론적인 토양 위에서 형성된 것은 아니었다. 그것은 원래 이스라엘 백성의 현재적인 구원사건들과 영원한 창조에 대한 신앙 속에 뿌리를 내리고 있었다. 그러나 이 전승은 점차로, 특히 포수기를 전후하여

---

5) F.-J. Nocke, *Eschatologie*(Patmos, 1982), 20.
6) J. Moltmann, 같은 책, 111 이하. 몰트만에 의하면, 예언자들에게서 역사의 희망이 종말론적인 희망으로 변하게 된 것은 약속에 대한 실망에서 기인한 것이라는 심리학적인 설명(Mowinckel, Buber, Schweitzer)은 적절하지 않다. 역사적 희망이 종말론적인 희망으로 바뀐 것은 약속에 대한 '역사적인 실망' 때문이 아니라, 지금껏 알려지지 않았던 새로운 하나님의 행동이 일어나기 시작했기 때문이다. 지금까지의 이스라엘의 구원의 근거가 갑자기 미래의 하나님의 사건 속으로 옮겨질 때, 비로소 예언자적인 종말론이 선포되었다. 여기서 약속의 범위는 확대되었고, 과거의 갱신과 회복만이 아니라 새로운 것이 고지되었다. 앞의 책, 145.

미래적인 하나님의 구원 행위에 대한 기대를 통하여 종말론적인 방향을 취하게 되었다. 역사 속의 하나님의 왕권이 역사적 상황 속에서 위협을 당하게 되자, 이스라엘 백성은 하나님의 왕권에 저항하는 권세들을 무너뜨리고 보편적인 하나님의 지배가 실현될 날을 간절히 기대하게 되었다. 특히 종말론적이고 궁극적인 야웨의 통치를 기대하고 찬양하는 여러 시편들, 바벨론에서 풀려나 귀향하는 사건을 종말론적, 보편적인 야웨의 왕 등극(대관식)과 관련지어 선포한 예언들(사 52:7-9 등)은 바로 이러한 방향을 주도하였다고 볼 수 있다. 이와 같은 종말론적인 야웨 왕권 신앙은 그 이후의 예언자들의 역사 해석에 깊은 영향을 끼쳤으며, 예수의 인격과 활동까지 심오하게 지배하였다.

### 3) 부활 신앙

기독교의 종말론은 미래 일반에 관해 말하지 않는다. 그것은 분명한 역사적 현실로부터 출발하며, 그 미래와 그 미래적 가능성, 그 미래의 힘을 알린다. 그것은 예수의 부활의 현실을 인식하고 부활한 자의 미래를 선포한다. 기독교의 종말론은 예수 그리스도와 그의 미래에 관해 말한다. 그것은 예수의 부활의 현실을 인식하고, 부활한 자의 미래를 선포한다.[7] 기독교의 미래 희망은 단 한번 일어난 특정한 사건, 즉 예수 그리스도의 부활과 현현을 인식함으로써 생겨났다. 그리고 예수의 부활을 인식한다는 것은 이 사건 안에서 이 세계를 향해 오시는 하나님의 미래와 인간의 미래를 인식한다는 것을 의미한다. 기독교의 종말론은 부활 사건의 내적인 경향성에 대해 질문하고 부활하고 높이 들린 자로부터 참으로 기대할 수 있고 또 마땅히 기대해야 할 것에 대해 질문한다. 그것은 그리스도의 사명에 대해 질문하고, 그를 죽은 자들로부터 일으키신 하나님의

---

7) 앞의 책, 23

의도에 대해 질문한다.[8]

## 2. 종말신앙의 준거

성서적으로 가장 타당하며 오늘날까지 가장 설득력을 주는 기독교적 종말론의 준거(準據)는 무엇인가? 여기서도 가장 중요한 세 가지 요소만을 지적하려고 한다.

1) 올바른 종말은 마치 유성(流星)이나 혜성(彗星)처럼 우주 밖에서 완성되어 우주 안으로 돌발적으로 떨어지는 사건으로 이해되어서는 안되거니와, 역사적인 가능성의 전개나 역사적인 법칙의 결과로 이해되어서도 안 된다. 종말은 하나님의 통치 아래서 그분의 약속의 미래가 가져오는 역사의 희망으로 이해되어야 하며, 마치 살 속을 파고드는 가시와 같이 역사 안으로 파고 들어와 역사를 움직이는 미래의 힘으로 파악되어야 한다. 하나님은 저 멀리 어딘가에 계시는 분이 아니시다. 하나님은 오고 계시며, 오고 계시는 분으로서 현존하신다. 하나님은 생명과 공의, 진리가 도도히 넘치는 새로운 세계를 약속하시며, 바로 이 약속을 통해 이 세계를 항상 문제시하신다. 그러므로 기독교의 종말론은 기독교의 희망론이 되어야 한다. 이와 같은 희망은 인간의 사고와 인식을 동원하고, 추동한다. 그러므로 역사가 종말론을 삼킬 수 없으며(슈바이처), 종말론이 역사를 삼킬 수도 없다(불트만). 오히려 종말론은 역사의 동력과 동기요, 역사의 용수철과 진통이라고 할 수 있다.[9]

---

8), 앞의 책, 212 이하.
9) 앞의 책, 182 이하.

2) 종말은 실존적으로 관련되고, 윤리적인 충격을 주는 결단의 성격을 갖고 있다. 물론 예수가 하나님의 나라 선포 앞에서 윤리적인 책임성을 첨예화하였다고 해서, 우주론적이고 묵시사상적인 표상들이 완전히 퇴색한 것은 아니었다. 초대교회가 오직 윤리적인 이유만으로 예수의 메시지를 선포했을 리는 만무하다. 부활한 자의 현현은 묵시사상적인 기대의 지평 안에서 인식되고, 선포되었다. 이로써 하나님의 나라 선포는 새로운 묵시사상적인 특징을 갖게 되었고, 인자(人子)와 같은 메시아적, 묵시사상적인 그리스도 칭호와 결합될 수 있었다. 하지만 예수는 하나님의 나라 선포의 실존적인 의미에 집중함으로써 하나님의 나라가 도래하는 시간과 그 역사적 상황을 묻는 묵시사상적인 질문을 극복하였다. 예수는 자신의 시간을 결단의 최후의 시간으로 선포함으로써 하나님의 나라에 관한 묵시사상적인 표상을 스스로 탈신화화(脫神話化)하였다. 그리하여 그는 하나님의 나라 표상을 활성화하였다. 예수는 오고 하나님 나라의 마지막 예언자로서 자신의 메시지를 듣는 사람들의 결단을 마지막 결단으로 규정하였다. 그는 모든 인간을 하나님 앞에 세워서, 지금의 시간을 하나님을 위한 결단의 시간으로 만들었다.[10]

3) 종말론은 기독론적으로 이해되어야 한다. 왜냐하면 하나님 나라의 미래와 도래는 예수의 십자가와 부활을 통해 새롭게 구체화되었기 때문이다. 그러므로 기독론적이지 않은 모든 역사 해석은 모두 시대착오적일 수밖에 없다. 종말론은 그리스도를 중심으로 삼고 논의되어야 한다.[11] 왜냐하면 특히 기독교적인 종말론은 부활 경험으로부터 생겨났기 때문이다. 그것은 본질적으로 나사렛 예수의 인

---

10) 앞의 책, 239 이하와 이신건, 『하나님 나라의 윤리』(예안, 1991)를 참조하라.
11) C. Braaten, 『역사와 해석학』(채위 역, 대한기독교서회, 1969), 234. 이 책에서 칼 브라텐은 종말론 진술의 유효한 기준으로서 실존적인 요소, 성서적(케리그마적)인 요소, 기독론적인 요소, 미래적인 요소를 들고 있다.

격과 그의 부활 사건과 관련을 맺으며, 이 인격과 이 사건에 근거해 있는 미래에 관해 말한다. 따라서 기독교의 종말론은 그 핵심에서 종말론적인 전망 속에 있는 기독론이다.[12]

---

12) J. Moltmann, 같은 책, 212 이하.

## 제24장

# 역사의 종말과 완성

>>>>>>>>

종말론은 역사의 종말에 일어날 사건들과 개인에게 닥쳐오는 죽음 이후의 일에 관해서 논의한다. 양자는 서로 관련되어 해석되는 것이 일반적인 경향이지만, 여기서 우리는 방법론적으로 구분하여, 먼저 역사의 종말과 완성에 관한 성서적, 현대신학적인 입장들을 다루기로 하자.

## 1. 마지막 시간

현대신학에서 가장 치열하게 논쟁되는 문제는 종말의 '시간'에 관한 문제이다. 이 문제는 특히 현대신학의 중심적인 주제가 되었다. 그러므로 현대신학에서 제시된 몇 가지 중요한

종말론의 유형들을 분석하고, 이를 짤막하게나마 평가해 보기로 하자.[1]

### 1) 실현된 종말론

다드(C. H. Dodd)는 "종말이 예수의 도래 안에서 완전히 실현되었다."는 독특한 견해를 제시한 적이 있다. 그에게서 미래는 본질적으로 새로운 것을 가져오지 못하는 것처럼 이해되었다. 그는 가까운 미래와 관련된 모든 본문들을 현재적인 성취로부터 해석하였다. 예수의 선포는 "하나님의 나라가 가까이 다가오고 있다."라는 것이 아니라 "하나님의 나라가 왔다."라는 것이다. 예수의 비유들은 심판의 위기가 현재라는 것을 가르쳐 준다. 오랜 기간의 성장은 끝났고, 결단의 시간이 이미 도래하였다. 남아 있는 일은 낫을 대어 추수하는 것이다. 예수의 활동 속에서 하나님의 나라는 생동력 있게 돌발적으로 통치하고 있고, 현재적으로 실재하고 있다. 그렇기 때문에 인간의 결단과 선택만이 남아 있을 따름이다.[2]

다드는 하나님 나라의 미래를 나타내는 본문을 무시하였고, 아슬아슬하게 주석적인 묘기를 행하였으며, 플라톤의 사고방식에 따라서 미래적인 언급을 마치 시간과 공간을 넘어선 초월적, 정신적인 세계를 상징하고 있는 것으로 해석하였다.[3] 그러나 그는 일방적이고 종말론을 불필요하게 축소한다는 예레미아스(J. Jeremias)의 비판을 받고 자신의 견해를 수정하였으며, 하나님 나라의 실제적인 미래성을 허용하였다. 하나님의 나라는 현재적인 경험이면서도, 또한 소망으로 남아 있다. 그러나 그것은 역사를 초월하는 완성을 향한 소망이다.[4]

---

1) C. Braaten, 『역사와 해석학』(채위 역, 대한기독교서회, 1969)과 조성노 편, 『역사와 종말』(현대신학연구소, 1980)을 참조하라.
2) C. H. Dodd, *The Parables of the Kingdom*(Glasgow, 1936).
3) C. Braaten, 같은 책, 274.

## 2) 철저한 종말론

바이스(J. Weiß)는 당대의 관념주의적, 세계내재적, 윤리적인 경향을 지니던 하나님의 나라 이해에 대해 반기를 들고, 묵시적이고 초월적인 하나님의 나라 이해를 강하게 주장하였다. 그는 신약성서의 임박한 종말 기대의 후기유대적인 원형으로부터 출발하여, "예수가 자신의 시대를 곧장 끝장날 것으로 믿었다."라고 주장하였다. 예수는 초세계적인 하나님의 나라가 임박하게 도래할 것이라고 믿었다. 그렇기 때문에 예수의 선포에는 세계내재적인 흔적은 전혀 없다.[5] 여기서 예수는 묵시사상적인 열광주의자로 묘사되었다. 그리하여 종말론이라고 하는 미지의 땅에 용감하게 상륙하였던 바이스는 곧장 그곳을 떠나, 자유주의자들의 예수 이해로 되돌아가고 말았다.[6]

슈바이처(A. Schweitzer)도 예수를 당대의 종말론의 대변자로 보지만 않고, 종말론적이고 묵시사상적인 각본의 배우자로 ― 심리적으로 ― 이해하였다. 예수는 자신의 생애 동안 종말이 올 것이라고 믿었지만, 종말이 지연되자 자신의 몸을 역사의 수레바퀴 속으로 던짐으로써 종말을 앞당기려고 했다. 그러나 역사의 수레바퀴는 예수의 뜻과 달리 그의 몸을 갈가리 찢어놓았으며, 예수의 시체를 바퀴살에 걸친 채 제자리에서 계속 맴돌기만 하였다. 그리하여 예수는 종말론을 가져오기는커녕, 도리어 종말론을 파괴하였다. 바로 이것이야말로 예수가 이룩한 승리와 통치라는 것이다.[7]

---

4) C. H. Dodd, *The Founder of Christianity*(New York, 1970).
5) J. Weiß, *Jesu Predigt vom Reich Gottes*(Göttingen, 1900), 1892. 바이스는 나중에 자신의 견해를 조금 수정하였다. 비록 그는 하나님 나라의 **종말론적 설명**을 철저히 고수하였지만, 이전보다 더 강하게 유대적인 표상의 부적합성을 강조하였으며, 완성된 하나님과의 친교의 사상을 끌어들였다.
6) J. Moltmann, 『희망의 신학』(이신건 옮김, 기독교서회, 2002), 47.
7) A. Schweitzer, *Von Reimarus zu Wrede, Eine Geschichte der Leben-Jesu-Forschung*(Tübingen, 1906), 322.

슈바이처는 예수를 결코 실현될 수 없는 착각에 빠진, 묵시사상적인 환상에 맹신적으로 자신의 삶을 던져 버린 광신자로 이해하였다.[8] 슈바이처는 결국 종말론의 신학적, 철학적인 의미를 완전히 포기하였으며,[9] 그 대신에 동일한 것의 영원한 회귀에 대한 확신이 그의 삶을 지배하였다. 즉, 그는 '생명에 대한 경외'라고 하는 윤리적 신비주의로 기울었고, 자유주의 사상가들은 이를 그의 독특한 공헌으로 인정하였다.[10] 비록 철저한 종말론의 대변자들은 기독교의 종말론의 중심적인 의미를 재발견하는 의미심장하고 충격적인 공헌을 남겼지만, 결코 참으로 철저하지 못하였다. 왜냐하면 그들은 종말론을 결정적으로 폐기하고 말았기 때문이다.[11]

### 3) 현재적 종말론

초기 시절의 바르트(K. Barth)에게서 종말은 모든 시간의 신비, 지양, 기초 혹은 영원과 같은 의미로 이해되었다. 시간 속의 모든 순간은 영원한 가치를 지닐 수가 있다.[12] 참된 종말에 관해서는 매시간마다 말할 수 있다. 종말은 가까이 있다. 그것은 어제, 오늘, 그리고 내일에 관해서도 원칙적으로 해당한다.[13] 초기의 바르트의 사고는 시간과 영원의 변증법에 따라 움직였으며, 칸트의 초월적인 종말론의 영향을 받았다. 마지막은 근원과 같은 뜻이 되었고, 종말은 영원에 의한 시간의 초월적인 한계 설정이 되었다.[14] 그리고 오버벡(F. Overbeck)의 원역사(原歷史)의 개념도 바르트에게 영향을 주었다. 이 개념을 수용함으로써 그는 초역사적, 초월적인 종말

---

8) G. E. Ladd, 같은 책, 예수와 하나님의 나라(이태훈 역, 엠마오, 1985), 17.
9) J. Moltmann, 같은 책, 48.
10) C. Braaten, 같은 책, 213.
11) J. Moltmann, 같은 책, 49.
12) K. Barth, *der Römerbrief 2 Aufl*(München, 1922), 402, 481.
13) K. Barth, *Die Auferstehung der Toten*(München, 1924), 61-62.
14) J. Moltmann, 같은 책, 61.

론을 대변하게 되었다.[15] 그러나 얼마 후에 바르트는 종말론을 서서히 수정하기 시작하였으며, 결국은 그리스도 중심적, 구원사(계약사)적인 종말 이해로 되돌아갔다.

불트만(R. Bulltmann)도 매 순간 속에서 종말론적인 가능성을 보려고 하였다. 그에 의하면, 역사의 의미는 항상 현재 속에 있다. 매 순간마다 종말론적인 순간이 되는 가능성이 존재한다. 인간은 책임적인 결단을 통하여 이러한 가능성을 불러일으킬 수 있다.[16] 케리그마를 통하여 선포된 용서는 이미 하나의 종말론적인 사건이다. 불트만은 하이데거(M. Heidegger)의 시간과 역사 개념에 의존하여, 미래의 범주를 인간실존의 한 범주로 보았다.[17] 여기서 종말론은 역사의 목표라는 의미를 완전히 상실하고, 개인의 실존의 목표로 이해되었다. 이로써 신앙은 그 자체로서 이미 종말이기 때문에 신앙하는 자는 더 이상 기다려야 할 것이 없게 된다.[18]

틸리히(P. Tillich)도 역시 종말론을 영원과 시간의 변증법으로 생각하였다. 우리는 현재에 산다. 이 현재는 우리를 위하여 일시적인 지금을 마련하는 영원한 지금이다.[19] 과거와 미래는 현재 속에서 만난다. 우리는 지금 영원의 얼굴 속에 서 있다. 역사의 완성은 영원히 현재적인 역사의 끝에 놓여 있다. 역사의 끝은 시간이 영원으로 상승하는 것이다.[20] 여기서도 종말론의 미래는 적절한 인정을 받지 못하고 있다. 그러나 미래에 초점을 두지 않는 종말론이 신앙의 희망을 표현해 줄 수는 없을 것이다.[21]

---

15) 오버벡의 '원역사'의 개념을 이해하기 위해서는 이신건, 『칼 바르트의 교회론』(성광문화사, 1989), 73 이하를 참조하라.
16) R. Bultmann, 『역사와 종말론』(서남동 역, 대한기독교서회, 1968), 195 이하.
17) C. Braaten, 같은 책, 217 이하.
18) J. Moltmann, 같은 책, 8.
19) P. Tillich, 『영원한 지금』(김경수 역, 대한기독교서회, 1973), 84 이하.
20) P. Tillich, *Systematische Theologie III*(Berlin, 1966), 395 이하.
21) C. Braaten, 같은 책, 227 이하.

### 4) 현재와 미래를 중재하는 종말론

성서의 케리그마에 근거해 있는 가장 올바른 종말론은 하나님 나라의 현재성과 미래성 중에서 일방적으로 한쪽을 주장하거나 폐기하지 않고, 양자를 올바르게 조화시키려는 종말론일 것이다. 양자의 조화를 시도하는 이론들의 형식과 내용은 학자들마다 조금씩 다르게 나타나고, 때로는 서로 중첩되기도 한다. 여기서 대표적인 학자들 몇 사람을 소개하기로 하자.

구속사학파의 대변자인 쿨만(O. Cullmann)은 그의 직선적인 구속사의 관점을 바탕으로 삼아 그리스도 중심적인 역사 이해를 주장하였다. 예수의 십자가와 부활은 전쟁의 승패가 결정적으로 결정된 것을 예시한다(D-day). 그러나 최후의 승리의 날(V-day)까지는 아직도 소탕전이 전개되고 있다. 쿨만은 종말의 '이미'와 '아직 아니' 사이의 긴장을 유지하면서도, 현재의 성취에 더 강조점을 두었다고 할 수 있다.[22] 하지만 그의 역사관은 끝없이 지속되는 시간인 양적인 시간을 바탕으로 삼고 있고, 성서의 본문을 잘 정리된 기하학적인 구조에 맞추려고 하였다는 비판을 받는다.[23]

예레미아스(J. Jeremias)도 구원의 현재성에 역점을 두면서도, 그 미래성을 붙잡고자 했다. 그는 자신의 종말론을 '실현되어 가는 종말론'이라고 불렀다.[24]

큄멜(W. G. Kümmel)은 성서 안에서 풀기 어렵게 결합되어 있는 하나님 나라의 현재성과 미래성을 긴장 속에 보존하려고 하였다.[25]

판넨베르크(W. Pannenberg)는 그의 보편사적 신학에 근거하여, 비록 종말은 보편 역사의 마지막에 일어나지만, 나사렛 예수 안

---

22) O. Cullmann, 『그리스도와 시간』(김근수, 태학사, 1987).
23) C. Braaten, 같은 책, 216.
24) J. Jeremias, 『예수의 비유』(허혁 역, 분도출판사).
25) W. G. Kümmel, *Verheißung und Erfüllung*(Zürich, 1956).

에서 미리 선취되어 일어났다고 주장하였다. 그의 종말론은 희랍의 우주론적인 사고 도식을 적용하였다는 혐의를 받고 있다. 그리고 만약 예수의 부활이 역사의 종말의 선취라면, 부활한 예수는 어떤 미래도 가지지 못할 것이고, 교회는 예수의 운명의 반복만을 기다릴 뿐이라는 비판도 받았다.[26]

몰트만(J. Moltmann)은 구약성서의 약속 신앙을 근거로 삼아 예수의 부활과 그 미래가 갖는 '희망의 종말론'을 주장하였다. 그것은 하나님의 공의, 생명, 새로운 존재의 전체성 안에 있는 하나님 나라의 약속을 기대한다. 비록 몰트만은 예수의 부활과 그 미래를 종말론의 시금석으로 삼았지만, 블로흐(E. Bloch)의 개념들(궁극적인 새로움)에도 의존하였다.[27]

## 2. 마지막 사건들

하나님 나라의 성취에 대한 기독교인의 희망은 한편으로는 유대교적인 전통에 근거해 있지만, 다른 한편으로는 기독론적으로 변형된 미래의 사건들에 초점을 맞춘다(파루시아, 부활과 심판, 새 창조). 파루시아(재림) 기대는 구약성서의 '야웨의 날' 기대의 배경 위에서 이해될 수 있다. 이 날이 되면, 하나님은 역사 안으로 들어오셔서, 세계를 완전히 새롭게 하실 것이다. 하나님은 새 하늘과 새 땅을 창조하실 것이고, 피조물과 완전한 친교를 수립하실 것이다.

신약성서에서는 '야웨의 날'이 '예수 그리스도의 날'로 변화되

---

26) J. Moltmann, 같은 책, 96.
27) 앞의 책, 6, 223 이하. 그밖에도 미래적 종말론과 현재적 종말론을 나름대로 종합하는 학자들은 G. Gloege, H. D. Wendland, R. Otto, E. Percy, R. Schnackenburg, G. Bornkamm, E. Küasemann, H. Ridderbos, N. Perrin, T. W. Manson, A. M. Hunter 등이다.

었다. 다시 말하면, 하나님의 파루시아는 예수 그리스도의 파루시아에서 일어난다. 그런데 파루시아는 떠난 자가 다시 올 때까지 마치 지금은 존재해 있지 않는 것처럼 오해될 수 있다. 하지만 파루시아는 단지 과거의 사건의 반복이 아니라, 이미 벌써 주어져 있는 예수 그리스도의 현존의 궁극적인 관찰이다. 그리스도는 낮아짐의 모습 속에 이미 왔고, 지금도 숨은 모습으로 오고 있으며, 마지막 날에 영광 중에 올 것이다. 그날에 그는 만물을 새롭게 할 것이다.[28] 만물의 갱신은 죽은 자들의 부활, 의로운 심판, 새 하늘과 새 땅과 궁극적인 하나님의 통치의 실현(영생, 영원한 찬미와 기쁨)을 가져온다.

---

28) F.-J. Nocke, *Eschatologie*(Patmos, 1982), 51 이하.

## 제25장

# 개인의 종말과 완성

>>>>>>>>>

죽음 속에서 무엇이 일어나는가? 죽음 후에는 무엇이 오는가? 죽음은 인간의 파멸과 끝장인가, 아니면 죽음 후에도 연속되는 생의 불꽃이 남아 있는가? 죽음으로 분명히 해체되어 없어져 보이는 개인의 종말과 죽음 너머까지 계속되는 자아의 연속성에 대한 인간의 열망 사이에 존재하는 갈등과 모순은 지금까지도 온갖 형태로 나타나고 있다. 그래서 인류가 이 땅에 존재한 이후로 인간의 최대의 사건인 죽음과 죽음 이후의 생명의 연속성에 관한 질문은 끊임없이 제기되었고, 지금까지 여러 형태의 대답들이 제시되고 있다. 실로 죽음의 한계선을 넘어간 후에 되돌아온 인간은 없다. 그러므로 죽음 후에 인간이 어떻게 계속 존재하는지에 관한 이론들은 대개 환상과 신화적인 색채를 지닐 수밖에 없다.

  그렇지만 그리스도의 부활에 대한 신앙으로 말미암아 촉발된 새로운 관심은 죽음 이후의 문제에 관한 활발한 논의를 다시 불러일으켰다. 개인의 종말과 완성에 관한 기독교적인 해답은 과연 무엇인가? 여기서는 성서와 교회사에서 제시된 중요한 견해들을 소개하고, 짤막하게 평가해 보기로 하자.

## 1. 영혼불멸

  영혼불멸의 표상은 고대 그리스의 오르페우스 종교(신비종교)로부터 유래하여, 기원 후 6세기 이래로 그리스와 소아시아에 널리 퍼진 것이다. 철학적으로 이 표상은 피타고라스(Pythagoras)와 엠페도클레스(Empedokles)에 의해 수용되었다가, 플라톤(Platon)에 의해 확고한 형태로 확장되었다. 그가 종교전통과 사색적인 체험으로 뒷받침한 영혼불멸론의 근거는 다음과 같다.

  1) 영혼은 불변하는 것, 즉 선과 진리와 정의의 이데아(Idea)를 인식할 수 있는 정신적인 능력이다. 영혼이 이와 같은 것을 인식할 수 있는 것은 인간이 출생하기 전에 이데아를 보았기 때문이다. 그러므로 선험적인 영혼의 인식은 출생 이전의 영혼의 선재(先在)로부터 비롯한다.

  2) 플라톤은 영혼이 불변하는 것을 인식할 수 있기 때문에 그 자체도 영원하다고 보았다. 왜냐하면 고대의 인식론은 "같은 것은 오직 같은 것에 의해서만 인식될 수 있다."고 여겼기 때문이다.

  3) 영혼불멸의 가장 결정적인 이유는 영혼이 생명의 원리라고 여겨졌기 때문이다. 영혼의 개념은 필수적으로 생명의 개념을 포함하고 있기 때문에 영혼을 지닌 채로 죽는 존재란 없다. 영혼은 죽음을 통해 몸이라는 감옥에서 해방되어 원래의 상태로 되돌아간다.[1]

고대교회는 이원론(二元論)으로 말미암아 역사와 몸이 무시되는 것을 인정할 수 없었다. 사도신경이 고백하듯이, 고대교회가 영생을 확신하게 된 것은 바로 몸의 부활 때문이었다. 영생의 근거는 불멸하는 영혼이 아니라 죽은 자들의 부활이었다. 하지만 시간이 흐르면서, 고대교회는 죽음과 부활 사이의 인간의 운명을 해명하기에 적절한 영혼불멸론도 받아들이게 되었다. 그렇지만 영혼불멸은 인간의 타고난 속성이 아니라 하나님의 은혜로 이해되었으며, 사후의 영혼의 상태가 플라톤과는 달리 일종의 대기 상태 혹은 매우 약화된 행복의 상태로 이해되었다. 그런 점에서 고대교회는 그리스의 영혼불멸론을 수정한 형태로 받아들였다.

그렇지만 플라톤 사상이 점차로 큰 영향을 미치면서, 특히 키프리아누스(Cyprianus)와 아우구스티누스(Augustinus) 이래로 모든 그리스도인들은 사후에-물론 여전히 부활을 기다리지만-완전한 행복의 상태 안으로 들어간다고 믿게 되었다. 그리고 몸의 부활에 대한 희망이 희미해짐으로써 몸과 분리된 영혼을 완전한 축복상태로 보는 견해가 우세해지게 되었다.[2]

아퀴나스(Aquinas)는 아리스토텔레스(Aristoteles)의 철학을 통해 플라톤의 이원론을 수정하였다. 몸은 질료로서 영혼의 자기표현이고, 영혼은 몸 형상을 주는 몸의 기원이다. 오직 두 존재의 일치 속에서만 인간은 존재한다. 그러나 죽음 속에서 몸은 무너지는 반면, 영혼은 무너지지 않고 부활까지 부자연스러운 생존을 영위한다. 몸이 부활할 때, 비로소 인간은 완성된다.

그러나 아리스토텔레스의 인간론과 플라톤의 이원론을 독특하게 결합한 아퀴나스는 해결하기 어려운 난제를 남겼다. 몸과 영혼은 필연적으로 서로 연결되어 있지만, 죽음 속에서 몸은 사라지고 영

---

1) F. Ricken, Die Unsterblichkeitsgewißheit in Platons Phaidon in: *Stichwort Tod*(Frankfurt, 1979), 98-116.
2) M. Kehl, *Eschatologie*(Würzburg, 1986), 268 이하.

혼만이 불멸한다는 생각에는 여전히 플라톤의 이원론이 강한 영향을 미치고 있다. 그리고 죽음을 통해 몸과 분리된 영혼의 부자연스러운 상태도 매우 행복한 상태로 묘사되었다. 즉, 희망의 비중은 여전히 사후의 영혼의 완성에 놓이게 되었다.[3]

고대교회에 지대한 영향을 끼친 영혼불멸론은 오늘날까지도 남아 있다. 예컨대, 가톨릭 신학자 라너(K. Rahner)는 비록 수정된 형태로나마 영혼과 육신의 분리를 신앙의 진리로 받아들였다. 그에 의하면, 영혼은 사후에 세계 밖으로 멀어지는 것이 아니라, 세계 전체와 더 친밀한 관계를 맺는다. 그렇지만 죽음 속에서 영혼은 육신과 분리된다. 그래서 죽음은 개인의 종말임과 동시에 완성이 된다.[4] 비록 라너는 플라톤과는 달리 생명이 우주적인 상태로 옮아간다고 말하였지만,[5] 그도 여전히 플라톤의 이원론을 완전히 벗어나지 못하였다.[6]

## 2. 중간상태에 관한 다양한 표상들

구약성서의 죽음 이해는 매우 다양하고, 때로는 서로 모순되기도 한다. 그렇기 때문에 구약성서에서 일관된 죽음 이해를 찾아보기는 어렵다. 가장 오래된 증언에 따르면, 이스라엘 사람들은 하나님과 맺는 생생한 사귐 안에서 죽음을 그다지 심각한 문제로 여기지 않았던 것처럼 보인다. 하나님과의 사귐 안에서 살아가는 충만한 삶은 곧 하나님의 뜻에 맡기는 순종적인 삶이었다. 그러므로 죽음도

---

3) G. Greshake, G. Lohfink, Naherwartung, Auferstehung, Unsterblichkeit (Freiburg, 1982), 91 이하.
4) K. Rahner, 『죽음의 신학』(김수복 역, 가톨릭 출판사, 1982), 15 이하.
5) 앞의 책, 19.
6) 앞의 책, 28.

하나님의 뜻으로 받아들여졌다. 젊을 때나 타향에서가 아니라면, 죽음은 하나님과의 교제 안에서 오래 살아온 삶의 자연스럽고 취소할 수 없는 종말로 간주되었다. 그래서 죽음은 '모든 세상길의 덧없음', '선조들 옆에 누워 휴식함', '곡식이 영글어 타작마당에 도달함'과 같은 표현처럼 성숙한 상태로 들어가는 것으로 묘사되었다. 그러나 시간이 흐를수록 점차로 죽음은 비통한 것, 허무한 것으로 우울하게 묘사되기 시작하였다. 그리하여 인생은 잠깐 동안 지나가 버리는 그림자, 아침 이슬, 허무한 잡초, 흘러가는 물처럼 허무한 것으로 묘사되었다(시 90:3-12, 전 9:1-6).[7]

그러다가 후기에 이르러 주변 세계로부터 '스올'(메소포타미아 신화에 나오는 지하 세계)의 표상이 이스라엘 안으로 스며들었다.[8] 인간은 사후에 먼지와 그늘의 나라, 지하세계로 내려간다. 인간이 땅에서 어떻게 살고 어떻게 죽었든, 모든 인간은 하나님과의 사귐이 없이 어둡고 허무한 실존을 영위한다. 죽은 자는 더 이상 하나님을 찬양하지 못한다. 하나님도 죽은 자를 더 이상 생각하시지 않는다. 죽은 자는 하나님의 능력을 벗어나 망각의 땅에서 살아간다(시 88:6). 스올에 거하는 것은 지상의 비통한 삶보다도 더 가련하다(전 9:3-6). 스올에 있는 인간의 운명은 짐승의 운명과 다르지 않다. 모두 다 티끌에서 왔다가, 티끌로 돌아간다(전 3:18-21).

이런 생각은 분명히 헬라적인 영혼불멸론과 철저히 대립된다. 왜냐하면 온 인간이 완전한 사귐의 단절 속에서 죽기 때문이다. 그렇지만 지혜문학에서 스올 표상은 헬라적인 영혼의 표상과 결합되기에 이르렀다. 여기서 사후의 영혼도 하나님의 영광 속에서 계속 살아간다는 확신이 표현되고 있다(지혜서 3:1-9). 그렇지만 의로운 자들이 사후에도 하나님과의 사귐을 계속 누린다는 확신은 헬라적

---

7) H. Vorgrimler, 『죽음 - 오늘의 그리스도교적 죽음이해』(심상태 역, 성바오로출판사, 1985), 63 이하.
8) M. Kehl, 같은 책, 125.

인 영혼의 표상에 전적으로 의존해 있는 것은 아니다.[9]

바벨론 포로기 이후로부터는 죽음을 극복하는 희망에 대한 질문이 제기되기 시작하였다. 만약 삶이라는 것이 하나님과의 사귐을 뜻한다면, 그리고 만약 하나님이 생명과 죽음의 주님이시라면, 하나님과의 친교가 죽음 속에서 왜 끝나야만 하는가? 왜 하나님은 죽은 자들을 생각하시지 않으며, 왜 그들은 하나님을 더 이상 찬양하지 못하는가? 그리하여 죽음이 자연스럽다는 생각은 점차로 문제꺼리가 되었다. 왜냐하면 죽음의 자연성은 하나님에 대한 신앙과 모순되기 때문이다. 만약 하나님이 온 세상의 주님과 창조자가 되신다면, 하나님과의 사귐과 야웨의 계약에 대한 신실은 죽음보다 더 강한 것이 아닌가?

그 결과로 다음과 같은 확신이 생겨났다. 하나님은 의인의 목숨을 지하에 버려두시지 않으며, 하나님을 사모하는 몸을 썩게 내버려두시지 않는다(시 1:9-11). 하나님은 인간을 영광 안으로 받아들이시고, 그와 함께 하신다(시 73:23-26). 그러므로 영생에 대한 희망은 영혼불멸의 표상으로부터 생겨난 것이 아니라, 하나님의 생명력에 대한 신앙으로부터 생겨난 것이다. 이러한 맥락에서 '야웨 왕권 신앙'도 새로운 차원을 획득하게 되었다. 백성들이 야웨의 통치 아래 있듯이, 죽은 자들도 야웨를 경배할 것이다(시 22:29-30). 야웨의 통치와 야웨의 나라에는 죽음이나 지하세계와 같은 한계선은 없다. 만군의 주가 시온 산에서 모든 민족에게 잔치를 차려 주실 때, 죽음을 영원히 없애 버릴 것이다(사 25:6-8).[10]

하나님이 생명과 죽음의 주님으로서 경험됨으로써 비로소 이스라엘은 죽음을 넘어서는 희망을 죽은 자들의 부활로 설명하기 시작하였다. 실로 이스라엘은 죽은 자의 예배와 야웨의 유일성의 왜곡

---

9) H. Vorgrimler, 같은 책, 72.
10) M. Kehl, 같은 책, 125 이하.

을 방지하기 위하여 오랫동안 불멸과 부활의 표상에 맞서왔다. 이스라엘은 주변세계(특히 페르시아)의 부활 신앙을 이미 알고 있었고, 가나안의 풍산 신앙으로부터도 자연의 소생을 수용한 듯이 보인다(사 26:19, 호 6:1-3). 그렇지만 죽은 자를 불러내고 예배하는 행위를 배격하기 위해 이스라엘은 불멸이론을 포기하고, 오랫동안 죽음을 침묵의 비밀 속에 두었다.

그렇지만 신정론(神正論)의 문제는 부활 신앙을 일으켰다. 어떻게 의로우신 하나님이 죽은 의인들과의 사귐을 단숨에 무너뜨리실 수 있겠는가? 하나님과의 사귐은 죽음보다 강하다. 하나님의 율법에 충실한 결과로 죽임을 당한 의인들은 부활할 것이다. 그렇지만 이와 같은 희망은 몸과 영혼의 재결합으로 생각된 것이 아니라 스올 속의 존재를 다시 일으키는 것, 즉 온 인간의 새로운 창조로 생각되었다. 새 창조는 자궁 속의 몸의 첫 출생과 유사하다(마카비후서 7:22).

그런데 순교자들의 부활이 늦어지자, 부활의 날까지 그들이 머물고 있는 장소에 관한 다양한 표상들이 생겨났다. 예컨대, 스올은 서쪽, 즉 해지는 곳에 있다. 그곳에는 네 개의 동굴이 있는 산이 있다. 죄인들은 어두운 방에 가고, 의인들은 밝은 방에서 산다(에디오피아 에녹서). 랍비들은 사후에 심판을 받은 후에 인간들은 두 종류의 장소, 즉 낙원(눅 23:43)이나 게헨나(저주의 장소)로 간다고 생각하였다.[11]

신약성서에서는 죽은 신자들의 영혼이 하나님의 보좌, 제단 아래서 대기하거나(계 6:9), 아브라함의 품에 안긴다(눅 17:19-29)는 표현들이 나온다. 이러한 본문들을 근거로 깔뱅(Calvin)은 재세례파가 주장한 '영혼의 잠' 교리를 반박하였다. 1542년의 논문(Psychopannychia : 영혼의 깨어 있음)에서 그는 본질적으로 불

---

11) 앞의 책, 127 이하.

멸적인 인간의 영혼은 죽음 속에서 멸망하거나 잠자지 않고, 부활의 기대 속에서 하늘의 평화를 누리고 있다고 주장하였다. 한편으로 깔뱅은 플라톤처럼 죽음을 영혼이 육체의 감옥으로부터 해방되는 사건으로 이해하였다.[12] 그러나 다른 한편으로 그것은 여전히 불완전한 상태로 묘사되고 있다. 그렇지만 구원을 받은 영혼들은 죽음 속에서 영원한 평화에 도달한다. 영혼은 양심의 평화 속에서 황홀한 기쁨을 누린다. 죽음 속에서 영혼은 잠정적으로 완전의 상태에 이른다.[13]

깔뱅과는 달리 쿨만(Cullmann)은 잠자는 영혼의 중간상태가 아직도 불완전한 것, 벌거벗은 상태, 잠자는 상태라고 하였다. 쿨만은 영혼불멸론을 배격하고, 예수 그리스도의 부활에 근거한 불멸을 지지하였다. 그는 플라톤 이래로 교회 안으로 침투해 들어온 영혼불멸론의 오해를 벗기기 위하여 소크라테스(Socrates)와 예수가 맞이했던 죽음의 태도를 비교했다. 소크라테스에게서 육체는 한낱 영혼의 의복에 지나지 않았고, 그래서 영혼은 육체의 감옥을 벗어남으로써 영원한 세계로 해방된다고 여겨졌다. 죽음은 위대한 해방자이다. 죽음은 영혼이 고향으로 회귀하는 사건이다. 그러므로 몸의 붕괴와 함께 영혼이 붕괴되는 것은 아니다. 그러므로 소크라테스는 죽음을 두려워하지 않고, 담담히 죽었다. 그러나 예수는 철두철미한 인간이었기 때문에 죽음의 공포를 가졌다. 그는 죽음을 괴롭게 여겼고(눅 12:50), 죽음을 피하기를 원하였다(막 14:36). 죽기 전날 밤에 그는 홀로 있기를 두려워하였고, 제자들이 함께 깨어 있기를 요구할 만큼 연약하였다(막 13:37). 그는 죽음에 직면하여 울부짖었고(히 5:7), 소리치면서 죽었다(막 15:37). 그러므로 여기서는 헬라적인 이원론이 들어설 자리가 없다. 인간은 영혼불멸로 말미암아

---

12) J. Calvin, 『기독교강요 上』(김종흡, 신복윤, 이종성, 한철하 공역, 생명의 말씀사, 1986), 288 이하.

13) H. Quistorp, 『칼빈의 종말론』(이희숙 역, 성광문화사, 1986), 114 이하.

영생을 누리는 것이 아니라, 부활을 통한 새로운 창조의 기적을 통해 생명을 얻는다.

그럼에도 불구하고 죽음과 부활 사이의 중간상태를 나타내는 은유들(눅 16:22, 23:48, 빌 1:23, 고후 5:1-10, 계 6:9)을 근거로 쿨만은 그리스도 안에서 죽은 자들은 완전히 죽지 않는다고 말한다. 그들은 잠자는 상태로나마 그리스도와 함께 있고, 이미 부활에 참여하고 있다. 그런 점에서 쿨만은 여전히 헬라 사상과 유사한 개념들을 사용하였다. 요한복음(3:36, 4:14, 6:54 등)에서는 '영혼불멸'과 유사한 내용을 찾아볼 수 있다는 것이다. 그렇지만 죽은 자들은 바울의 말대로 벌거벗은 상태로 몸의 부활을 기다리고 있다는 것이다.[14]

## 3. 부활을 통한 새 창조

현대의 개신교 신학, 특히 '변증법적 신학'은 영혼불멸론에 대해 강한 이의를 제기하였다. 영혼불멸론은 죽은 자를 일으키시는 하나님의 은총에 맞서는 죄인의 저항을 드러낸다. 영혼 속에서 불멸을 누리려는 기대는 죽음마저도 넘어서려는 인간의 절대적인 자기주장, 자기 능력의 의지를 드러낸다. 물론 이런 비난이 꼭 들어맞는 것은 아니다. 교부들이 주장한 영혼불멸은 하나님이 창조를 통해 주신 선물이었다. 그렇지만 계몽주의 철학과 독일의 관념주의에 맞선 변증법적 신학의 저항은 나름대로 정당성을 지니고 있었다. 왜냐하면 많은 자들이 영혼불멸을 인간의 도덕성의 요청으로(Kant), 윤리적 행동의 궁극적 성취와 완성의 요청으로 생각하였기 때문이

---

14) O. Cullmann, 『영혼불멸인가 죽은 자의 부활인가?』(전경연 편, 복음주의 신학총서 5, 1975), 12-47.

다.[15]

바르트(Barth)는 사후에 인간의 영혼이 마치 무덤 위로 날아다니는 나비처럼 계속 살아남을 수 있다는 생각을 이교적인 생각으로 여겼다.[16] 바르트에 의하면, 인간은 전체적으로 죽음을 죽는다. 사후에는 그 어떤 것도 남지 않는다. 하나님은 죽은 자들의 부활 속에서 새로운 피조물을 창조하신다. 피조물의 유일한 정체성의 그릇은 하나님, 즉 피조물에 대한 하나님의 신실하심이다.[17] 그러므로 종말론의 중심은 불멸하는 영혼의 행복이 아니라 죽은 자들의 부활에 놓여졌다.

틸리히(Tillich)도 사후에 생명이 존속한다고 믿는 통속적인 플라톤주의를 배격하였다. 왜냐하면 영생은 영혼의 자연적인 특성도 아니기 때문이다. 마치 새로운 존재가 두 번째 존재가 아니라 낡은 것의 변화이듯이, 부활도 옛 현실과 대립되는 두 번째 현실의 창조가 아니라 옛것의 변화이며, 옛것의 죽음으로부터 일어나는 부활이다.[18]

윙엘(Jüngel)에 의하면, 성서적인 죽음 이해는 두 가지 차원을 갖는다. 한편으로 그것은 죽음의 본질에 관한 확증이다. 죽음은 삶의 관계들을 전적으로 무너뜨리는 관계 상실의 사건이다. 죽음은 바로 관계 상실의 사건으로서 생애의 종말, 영혼과 몸의 종말, 실로 온 인간의 종말이다. 바로 그런 점에서 죽음은 인간의 삶의 유한성의 표현이다. 인간이 죽게 되면, 그 자신으로부터 벗어나서 계속 존재하는 것이 아니며, 그런 점에서 아무 것도 존재하지 않는다. 성서적인 죽음 이해의 다른 차원은 선물의 차원이다. 즉, 인간의 죽음에 참여하시는 하나님은 죽음을 정복하신다. 신앙은 이 선물을 받아들

---

15) M. Kehl, 같은 책, 272 이하.
16) K. Barth, *Dogmatik im Grundriß*(München, 1947), 180.
17) K. Barth, KD III/2, 428.
18) P. Tillich, *Systematische Theologie III*(Berlin, 1966), 463.

인다. 그러므로 신앙은 희망으로 나타나지만, 그와 동시에 의무로도 주어진다. 희망과 의무는 예수 그리스도의 죽음에 근거하고 있다. '죽음의 죽음'으로 이해되는 그의 죽음을 통하여 죽음은 죽임을 당했다. 예수의 죽음 속에서 죽음은 힘을 잃었다. 그의 죽음은 죽음을 삼켰다. 죽은 자의 부활은 죽음을 조롱한다.[19] 그러므로 바르트에게서와 같이 윙엘에게서도 죽음과 부활 사이의 중간 상태는 하나님의 기억 속에 있다고 할 수 있다.[20]

## 4. 죽음 속의 부활

최근의 가톨릭 신학자들은 영혼불멸과 몸의 부활의 관계를 새롭게 해석하려고 시도한다. 새로운 해석의 기본 관점은 '죽음 속의 부활'로 요약될 수 있다. 인간이 몸을 지닌 인격체인 한, 인간은 오직 하나, 즉 예수 부활에 대한 참여만을 희망한다. 몸을 떠난 불멸적인 영혼의 축복이 아니라 죽음을 정복한 그리스도와의 전인적 사귐이 희망의 목적이다. 이로써 이원론적인 종말론은 배격된다. 그렇지만 여기서 영혼불멸과 몸의 부활은 대립적으로 간주되기보다는 동일한 것으로 간주된다. 즉, 죽은 자의 부활은 죽음 속에서 완성되는 희망과 동일시된다.[21]

그레사케(Greshake)에 의하면, 죽음 속에서 영혼은 육신으로부터 분리되어 하나님에게로 건너가지 않으며, 세상의 종말에 육신이 영혼을 뒤따라 부활하지도 않는다. 그리스도인은 죽음 속에서 부활이 이루어질 것을 희망한다. 육신의 부활은 신체의 부활이나 시체

---

19) E. Jüngel, *Tod*(Stuttgart, 1971), 145 이하.
20) W. Breuning(Hg), *Seele, Problembegriff Christlicher Eschatologie*(Herder, 1986), 146.
21) M. Kehl, 같은 책, 275 이하.

의 부활을 의미하는 것은 아니다. 육신의 부활이란 전인(全人)이 죽음 속에서 하나님으로부터 구체적인 세계와 함께 새로운 미래를 부여받는다는 것을 의미한다. 우리는 이와 같은 미래를 상상할 수 없고, 죽음을 초월하는 미래가 어떤 것인지를 모르며, 또 알 필요도 없다. 그렇지만 부활은 개인적인 사건이 아니라, 보편적인 과정 안에 놓여 있다. 어떤 의미에서는 인격체인 육신 자체가 곧 세계 자체이기 때문에 인격체의 죽음을 통하여 바로 이 세계가 완성의 상태로 서서히 성장한다. 이 과정에는 개인과 공동체와 역사의 완성이 서로 혼합되어 있다. 부활은 전체 실재가 사랑 속에서 충만에 이르는 과정이다.[22]

---

22) G. Greshake, 『종말신앙 – 죽음보다 강한 신앙』(심상태 역, 성바오로출판사, 1980), 99 이하.

요약과 평가

| 이론 | 내용 | 장점 | 단점 |
| --- | --- | --- | --- |
| (1) 영혼불멸 | 육신은 죽음으로 무너지고, 영혼은 육신의 감옥(장막)으로부터 해방되어 불멸한다. | 사후의 존재의 연속성을 설명하기에 유용하고, 존재의 동일성에 대한 확신을 보존한다. | 비히브리적이고 비성서적이다. 즉 영혼불멸과 이원론적 인간이해는 성서적인 근거가 약하다. |
| (2) 중간상태 | 사후에도 인간은 완전히 죽지 않고, 영혼의 상태로 머물면서 부활을 기다린다. | 존재의 연속성과 하나님과의 사귐의 영속성을 보존하고, 인간의 책임성도 강조한다. 종합적이고, 선교적으로 유용하다. | 혼합적, 동화적이다. 중간상태에 관한 표상은 불분명하며, 인간의 표상을 초월하는 세계를 명백히 서술하기 어렵다. 잠정적으로 이원론적이고, 신화적인 색채가 짙다. |
| (3) 부활을 통한 재창조 | 죽음으로 인간은 전적으로 죽고, 부활을 통해 전적으로 새롭게 창조된다. | 히브리적인 인간이해에 충실하고, 인간의 본성보다는 하나님의 능력과 신실성에 더 강조점을 둔다. 전인적인 인간이해와 역사이해는 인간의 통전성과 세계성을 강조한다. | 사후의 그리스도인의 존재의 연속성, 자아의 보증(영생)을 해명하지 못한다. 그리스도와의 사귐은 일시적으로 약해진다. |
| (4) 죽음 속의 부활 | 영혼불멸이 아니고, 전멸 이후의 전적부활도 아니다. 죽음 속에서 부활이 일어난다. | 경험적인 인식과 잘 부합하고, 자아의 영속성을 보존한다. 변증적인 요소가 강하다. | 몸의 신체적인 요소가 간과되고, 부활의 새로움과 보편적인 부활이 약화된다. |